महाशक्तिधर भारत

महाशक्तिधर भारत

एयर मार्शल अमल कुमार मुखौपाध्याय
(सेवानिवृत)

हिन्दी अनुवाद
प्रोफेसर भवानी शंकर बागला

GYAN

महाशक्तिधर भारत

ISBN : 978-81-212-1406-3

भारत में सन् 2018 में प्रकाशित
ज्ञान पब्लिशिंग हाऊस,
5, अंसारी रोड, दरियागंज,
नई दिल्ली-110002
Phone : 9811692060
ई-मेल: books@gyanbooks.com

मुद्रित: जी. प्रिंट प्रोसेस, दिल्ली

अनुक्रमणिका

"महाशक्तिधर भारत" समर्पित है
मेरे स्वर्गीय माता-पिता की समृति को,
मेरे परिवार को, और
उन सभी को जिनके हृदय में भारत
का हित वास करता है।

उपक्रमणिका

रवीन्द्रनाथ टैगोर की एक कविता का शीर्षक है: "काव्य उपेक्षिता" (अर्थात् काव्य या साहित्य में उपेक्षित पात्र)। इस कविता में राम और सीता के साथ लक्ष्मण भी 14 वर्ष की वनवास यात्रा पर चले गए, लक्ष्मण की अयोध्या में रह गई पत्नी उर्मिला की पीड़ा, दु:ख और व्यथा को उन्होंने अमर कर दिया है। यही अवस्था सेनाओं की भी है– इनका गरीबी के साथ एक ऐसा जन्म-जन्म का नाता है जिसकी अर्थशास्त्र और विकासशील देशों से जुड़े साहित्य में पूरी-पूरी अनदेखी की गई है- कभी ध्यान देने की आवश्यकता ही नहीं समझी गई। इस अनदेखी पर आँसू बहाने वाला (टैगोर जैसा) कोई महापुरूष भी अभी नहीं हुआ है। स्वतंत्रता और विभाजन पूर्व के देशों की विभीषिका के बाद इस देश की सबसे बड़ी घटना विदेशी शक्तियों द्वारा अपने भारतवासी भृत्यों के माध्यम से लागू किए गए 'आर्थिक सुधार' (जिन्हें 'मनमोहनोमिक्स'- मनमोहन का अर्थशास्त्र भी कहा जाता है) ही है। इन आर्थिक सुधारों ने भारत के जीवन, समाज, सुरक्षा और संप्रभुता के प्रत्येक आयाम को छुआ है, किन्तु यह अनुभूति नहीं हो पा रही है कि इन्होंने हमारे राष्ट्र के लिए किया क्या है। सबसे विचित्र बात तो यही है कि आम भारतवासी को इस विषय में पूरी जानकारियाँ भी सुलभ नहीं है। यह पुस्तक चल रहे आर्थिक सुधारों और वैश्वीकरण को पृष्ठभूमि बना कर जनहित के परिप्रेक्ष्य में राष्ट्रीय सुरक्षा और आर्थिक प्रश्नों की समीक्षा करते हुए ये अन्वेषण का प्रयास कर रही है कि हमारी सशस्त्र सेनाएँ क्यों निरंतर दुर्बलता झेल रही है और प्रचुरता की भूमि पर निर्धनता क्यों फलफूल रही है।

सुरक्षा सेनाओं में मैंने बहुत लंबे समय तक काम किया है। अपने सेवा काल के अंतिम दशक में प्रधान स्टाफ अधिकारी, वायु सेना मुख्यालय तथा इसकी ऑप्रेशन, प्रशासन, रख-रखाव, संभार तंत्र, प्रापण, बजट निर्धारण, कोष प्रबंधन और वायुयान, हेलीकॉप्टर, अन्य आकाशगामी वाहनों, प्रक्षेपणास्त्रों, निर्देशित अस्त्रों, भू-एवं आकाशीय पर्यावस्था प्रबंधन आदि प्रशाखा के प्रमुख के साथ-साथ अनेक सार्वजनिक उपक्रमों के प्रबंध मंडलों के सदस्य के रूप में कार्य करने के अनुभवों ने मुझे पर्याप्त रूप से सारे तंत्र का एक 'अन्तरंग' अंश बना दिया था। इसी अंतरंगता ने मुझे राजनीति, अर्थतंत्र, सामाजिक-सांस्कृतिक और सामाजिक-धार्मिक संस्थाओं और संरचनाओं के शक्ति शिखरस्थ विशिष्ट व्यक्तियों के साथ विचार विमर्श के अवसर भी प्रदान किए हैं। इन्हीं अनुभवों ने मुझे भारत के अभाव ग्रस्त (विशाल) जन समुदाय के परिप्रेक्ष्यों के अनुसार आज राष्ट्र और सामाजिक तंत्र के विभिन्न आयामों का विश्लेषण करने की प्रेरणा प्रदान की है।

भारतीय अर्थव्यवस्था सदा ही लड़खड़ाती सी दिखाई देती है और विदेश प्रेरित तथा कतिपय स्थानिक हिंसात्मक असहमति की ज्वालाएँ सीमा प्रांतों एवं आंतरिक प्रदेशों में भी बार-बार धधक उठती है। इन सबसे देश की प्रबंधन व्यवस्था के प्रति विश्वास का संकट निरंतर बना रहता है। भारतवासियों को कहीं बेहतर व्यवहार की आवश्यकता है, वे अपने दीर्घ घटनापूर्ण इतिहास और उत्कृष्टतम जीवन मूल्यों की व्यवस्था के आधार पर उसके सही अधिकारी (हकदार) भी हैं। यह पुस्तक इस निमित्त लोक कार्यक्रम की एक सैद्धांतिक रूप रेखा तैयार करने और अज्ञान, छदम, बेईमानी और अन्य व्यक्तियों के धन तथा संसाधनों को हड़प जाने की भूख को सदैव ही चतुराई से आर्थिक तर्क और मीडिया प्रबंधन के माध्यम से पाश्चात्य व्यवस्था के वर्चस्व की अपरिहार्यता के थोथे बीजों के आरोपण के षड्यंत्र को उजागर करने का एक प्रयास है।

यह पुस्तक देश (और व्यापक स्तर पर विश्व में) तर्कहीन एवं असंवैधानिक स्वार्थ लोलुपता प्रेरित अभिजात्य वर्गाधारित पूंजीवादी अर्थ

प्रबंधन तंत्र का एक विकल्प खोजने का भी प्रयास कर रही है। ये पुस्तक पर्याप्त रूप से सैन्यीकृत राष्ट्र के दिग्दर्शनाधीन समता पर आधारित अर्थव्यवस्था को एक विकल्प के रूप में प्रतिष्ठापित कर रही है। यह सभ्य समाज को समग्र जन समुदाय के लिए निर्वाह के पर्याप्त संसाधन तथा बहुआयामी विकास के अवसर प्रदान करते हुए समूचे राष्ट्र के सर्वांगीण एवं स्वयं धारण क्षम विकास का मार्क्सवाद, मनमोहन अर्थशास्त्र, या अमर्त्य सेन के विचारों या पिछली तीन शताब्दियों में पश्चिम कुंठित/खोखले चिन्तन द्वारा प्रस्तावित विकास-प्रतिमानों से अलग कोई अन्य बेहतर विकल्प सुझाने की चुनौती भी देती है। हमारी आग्रहपूर्ण स्थापना यही है कि यदि भारतीय नेतागण राष्ट्र को पर्याप्त रूप से संगठनबद्ध करने का साहस जुटा पाए तो निश्चित रूप से भारत ही सर्वोपरि होगा।

'सुपरपावरिंग इंडिया' का संक्षिप्त हिन्दी पाठ प्रकाशित करने की प्रेरणा श्री के.एस. सुदर्शन जी से प्राप्त हुई है। उनका मत रहा है कि देश के आर्थिक और राष्ट्रीय सुरक्षा दृष्टिकोणों में जनहितवादी बदलाव को आतुर व्यापक जनसमुदाय तक इस पुस्तक की वैचारिक विषय वस्तु को पहुँचाने का माध्यम इसका हिन्दी संस्करण ही हो सकता है। उन्होंने ये सहज ही भांप लिया था कि समतापूर्ण आर्थिक व्यवस्था की पुनः स्थापना की आवश्यकता और अंग्रेजी भक्त अभिजात्य वर्ग द्वारा विनष्ट प्रायः राष्ट्र के पुनर्निर्माण में सबल सैन्यीकरण के संभावी योगदान को भारत का आम आदमी सहज ही समझ और स्वीकार कर सकता है। ''महाशक्तिधर' भारत'' के प्रकाशन में सहयोग के लिए मैं सुदर्शन जी का आभारी हूँ। इस कार्य में डॉ बजरंग लाल गुप्ता और डॉ अश्विनी महाजन का सहयोग भी अमूल्य रहा है। मेरा परिवार भी पुस्तक की हिन्दी प्रस्तुति को लेकर बहुत उत्साहित रहा है और जब मैं निराश- प्रायः हो जाता था, तब भी मुझे इस निमित्त प्रेरित करता रहा है। मेरी सहधर्मिणी (जिन्हें मेरा वायु सेना परिवार 'झरना' नाम से अधिक जानता है) ने घर-परिवार के सभी दायित्व संभाल कर मुझे केवल लेखन कार्य पर ही अपना ध्यान केंद्रित रखने का अवसर प्रदान किया है। यदि मेरा ध्यान कहीं भटकता था मुझे इस लेखन कार्य में

किसी प्रकार का 'पतली गली का रास्ता' (शॉर्टकट) अपनाते देखती तो वे मेरी कटुतम आलोचक भी बन जाती थी। मेरे पुत्र ले. कर्नल, थल सेना, सिग्नल्स (बी टेक, जे.एन.यू., एमटेक, आई.आई.टी, खड्गपुर, पश्चिम बंगाल) ने तो समयपूर्व सेवानिवृति लेकर जानकारी संकलन, विश्लेषण, प्रस्तुति के साथ-साथ मुझे सशस्त्र सेनाओं एवं शेष समाज की वस्तु स्थितियों, नागरिक एवं अंतर्राष्ट्रीय व्यवहार आदि की जानकारी सुलभ कराने एवं विभिन्न विचारों एवं अनुशंसाओं के सैद्धांतिक आधारों और उपयुक्तता, उपादेयता और तर्कशीलता के विश्लेषण में अथक सहयोग दिया है। मेरी सुपुत्री (एम.ए., एम. फिल, दिल्ली विश्वविद्यालय, पी.एच. डी., टोक्यो विश्वविद्यालय, जापान) टोक्यों में धर्म अध्ययन संकाय में एसोसिएट प्रोफेसर रह चुकी है और अब दिल्ली विश्वविद्यालय में एसोसिएट प्रोफेसर के रूप में कार्यरत है। ये संभवतः पहली ऐसी दक्षिण एशियावासी है, जिसने जापानी भाषा या भाषा शास्त्र में एम.ए. किये बिना ही अपने शोध ग्रन्थ की जापानी भाषा में रचना का सफल प्रयास किया है। जापान में सक्रिय बौद्धमत पर उसके शोध के प्रकाशन के तुरंत बाद सितंबर 2007 मे दो जापानी संस्थाओं द्वारा टोक्यो और नगोया में उसका सम्मान शैक्षणिक एवं धर्म-अध्येताओं द्वारा उसके कार्य की गुणवत्ता की स्वीकार्यता का ही प्रमाण है। मेरी इस सुपुत्री ने इस पुस्तक की समालोचनापूर्ण दृष्टि से समीक्षा कर अनेक मूल्यवान सुझाव दिए हैं। निस्संदेह, मैं इन सबका ऋणी हूँ। मैं प्रकाशक, संपादक, मुद्रक और उनके स्टॉफ का भी आभारी हूँ कि उन्होंने प्रकाशन कर महाशक्तिधर भारत को व्यापक भारतीय जन-जन तक पहुँचाने का कार्य किया है।

एयर मार्शल अमल कुमार मुखौपाध्याय

(सेवानिवृत)

विषय प्रवेश

सशस्त्र सेनाएँ स्वतंत्र और आत्माभिमानी राष्ट्रों के लिए गौरव का स्त्रोत होती हैं। सशस्त्र सेनाएँ ही राष्ट्र की ''फौलादी मुठ्ठी की हृदय और आत्मा'' होती है। अपने सैन्य बल के आधार पर ही कोई देश राष्ट्रों के समाज में अपना सम्मान और स्थान बना पाता है। अन्तर्राष्ट्रीय व्यवहार का सही सिक्का तो सैन्य शक्ति ही है- अन्य सभी लेन-देन प्रणालियों का महत्व दिखावटी और अस्थिरतापूर्ण ही रहता है। कई बार कमजोर, किसी के कब्जे में फंसे या हस्तक और परनिर्भर राष्ट्र भी अपने जैसे ही दुर्बल और प्रभावहीन देशों का जमाबड़ा बना कर कूटनीतिक चालबाजियों के सहारे अपनी अपराजेयता का आडंबर रचने का प्रयास करते हैं ताकि वे अपने देश में गरीबी निवारण और सैन्य शक्ति संवर्धन के सतत् प्रयास करने से बचे रह सके। नेहरू और उनके पश्चात् भारत द्वारा चलाए गए ''गुट निरपेक्ष आन्दोलन'' को इस श्रेणी में रखा जा सकता है। यह भी एक ऐतिहासिक सच्चाई है कि प्रायः सभी गुट निरपेक्ष देश (भारत सहित) अपनी पूंजीवादी शोषण की प्रवृत्तियों पर पर्दा डालने के लिए पूंजीपतियों के विरूद्ध बड़ी उग्र और ऊँची-ऊँची बातें करते थे किन्तु वास्तव में अपने देशों की अर्थव्यवस्थाओं के मनमाने प्रबंधन के लिए बड़ी (पूंजीवादी) ताकतों को ही 'खुले हाथ' काम करने की छूट दिए रहते थे। इन देशों ने राष्ट्र के सैन्य संगठन के महत्व को नहीं समझने का भरसक प्रयास किया और अपने देशवासियों के हिंसक होने की सीमा तक व्यग्र दिखाई देने पर भी इनके शासक बस 'शान्ति' का राग अलापते रहे।

'सभ्यता' का सबसे बड़ा योगदान तो मानव समाज के एक (बड़े) अंश को निरंतर गरीब बनाये रखना ही रहा है। यही नहीं, सभ्यता की दौड़ में बहुलतावादी सभ्यता में रचे बसे किंतु सैन्य दृष्टि से कमजोर देशों का अपेक्षाकृत कम सभ्य किन्तु सैन्य दृष्टि से सशक्त हो गए एकलतावादी देशों द्वारा विखंडन-विभाजन होता रहा है। सारी सभ्यता के इतिहास के सबसे बड़े सबक यही रहे हैं कि यदि किसी कमजोर देश पर नियंत्रण करना है तो उसके टुकड़े-टुकड़े कर घटकों को आपस में लड़ा दो- फिर 'शासक' को अपना नियंत्रण बनाए रखने के लिए अधिक प्रयास नहीं करना पड़ेगा। वे सभी घटक अपने संगठित रूप से तो निश्चय ही कमजोर ही होंगे और इस तरह से गरीब होते चले जाएँगे कि उनकी दशा को सुधार पाने का कोई रास्ता नहीं दिखाई देगा। "सभ्यता की यात्रा" के इस आयाम की समीक्षा के अधिक प्रयास नहीं हुए हैं। सर्वग्राही हिन्दू सभ्यता का स्थान धीरे-धीरे अभिजात्यवादी विभाजक सभ्यताओं ने ले लिया। इसने गरीबी के प्रसार को सभ्यता की यात्रा का एक आवश्यक घटक बना दिया, जिसकी दिशा और आयाम-प्रसार भी बहुत ही सुस्पष्ट रूप से निरूपित थे। आज विश्व में चल रही पाश्चात्य सभ्यता की प्रगति भी अल्प विकसित (मुख्यतः अफ्रीकी-एशियाई शोषित) देशों की निरंतर गरीबी और अमीर देशों की सैन्य शक्ति की वृद्धि अब बहुत ही भयावह और घातक रूप धारण करती जा रही है। इस प्रवृत्ति में बदलाव की कोई आशा की किरण भी दिखाई नहीं दे रही।

इस पुस्तक की विषय वस्तु समाज के सभी वर्गों और मत-मतांतरों के नेतृत्व से हमारे व्यापक विचार-मंथन का परिणाम है। इसमें सैन्य बलों और गरीबों के अधिकारों की अवहेलना और अवमानना को सहज रूप से स्वीकार कर लेने के प्रति क्षोभ और आक्रोश का भाव सन्निहित हैं। सत्तासीन उच्च वर्ग नए-नए प्रकार की गरीबी का सृजन और संवर्धन में व्यस्त रहते हैं और उनके व्यवहार में गरीबी निवारण के प्रति आयोग्यता, आडंबरपूर्णता तथा सुनिश्चित रूप से सुविचारित अकर्मण्यता के ही दर्शन होते हैं। भारत के भविष्य को लेकर अर्थशास्त्रियों और उनके राजनीतिक

सहयोगियों ने जो ताना बुना था उसकी घोर विफलता के बाद पहला प्रयास तो राजनीतिक और उससे इतर नेतृत्व को ही शिक्षित करने की दिशा में किया गया था। हमारे पास भारत के अफसरों और राजनीतिक नेतृत्व को शिक्षित करने के लिए (दीवालिया हो चुकी) एनरॉन कंपनी जैसे संसाधन नहीं थे। अतः हम किसी भी क्षेत्रीय या राष्ट्रीय दल के एक भी सांसद को या धार्मिक-सांस्कृतिक, राजनीतिक- सांस्कृतिक अथवा धार्मिक संस्था के नेतृत्व को राष्ट्रहित और राष्ट्रीय सुरक्षा के मुद्दों पर संसद या अन्य किसी भी सार्वजनिक मंच पर सूझ- बूझपूर्वक आवाज उठाने और आन्दोलन चलाने को तैयार नहीं कर पाये। इक्कीसवीं सदी के प्रारंभ में ही मेरा परिचय एक क्षेत्रीय दल के सांसद से कराया गया। वह साहब ब्रिटेन से खरीदे जा रहे उन्नत प्रशिक्षण जेट के सौदे में हो रहे घपले से अच्छे खासे परिचित लगे। उन्होंने, जैसा कि इस प्रकार के व्यक्ति प्रायः करते हैं, संसद की प्रतिरक्षा विषय स्थायी समिति में मुद्दे को उठाने का आश्वासन देते हुए पूरी जानकारी लिखित में मांगी। उन्हें वह जानकारी दी गई पर आगे कुछ नहीं हुआ। मेरे बार-बार उनसे ये पूछने पर कि क्या हो रहा है, उन्होंने फोन पर ही ये पूछ डाला कि मेरे हिस्से में आने वाली रकम से उन्हें क्या मिलेगा और मैं कितनी रकम उन्हें फौरन भिजवा रहा हूँ। जब मैंने कहा कि मैं तो ये सवाल राष्ट्रहित में उठा रहा हूँ, तो उन्होंने ये कह कर फोन बंद कर दिया कि आगे से उन्हें परेशान न करूँ। मैं कुछ समय तक यही मानता रहा कि यह विद्रूपता संभवतः एक सांसद के व्यक्तिगत चरित्र को स्पष्ट कर रही है, किन्तु जब 2005 में एक दर्जन के लगभग सांसद पैसा लेकर सवाल उठाने के मामले में सदस्यता से निकाले गए तो हम हतप्रभ से रह गए।

एक बार तो एक वामपंथी महामहिम के निरंतर प्रलाप से बहुत क्षुब्ध होकर भी उन्हें किसी तरह से भी मंद स्वर का प्रयोग करने को सहमत नहीं कर पाया। मुझे उनका प्रलाप झेलने का कष्ट इसलिए उठाना पड़ा कि मुझसे एक अपराध हो गया था। मैंने उनसे यही पूछ लिया था कि उनके दल ने बीमा निजीकरण विधेयक का उतना उग्र विरोध क्यों नहीं किया,

जितना जोश से गुजरात में सार्वजनिक कर्मचारियों के राष्ट्रीय स्वयंसेवक संघ की शाखाओं में जाने को लेकर गुजरात सरकार का विरोध किया था। वह बड़ी हिकारत से शासक दल की दोगली नीति की भर्त्सना करने में जुटे रहे, जबकि मैं उनसे यही पूछता रह गया कि एक गैर-आर्थिक मसले पर जिस प्रकार उन्होंने कुछ दिन पूर्व ही बहुत देर तक संसद को काम नहीं करने दिया था उसी प्रकार का व्यवहार बीमा निजीकरण के विरोध में क्यों नहीं किया। अपना प्रलाप जारी रखते हुए उन्होंने बड़े गर्व से कहा कि उनके सांसदों ने इस विधेयक के पक्ष में मतदान नहीं किया, उन्होंने तो बहिर्गमन कर दिया था (इस प्रकार विधेयक के विरोधियों की संख्या सदन में कम रह गई और उसे पारित कराना सत्ता पक्ष के लिए आसान हो गया था)। यदि 'दक्षिण' या केन्द्र वादी व्यवहार के उद्धरण नहीं दिए गए तो हमारी कहानी एक पक्षीय होकर रह जाएगी। आइए उन पर भी ध्यान दें।

मेरे विश्लेषण का निष्कर्ष था कि दिल्ली में व्यापक त्वरित परिवहन व्यवस्था (MRTS) की संकल्पना, रचना, स्वीकृति और क्रियान्वयन का कार्य कुछ जन्मजात दुखी आत्माओं द्वारा किया जा रहा था। मैंने उस समय के नागरिक विकास मंत्री (एक प्रख्यात विधिवेत्ता- या "शैतान के वकील") को फोन कर उन्हें अपनी गंभीर आपत्तियों से अवगत कराया। कुछ देर मेरी बात सुन कर उन्होंने कहा कि इस बारे में लिखित टिप्पणी भिजवा दो। मैं तब तक ये जान चुका था कि नेतागण या तो मेरी टिप्पणी को पढ़ते ही नहीं या उसे समझ नहीं पाते या फिर उन्हें अपने हितों पर आँच आती दिखाई देती है। इसी कारण मैंने टिप्पणी भिजवा देने के सुझाव पर विरोध व्यक्त किया। उन्होंने तीनों मामलों में मुझे आश्वासन देते हुए अफसरशाही से निपटने की अपनी सीधी तरकीब का भरोसा भी दिलाया। काफी समय गुजर जाने के बाद जब फिर उन मंत्री महोदय को याद दिलाने पहुँचा तो पता चला कि उन्होंने वास्तव में उसे केवल पढ़ा नहीं था बल्कि उस टिप्पणी का अता-पता मालूम करने के लिए उन्हें अपनी ही तरह लच्छेदार बातें करने वाले अपने निजी सचिव को कष्ट देना पड़ा, जो

भारतीय प्रशासनिक सेवा में रहते हुए भी एक "गैर सरकारी संस्था" (NGO) भी चला रहे थे। वे उन कागजों को खोज नहीं पाये, हाँ जब मैंने उन्हें उस बारे में अपने पास से कुछ अखबारों की कतरने दिखाई तो वे अपनी तोता रटंत बातें दोहराने लगे कि किस प्रकार कतिपय विशेषज्ञों का मानना है कि भूमीगत मैट्रो का निर्माण तो अधिक खर्चीला हो जाएगा। मैंने उन विशेषज्ञों के दिमागी दिवालिएपन की ओर ध्यान दिलाते हुए कहा कि वे लोग व्यक्तियों को अपने सामान्य परिवेश से विस्थापित करने, नागरिक सेवाओं और जनता के आवागमन की कठिनाइयों का तो अपनी गणना में हिसाब ही नहीं लगा रहे तो मंत्री जी का जवाब था कि इन बातों पर तो पहले भी बात हो चुकी है और इन्हें अपरिहार्य माना जाता है। मैंने पूछा कि क्या उन विशेषज्ञों ने आपको ये नहीं बताया कि मैट्रों का भूमीगत मार्ग (दिल्ली का) जनता के लिए परमाणु युद्ध की दशा में एक सुरक्षित स्थान (शरण स्थली) भी बन सकता है। जवाब मिला इस बारे में बात नहीं हुई है– वैसे भी भारत पर ऐसे किसी हमले की कोई आशंका नहीं है। ध्यान रहे कि ये वार्ता एक बहुत वाक्–पटु, जाने माने आपराधिक विधि विशेषज्ञ मंत्री से बीसवीं सदी के अंत और इक्कीसवीं के आरंभ में हो रही थी। अनेक परस्पर काटती हुई मैट्रो पटरियाँ तो भूमीगत रेल जाल में ही संभव थी। किन्तु इस प्रकार की किसी व्यवस्था को प्रशासकों और नेताओं ने आवश्यक नहीं माना। जहाँ तक अफसरशाही की नकेल कसने की बात थी, मंत्री जी ने फरमाया कि वे इस प्रश्न को मंत्रीमंडल की बैठक में उठाएंगे। वैसे मुझे तो विश्वास हो रहा था कि वे यह बात भी मुझ से पीछा छुड़ाने के लिए ही कह रहे थे। मुझे सारी बातों से निरर्थक प्रलाप की गंध आ रही थी। इसीलिए मैंने भी खीज कर उन निजी सचिव महोदय से शहरी पुनर्विकास पर ही गंभीर चर्चा आरंभ कर दी कि भारत की जन–घनता को देखते हुए शहरी विकास मंत्रालय को तय कर ही देना चाहिए कि 50 प्रतिशत से अधिक भू–भाग पर निर्माण नहीं हो पाएगा और दिल्ली विकास प्राधिकरण तथा अन्य मंत्रालयों को सार्वजनिक/कार्यालयी इमारतें 50 मंजिला तथा आवासीय इमारतें 25 मंजिला बनाने के निर्देश अवश्य जारी कर देने चाहिए। साथ ही सभी भवनों में कम से कम चार

भूमीगत तल भी होने चाहिए। जिनमें वर्षा जल संग्रहण सहित अन्य सभी सेवाओं की व्यवस्था की जा सके। भूस्वामियों/उनकी सहकारिताओं द्वारा व्यापक सरकारी अनुदानों द्वारा निर्मित ऐसे परिसरों के गिर्द पर्याप्त खुले स्थान (आदि) भी होने चाहिए। आदि-आदि मेरे इस व्यक्तव्य के दौरान मंत्री जी एक गूंगी गुड़िया की तरह बैठे रहे। निजी सचिव को बहुत अटपटा लग रहा था तो मंत्री जी बचाव की मुद्रा धारण कर अपनी 'विवशता' बताते हुए फरमाने लगे कि क्या करूँ, मुझसे वरिष्ठ कैबीनेट मंत्री की अध्यक्षता में अधिकार प्राप्त मंत्री समूह और कैबीनेट सचिव द्वारा लिए गए फैसलों को मैं कैसे बदल सकता हूँ। वे भारत के संविधान के ज्ञाता होने का भी दम भरते हैं। मैने पूछा कि वे असंवैधानिक अनौपचारिक समूहों द्वारा एक कैबीनेट मंत्री के फैसलों को रद्द/निरस्त करने को किस प्रकार स्वीकार कर पाते हैं? वे मात्र राजनीतिक जीवन की वास्तविकताओं पर कुछ बुद-बुदा कर रह गए।

आइए अब एक स्वनामधन्य 'वाम पक्षीय' दल के बहुत देर तक मंत्री पदासीन रहे (उस समय पद मुक्त) और अत्यंत ही मुखर नेता के साथ आए संबंध द्वारा इसी आयाम को और स्पष्ट करें। बात उस समय की है जब एक नौ सेना प्रमुख और संयुक्त सेना प्रमुख समिति के अध्यक्ष को बिना किसी जाँच और अभियोग चलाए सीधे ही बर्खास्त कर दिया गया था। उनका अक्षम्य अपराध यही था कि वे उस बात को लेकर विरोध जता रहे थे जिसे नेतागण नौ सेना और राष्ट्र के हित में मान रहे थे। हमारे उक्त नेता और उनका दल अचानक ही भ्रष्टाचार और सेनाओं तथा नौकरशाही में तरह-तरह की ऊटपटांग हरकतों के विषय में बहुत ही सजग हो गए थे। उन्होंने मुझसे इस विषय में एक लेख लिखवाया जिसकी बारीकियों पर कई मुलाकातों में चर्चा भी हुई। उस समय खबर यही थी कि उन नौ सेनाध्यक्ष की बर्खास्तगी की सूचना (उन्हें) सरकार के एक निम्न स्तरीय सचिव द्वारा उपयुक्तता के तकाजे के विपरीत भारत के राष्ट्रपति के हस्ताक्षर होने और मुहर लगने से पहले ही दे दी गई थी। ध्यान रहे कि भारत सरकार के सचिवों का इस मामले में कोई कार्याधिकार नहीं होता

किन्तु वह सचिव विंग कमांडर हजारा सिंह बनाम भारत सरकार के मुकद्दमें और नौ सेना अधिनियम की धारा 18 या 19 के विषय में सर्वोच्च न्यायालय के निर्णय की छत्रछाया का सहारा ले रहा था। वैसे ये बात अलग है कि नौ सेना अधिनियम की उक्त धाराओं का नौसेनाध्यक्ष और संयुक्त सेना प्रमुख समिति से कुछ लेना देना नहीं होता। अतः वह सहारा लेना पूर्णतः गैर कानूनी था। जैसे-जैसे समय गुजरता गया वे एडमिरल महाशय अकेले पड़ गये। प्रायः सभी नेता विशेषकर उक्त नेता तो बड़ी बेशर्मी से हमारी बातचीत में जो कुछ तय हुआ था, उसके एकदम विपरीत ही राग अलापने लग गए थे। 'तहलका' आयोग के तत्कालीन अध्यक्ष माननीय न्यायमूर्ति श्री वेंकटस्वामी के समक्ष लिखित एवं मौखिक प्रस्तुतियों में वही मुद्दे एक बार फिर उभर कर आये। किन्तु वहाँ भी वे कागज एक बार फिर से रद्दी की टोकरी के हवाले हो गए। ये नेता (और संभवतः उनके दल के नेता भी) एक विघटन के कगार पर खड़े देश की परमाणु अस्त्र अपूर्ति की गैर आधिकारिक अत्यंत गोपनीय पेशकश अपनी जेब में लेकर तब तक लिए घूमते रहे जब तक कि वह देश विश्वासघात का उलाहना और कतिपय भारतीय पक्षों द्वारा विदेशियों को इसकी सूचना दिए जाने का आरोप लगा कर अपनी पेशकश से मुकर नहीं गया। उस विघटनाधीन सरकार की ओर से प्रक्षेपणास्त्र एवं वायुयानों द्वारा गिराये जाने वाले परमाणु बमों की सप्लाई बड़ी होशियारी से (ताकि आकाश में स्थित खुफिया कैमरों को भी खबर नहीं हो पाये) करने की बात भी कही गई थी। किन्तु भारतीय देश भक्तों के मन में तो कुछ और ही बसा था। अन्यथा वे कार्गिल के 'ऑपरेशन विषय' का प्रपंच कैसे रच पाते? किसकी विजय थी ये? अल्युमिनियम के ताबूतों के आयात कर्ताओं की? शायद जसवंत सिंह प्रधानमंत्री के कार्यालय में ऐसे ही किसी संगठित गिरोह की ओर इशारा कर रहे थे। किन्तु राजनेता तो वे भी हैं ही। अतः उन्होंने भी पूरा ध्यान रखा कि रहस्योद्घाटन गलत समय पर हो, सारे मुद्दे पर कुछ लीपापोती भी हो जाए। किन्तु इसी क्रम में वे अपने आप को सार्वजनिक अपमान से बचा नहीं पाये (2006)। आखिर उन्हें भी एक

परंपरा धरोहर में मिली थी और उन्हें उसके सम्मान का पूरा-पूरा ध्यान जो रखना था। हाँ, वे उसे एक मोहरा बना कर पुनः सार्वजनिक जीवन में प्रविष्ट होना चाहते थे।

जुलाई-अगस्त 2003 में फिक्की सभागार, दिल्ली में अमर्त्यसेन की नई पुस्तक "स्वातंत्र्य और विकास" पर अभिनंदन हेतु आयोजित गोष्ठी में सम्मिलित होने का अवसर मिला। वैसे ये कार्यक्रम अमर्त्य सेन को पूंजीवादी धारा में आत्मसात् कर लेने का प्रयास अधिक लगा। इस कार्यक्रम में एक साथ, पाँच गोष्ठियाँ चल रही थी और एक के सभापति, उस समय राज्य सभा में विपक्ष के नेता डॉ मनमोहन सिंह थे। मैंने उनसे एक प्रश्न पूछा- जब अमरीका और चीन जैसे देश अपने सकल घरेलू उत्पाद से कई गुणा तक मुद्रा छाप कर परिचलन में रख रहे हैं तो भारत ही उसे (सकल घरेलू उत्पाद के) मात्र 15 प्रतिशत पर सीमित क्यों रख रहा है? मनमोहन सिंह जी ने समतुल्यता, अंतर्राष्ट्रीयता दायित्वों, अंतर्राष्ट्रीय लेखा समंजन की जिम्मेदारियों आदि के बहाने बना कर सही जबाव देने से बचने के प्रयास किए- किन्तु मैं उनके तर्कों का खंडन करता चला गया। फिर मैंने पूछा कि भारत को अपनी मुद्रा की विनिमय दर को एक डालर प्रति रूपया के वास्तविकतापूर्ण स्तर पर रखने में क्या दिक्कत आ रही है? साथ ही मैंने विश्व बैंक की रिपोर्टों के हवाले से उनकी आशंकाओं का निवारण करना चाहा तो उन्होंने विनिमय दर निर्धारण की जटिलताओं पर अपना रट्टा रटाया-सा उबाऊ लैक्चर झाड़ना शुरू कर दिया। मैं बार-बार उन्हें मुख्य प्रश्न की ओर खींचने का प्रयास करता रहा उन्होंने अपने तर्कहीन प्रलाप का पीछा नहीं छोड़ा। जब यही बात लगातार चलती रही तो अमर्त्य सेन उठकर किसी दूसरी गोष्ठी में चले गए और मेरे बगल में बैठे एक सज्जन ने, जो किसी चैंबर ऑफ कामर्स के महासचिव थे, मेरे कान में बंगला में फुसफुसाया कि क्यों अपना समय बर्बाद कर रहे हो-ये व्यक्ति न तुम्हारा प्रश्न समझने को तैयार होगा और न ही उसका उत्तर दे पाएगा। आखिर मैं थककर रह गया। सभापति महोदय कुछ देर और बड़बड़ाते रहे और कोई अगला प्रश्न दाग दिया गया।

प्रत्येक राष्ट्र की संरचना के जटिलतापूर्ण अंर्तसंबंधों भरे चार परस्पर निर्भर आधार स्तंभ होते हैं: संस्कृति, राजनीति, अर्थतंत्र और सैन्यबल। इन स्तंभों पर निरंतर आघातों के माध्यम से ही किसी देश को दुर्बल बनाया जा सकता है। यदि संस्कृति को कमजोर करना है तो पहले राजनीति को दुर्बल करना होगा, किन्तु उस कार्य के लिए उसके अर्थतंत्र पर आघात करना जरूरी रहता है- पर अर्थतंत्र को शिथिल या अस्थिर करने के लिए सबसे पहले सैन्यबल को कुंठित करना आवश्यक होता है। ये एक ऐसा सार्वभौम सत्य है जिसकी सभी अर्थशास्त्री एवं उदारमना चिंतक उपेक्षा कर जाते हैं, किन्तु यह उपेक्षा बहुत महंगी पड़ती है। सोवियत संघ की फिसलन और पतन का प्रारंभ अफगानिस्तान से सैन्य बल के प्रक्षेपण को समेटने से जोड़ा जा सकता है। अब तो लुटा-पिटा सा रूस एक गैर रणनीतिक, गैर-प्रभावी परमाणु शक्ति बनकर रह गया है, जिसका अर्थतंत्र ध्वस्त प्राय: है और उसमें सैन्यबल प्रक्षेपण की न इच्छा शक्ति बची है न कोई क्षमता ही। पारंपरिक रूसी संस्कृति पर भी अब पश्चिम की बाह्य प्रदर्शनवादी संस्कृति हावी हो चली है। सोवियत संघ की अर्थव्यवस्था की कमर तोड़ने के लिए आधुनिक अर्थशास्त्र और उसके अल्पाधिकारी लोकतंत्र का खुलकर प्रयोग किया गया है। आधुनिक आर्थिक संकल्पनाओं की विध्वंसकारी क्षमताओं का एक प्रमाण फिर से सितंबर 2008 में अमरीका के स्वनाम धन्य महान निवेश बैंकरों, लेहमन ब्रदर्स, ए.आई.जी. वैकोविया म्यूचुअल आदि के दीवालिया हो जाने में भी मिला है।

भारत में पश्चिम की आर्थिक एवं प्रौद्योगिकीय श्रेष्ठता तथा अवधारणागत शुद्धता के भ्रम की जड़ें बहुत जम चुकी है। आर्थिक और सैन्य दृष्टि से प्रबल देशों ने हमारे देश के संभ्रात वर्ग को अभिभूत कर उनके सहारे वाचाल बुद्धिजीवी वर्ग और फिर जन सामान्य को कुछ ऐसा विश्वास दिला दिया है कि धन के अभाव के कारण भारत गरीब है। जब 1999 के महानिर्वाचन के बाद वाम पंथियों के गढ़ बंगाल में एक प्रभावशाली युवा नेता (महिला) ने एक नए दल का गठन कर संसद में आठ स्थानों से विजय पायी तो उसका मान सम्मान और मीडिया में उनकी प्रतिष्ठा सातवें आसमान पर पहुँच गयी थी।[1] भारत के मंत्री मंडल में उन्हें रेलवे

जैसा महत्वपूर्ण दायित्व भी मिल ही गया। मैंने उनका अभिनंदन कर उन्हें कुछ सुझाव भी दे डाले: रेलों में दुर्घटनाएँ घटाने के लिए एक वर्ष में सभी मानव रहित रेलवे क्रॉसिंग पर फाटक लगाने की व्यवस्था की जाए और रेल बजट को तुरंत तीन गुना बढ़ाने की मांग उठाई जाए। इन सुझावों को सुनकर रेल मंत्री भौंचक्की रह गई। सौभाग्यवश उसी समय उनकी पुरानी पार्टी के एक मित्र और उस समय संसद की लोक लेखा या अनुमान समिति के अध्यक्ष उस कमरे में चले आए। मंत्री ने उन्हें भी मेरे सुझावों का सार बताया। वे सज्जन कुछ देर चुप रहे और फिर दोनों एक साथ बोल पड़े- पर रूपये कहाँ से आएँगे? मेरा उत्तर था- नए छाप लो। मंत्री महोदया ने मुझे इतनी दयापूर्ण दृष्टि से देखा- यदि वहाँ लेओनार्डो दविन्सी या माइकलेन्जेलो होते तो निश्चय ही "करूणा की देवी" जैसे किसी चित्र या मूर्ति का निर्माण अवश्य हो जाता। इन (निम्न बौद्धिक सूचक संपन्न) नेता के मन में संभवत: बौद्धिकता के लिए केवल उपहास भरा था। इसके पास कोई आर्थिक सूझ बूझ नहीं थी, कुछ देर उछल कूद के बाद इनके दल को 2002 के स्थानीय निकायों के चुनाव में पहला झटका लगा और 2004 के संसदीय चुनाव में तो सफाया ही हो गया। मेरे विचार में बौद्धिक सूचक के तीन घटक होते है: (क) पाश्विक; (ख) क्रियात्मक; और (ग) आध्यात्मिक। पाश्विक सूचकों का नाता जीवन धारण और प्रजनन से है। क्रियात्मक पक्ष अग्नि, प्राकृतिक एवं मानव निर्मित पदार्थों, वायु, जल और ऊर्जा के अभिनव प्रयोजनों से संबंधित रहता है। आध्यात्मिक सूचक में आध्यात्मिकता, चिन्तन क्षमता, सहयोग, नि:स्वार्थता और आत्म बलिदान आदि का सम्मिश्रण रहता है। इस पुस्तक की रचना में मुझे सबसे बड़ा सहारा मेरी इस अविचल श्रद्धा से मिला है कि मानव मात्र के भाग्य विधाता इस विश्व मंच पर अंशकालिक अभिनेता नहीं हो सकते, वे अनजान व्यक्तियों को प्रभावित करने के लिए चाहे जितनी उछलकूछ और उठा पटक करते रहें। मुझे अपने मार्गदर्शक की इस उक्ति से बहुत प्रेरणा मिलती रही है: "शक्तिमान की भविष्यवाणियाँ

---

1. मई 2011 को संपन्न बंगाल विधान सभा चुनाव में वही नेता ममता बनर्जी तीन चौथाई बहुमत पाकर अभेद्य साम्यवादी दुर्ग को धाराशायी कर मुख्यमंत्री बन चुकी है।

कितनी क्षण–भंगुर होती है।'' ये बात उसने अगस्त 1945 के उस दुर्भाग्य दिवस को हिरोशिमा के मासूम जन समुदाय के मूर्खतापूर्ण नरसंहार पर अपना आक्रोश और दुःख व्यक्त करते हुए कही थी और उस आतातायी आक्रमण कर्ता का ये दावा भी बताया था कि उस बम के 1 मई 2011 को संपन्न बंगाल विधान सभा चुनाव में वही नेता ममता बनर्जी तीन चौथाई बहुमत पाकर अभेद्य साम्यवादी दुर्ग को धाराशायी कर मुख्यमंत्री बन चुकी है। विस्फोट के बाद 76 वर्ष तक हिरोशिमा में घास का एक तिनका भी नहीं उग पाएगा। माँ प्रकृति और मानवीय उद्यम ने विश्व की उस महानतम शक्ति को शीघ्र ही पराजित कर दिया। जापानियों ने केवल डेढ़ दिन में ही हिरोशिमा नगर केन्द्र से बन्दरगाह की ट्राम सेवा को पुनः प्रारंभ कर दिखाया, तो तीसरे ही महीने उस भीषण आग के अंबार में झुलसे एक मैपल के वृक्ष में नए पुष्प खिल उठे थे।

मैं नई दिल्ली से प्रकाशित द इक्नॉमिक टाईम्स में 29 जनवरी 2008 को प्रकाशित एक लेख ''भारत और चीन की वापसी: बड़े निगमों के संसाधन आबंटन का सुरक्षा जाल छोड़ कर 'निगमीय नेतृत्व' अपनाना चाहिए''। ''बड़े निगमों को उद्यम को प्रोत्साहन देना चाहिए: जसपाल सिंह संभरवाल के कुछ आँकड़े उद्धृत कर रहा हूँ:

विश्व सकल घरेलू उत्पाद में अंश

	भारत	*चीन*	*जापान*	*सं.रा अमरीका*	*यूरोप*	*शेष विश्व*
1	33	27	1	0	14	25
1500	25	25	3	0	21	26
820	15	33	3	2	27	20
1870	12	17	2	9	38	22
1913	8	8	4	21	39	20
1950	4	5	3	28	31	29
1973	3	5	8	23	29	32
2001	4	7	8	23	21	37
2008	6	13	7	21	19	34

* (प्रतिशत में)

संभरवाल ने इस आधारभूत तथ्यों पर ध्यान दिलाया है: ईसवी संवत के प्रारंभ से 19वीं शताब्दी के आरंभिक वर्षों तक विश्व के सकल घरेलू उत्पाद का आधा भाग भारत और चीन में ही पैदा होता था। उस अधिकांश अवधि में ये दोनों देश स्वतंत्र राष्ट्र थे और प्रौद्योगिकीय दृष्टि से अग्रणी भी थे। लगभग 1450 ईसवीं तक ये देश यूरोप की अपेक्षा अधिक उन्नत और नवप्रवर्तनशील भी थे। इनका शेष विश्व के साथ गहरा नाता भी था, किन्तु 18वीं शताब्दी के प्रारंभ से इनके पतन का दौर प्रारंभ हुआ जो 20वीं शताब्दी के अन्तिम वर्षों तक चलता रहा। इन विशाल एवं उत्कृष्ट राष्ट्रों के पतन के लिए संभरवाल ने पश्चिमी प्रचार तंत्र को जिम्मेदार माना है। बस इनके उपनिवेशीकरण और स्थानीय निवासियों के भीषण शोषण और यहाँ से बड़े स्तर पर धन के विदोहन की बात उन्होंने नहीं उठाई है।

भले ही अब विश्व सकल घरेलू उत्पाद में भारत के अंश में वृद्धि दिखाई देने लगी हो किन्तु यहाँ आंतरिक सामाजिक राजनीतिक स्तर के मंथन से विद्वान और संभ्रांत वर्ग अनभिज्ञ से लग रहे हैं। यदि संभरवाल या उन जैसे अन्य सकल घरेलू उत्पाद चिंतक अधिक ध्यानपूर्वक समीक्षा करें तो उन्हें ये तीन समस्याकारी प्रवृतियाँ भी दिखाई दे जाएँगी: (क) भारत और इसी प्रकार के अभावग्रस्त देशों में पिछले कुछ वर्षों में सकल उत्पाद में विदेशियों और आंतरिक अमीर वर्गों की सेवा में लिप्त सेवा क्षेत्रक का अंश अप्रत्याशित रूप से बढ़ा है; (ख) उपलब्ध सकल घरेलू उत्पाद का वितरण भी अमीर वर्गों के पक्ष में ही भीषण विच्युति दिखा रहा है; और (ग) इस उच्च सकल घरेलू उत्पाद अंश के बावजूद गरीबी और भीषण अभाव का स्तर असहय्य बना हुआ है (आज भी 30 करोड़ भारतीय भूख से पीड़ित है। भले ही विश्व सकल उत्पाद में हमारा अंश 8 प्रतिशत हो गया है)।

यदि 1913-73 के साठ वर्षों पर विचार करें तो इनमें अमरीका और यूरोप का विश्व सकल उत्पाद अंश 50 से 60 प्रतिशत रहा है। इसी काल में उपनिवेशवाद भी अपने उत्कर्ष पर था और अमरीका

के लाभ के लिए दो विश्व युद्ध भी हुए। कोई आश्चर्य नहीं कि अमरीका निर्विवाद विशेषाधिकार संपन्न महाशक्ति बन बैठा है। ध्यान देने योग्य बात यही है कि अमरीका एक उच्च स्तरीय सैन्यीकृत या लाभबंद देश भी है।

हम यहाँ एक ओर अनबूझ रहे प्रश्न को उठा रहे है: श्रम द्वारा उत्पादित मूल्य अतिरेक का स्वामी कौन है? (यहाँ हम डेविड रिकार्डो, अन्य पाश्चात्य अर्थशास्त्रियों और शिकागो बिजनेस स्कूल के डॉ रघुराम राजन, जो 2008 तक विश्व मुद्रा कोष के मुख्य अर्थशास्त्री भी थे। अब भारत सरकार के आर्थिक सलाहकार भी हैं आदि से यहाँ क्षमा चाहते हैं- क्योंकि इन सबको भ्रम है कि इस प्रश्न का उत्तर तो पहले ही दिया जा चुका है)। क्या इसका स्वामी श्रमिक है या उसे रोजगार देने वाला? क्या नाममात्र का तथाकथित पारिश्रमिक पाने के बाद मजदूर का उस उत्पाद अतिरेक पर कोई अधिकार नहीं रहता? साथ ही, क्या पश्चिम के विकास की सबसे बड़ी आधार शक्ति लाभ या मुनाफाखोरी नहीं रही है? क्या किसी भी व्यवसाय में हुआ लाभ न्यायत: तो सभी भागीदार मनुष्यों के बीच बंटना नहीं चाहिए?

'द इक्नॉमिक टाईम्स', नई दिल्ली में आर्थिक नीतियों और महानिर्वाचन में मतदाताओं के चयन व्यवहार पर एक बहुत ही सारगर्भित लेख छपा था। ये अगस्त, 1996 में 'ऑक्सस आदि' किसी संस्था के निर्देशक डॉ सुरजीत सिंह भल्ला का लेख था। प्राय: मुख्य भारतीय समाचार पत्रों में मुझे किसी संगतिपूर्ण, तर्कशास्त्र आधारित लेख दिखाई देने की अधिक आशा भी नहीं होती। कई दशकों तक विभिन्न चुनावों में कांग्रेस पार्टी के प्राप्त मत प्रतिशत का विश्लेषण कर डॉ भल्ला ने निष्कर्ष निकाला था कि अगले चुनाव में इसे 108 से 124 स्थानों पर विराम मिलेगी। इन का माध्य 116 बनता है। जब चुनाव हुआ तो कांग्रेस केवल 112 स्थान जीत पाई। मुझे डॉ भल्ला की यह भविष्यवाणी बहुत विचित्र लगी थी कि आर्थिक सुधारों के जनक (अस्वीकारित पिता या माता तो वी. जी. सिंह थे) कहा जा रहा था कि डॉ मनमोहन सिंह दक्षिण दिल्ली से जीत जाएंगे। डॉ भल्ला

के लेख और अर्थव्यवस्था की सामान्य स्थिति का विश्लेषण तो डॉ सिंह की चुनावी संभावनाओं के विषय में कुछ और ही संकेत दे रहे थे। यदि डॉ मनमोहन सिंह जीत जाते तो मुझे भारतीय अर्थव्यवस्था और मतदाताओं के चयन में बदलावों पर अपना आकलन बदलना पड़ जाता। किन्तु ऐसी नौबत नहीं आई। डॉ सिंह भारी बहुमत से पराजित हो गए।

किन्तु डॉ भल्ला के उस लेख ने मुझे बहुत प्रभावित किया और मैंने भारत के अनेक गणमान्य नेताओं को इसके चिन्तन का सार समझाने का भरसक प्रयास किया। मुझे आशा थी कि वे देश के आर्थिक प्रबंधन की दिशा में एक बड़ा परिवर्तन करेंगे। कम से कम एक विषय में एक चर्चा तो अवश्यक प्रारंभ करेंगे। मध्य 2003 में दक्षिण भारत में आधारित एक राष्ट्रीय समाचार पत्र का एक संवाददाता मेरे पास आया था। अनेक मुद्दों पर चर्चा के बाद मैंने अपने आर्थिक विचारों पर उसके समाचार पत्र में लेख लिखने की पेशकश की। अपनी चर्चा के दौरान मैंने यह भी कहा कि उस वक्त सत्तारूढ़ भारतीय जनता पार्टी को 2005 के चुनावों में 95 (कम से कम) और 120 (अधिक से अधिक) सीटें मिल पाएँगी। मैंने अपने अनुमान डॉ भल्ला के विश्लेषण के सार और उदारीकरण एवं आर्थिक सुधारों के भारतीय जनता पर प्रभावों के अपने आंकलन के आधार पर तैयार किए थे। सत्तारूढ़ दल ने व्यर्थ का शोर मचाकर मीडिया में ऐसा भ्रम पैदा कर रखा था और उसी से अभिभूत होकर उसने चुनाव 2004 में करा डाला। मेरा अनुमान था कि भाजपा को 85 (न्यूनतम) से 135 (अधिकतम) सीटें मिल पाएंगी। उस दल को उस चुनाव में 138 सीटों पर विजय प्राप्त हुई।

भारतीय जनतंत्र की दशा को लेकर चिंतित कोई भी व्यक्ति अधिकारिक रूप से 'मान्यता प्राप्त' बुद्धिजीवियों की तरह ये स्वीकार नहीं कर सकता कि ये दुर्दशा "ईश्वरीय इच्छा" है, या कि गरीब अपनी गरीबी के लिए स्वयं जिम्मेदार है। बहुत समय तक अर्थव्यवस्था के प्रबंधन को नजदीक से देखने और विचार मंथन के बाद मैं इस निष्कर्ष पर पहुँचा हूँ कि

वर्तमान दयनीय दशा के कारण ये हैं:-

(क) सामान्य भारतीयों की कष्ट को स्वीकार (सहन) करने की क्षमता अनंत है, और उनके अभावों के लिए कोई तर्क गढ़ कर संतुष्ट हो जाने की क्षमता भी अपरिमित है।

(ख) भारतीय नेताओं में भ्रष्ट हो जाने की बहुत क्षमता (कदाचित लालसा) है और अपनी अकर्मण्यता को उचित ठहराने की क्षमता तो अद्‌भुत है।

परिणाम स्वरूप 21वीं शताब्दी में भी भारत आधुनिक विकास अर्थशास्त्र की अपने शासकों की विचित्र सूझ के कारण एक विद्रूप दशा में फंसा हुआ है। आम आदमी की क्रय शक्ति इसलिए कम है कि बड़े व्यापक स्तर पर बेरोजगारी फैली है। कोई भी काम ठीक से नहीं हो पाता क्योंकि उन्हें कर पाने वाले कर्मियों का अभाव है। लोगों को रोजगार इसलिए नहीं मिलता कि कोई 'स्थान रिक्त' नहीं है। जो रिक्तियाँ थी, उन्हें भर पाना इसलिए संभव नहीं है कि धन का अभाव है। धनाभाव का बड़ा कारण यही है कि परिचलन में मुद्रा का परिमाण बहुत कम है। अधिक मुद्रा परिचालन में डालने के लिए सुरक्षित कोषाधार का अभाव है। उस अभाव का मुख्य कारण यही है कि शक्तिशाली देशों की सलाह मान कर सारे कोष विदेशी मुद्रा के रूप में रख छोड़े गए हैं। वे विदेशियों की समृद्धि का आधार बन रहे हैं (भारतीयों की खुशहाली का नहीं)। इस प्रकार भारत के गरीबी और असुरक्षा का दुष्चक्र पूरा हो जाता है। ऐसी दशा में सेनाओं के विकास के लिए भी धन का कहां से उपलब्ध होगा?

यद्यपि उपयुक्त स्तर पर लाभबंदी एक राष्ट्रीय आवश्यकता है फिर भी सभी विचार धाराओं की भारत सरकारों ने यही मान रखा है कि जब तक सुरक्षा प्रश्नों पर अकर्मण्यता को औचित्यपूर्ण सिद्ध करने के लिए बड़ी संख्या में गरीब जन विद्यमान हैं, सत्ता और विशेषाधिकारों पर उनकी (शासक वर्ग की) जकड़ मजबूत बनी रहेगी और वे बड़े आराम से ये

तर्क देते रहते हैं कि जब इतने गरीबों की देखभाल के लिए ही साधन पूरे नहीं पड़ रहे तो सेनाओं के लिए धन कहाँ से लाएँ? यदि गरीबी ही दूर हो गई तो फिर सैन्य प्रयासों का गला घोंटने का औचित्य कैसे सिद्ध कर पायेंगे?

एक मृदुल महाशक्ति (Soft Super Power – SSP) के लक्षणों की विवेचना से पूर्व हमें परंपरागत महाशक्ति (Super Power èk Global Power – SP) को प्रकृति को समझ लेना चाहिए। एक महाशक्ति ऐसा राष्ट्र होता है, जहाँ विशाल जनसंख्या, विशाल भू क्षेत्र और इनके लिए कुछ न कुछ प्राकृतिक सुरक्षा आवरण हो (यदि पर्याप्त प्राकृतिक संसाधन भी हों तो सोने पर सुहागा रहता है। इसे अनावश्यक बल प्रयोग में किसी प्रकार की धार्मिक और सांस्कृतिक झिझक नहीं होती तथा ऐतिहासिक दृष्टि से अपनी गुंडागर्दी का नग्न प्रदर्शन करना, अन्य देशों के मामलों में मनमाने ढंग से टांग अड़ाना ही इसकी ''राष्ट्रीय परंपरा'' रहती है। ऐसे राष्ट्र के सभी घटक इस प्रकार के कार्यों के लिए सदैव तत्पर रहते हैं। ये आवश्यक होने पर किसी भी देश, राष्ट्र या राज्य की सैन्य शक्तियों को स्थल, जल, वायु और अंतरिक्ष में भी कुंठित करने और ध्वस्त करने के लिए हस्तक्षेप कर सकती है। इसकी सैन्य क्षमता सदैव विराटकाय रहती है, लामबंदी का स्तर सदा उच्च रहता है, प्रौद्योगिकीय श्रेष्ठता भी उच्चतर रहती है और उसे बनाए रखने के लिए यह व्यापक अस्वीकृति, प्रतिबंध और नियंत्रण तथा प्रतियोगी प्रौद्योगिकीय विकास, शोध और विनिर्माण कार्यों के विरूद्ध अंतर्राष्ट्रीय समझौतों की दीवारें खड़ी करने में बहुत माहिर होती हैं। ये अमीर होता है या फिर हो जाता है। इसकी आर्थिक संपन्नता और सैन्य शक्ति साथ-साथ फलती फूलती है। इसकी आन्तरिक व्यवस्था बहुत ही विषमतापूर्ण होती है और ये अपने चंगुल में फंसे सभी देशों में भी विषमता के प्रसारण को बढ़ावा देती है। ये अपने अधीनस्थ देशों के धन का न केवल प्रत्यक्ष अपवहन करती है बल्कि अंतर्राष्ट्रीय संस्थाओं के माध्यम से अनेक राजकोषीय, मौद्रिक एवं प्रशासकीय व्यवस्थाओं के सहारे स्वयं अनुचित लाभ भी कमाती रहती है। उन सभी

अंतर्राष्ट्रीय संस्थाओं पर इसका कड़ा नियंत्रण बना रहता है। इनका सबसे प्रमुख अस्त्र तो शेष सभी देशों पर बहुत ही विषमतापूर्ण विनिमय दर को थोंपना है। यह विश्व में उपभोग में अग्रणी रहती है और उस समय (अन्य देशों के लिए) विषय विनिमय दर के माध्यम से अपने उपभोग की सामग्री का प्रचुर मात्र में आयात करती रहती है। अन्य देशों के शासकों को अपनी दंड शक्ति और सभी क्षेत्रों के श्रेष्ठता द्वारा अभिभूत रखना भी इस कार्य में इसकी सहायता करता है।

इसके विपरीत मृदुल महाशक्ति तो इसकी उत्तल दर्पण की प्रति–छाया सिद्ध होती है। यहाँ सभी कुछ 'उलट' जाता है। ये स्वराष्ट्रहित में कभी कोई कार्य नहीं करती। यदि कभी किसी नीतिगत निर्णय के फलस्वरूप अनजाने में भी या गलती से ही, कुछ शुभ परिणाम होने लगे तो जैसे ही कोई महाशक्ति उस ओर इंगित करती है ये उस नीति को तुरंत बदल देती है। इसका सन्नद्धता का स्तर निम्न रहता है और राष्ट्रीय सुरक्षा के लिए इसकी सैन्य शक्ति नितांत प्रभावहीन रहती है। अपने देश के लिए चाहे जितनी घातक क्यों न हो, ये आर्थिक मामलों में महाशक्तियों के परामर्श को तुरंत स्वीकर कर लेती है। देश को सदैव धन (मुद्रा) और संसाधनों के अभाव से पीड़ित रखती है और कभी वस्तुओं और सेवाओं का पर्याप्त आतांरंक उत्पादक नहीं होने देती। अपने प्राथमिक और द्वितीयक (विनिर्माण) क्षेत्र को विस्थापित कर तृतीयक (अथवा सेवा) क्षेत्र पर अपने संसाधन झोंक कर अमीर देशों की सेवा को ही ''स्वधर्म' मान कर अपना लेती है। सदा सेवा क्षेत्र का गुणगान करती है और विदेशियों को सस्ते दामों पर सेवाएँ प्रदान करने के कार्य में अपने सारे धन और संसाधन झोंक देती है। भारत जैसी मृदुल महाशक्ति की सबसे विद्रूप विशेषता तो किसी विदेशी को यहाँ के शासन पर हुकम चलाने देना ही है। हमारे समाज का अभिजात्य वर्ग एक शक्तिहीन (नपुंसक) मृदुल महाशक्ति होने को ही गौरव की बात मानता है।

हम किसी वर्तमान महाशक्ति का अनुकरण नहीं करेंगे और राष्ट्रीय तथा विदेशी जन समुदायों के प्रति समान रूप से मृदु व्यवहार करेंगे। किन्तु हम जानते हैं कि कोई और विकल्प नहीं है। अतः हम सन्नद्धता को भी उच्च स्तर पर पहुँचाए रखेंगे।

अध्याय–1

भारतीय अर्थव्यवस्था और सेना का तार्किक मूल्यांकन

भारतीय अर्थशास्त्र में तार्किकता की निरर्थक खोज अर्थ विषयक पुस्तकों और लेखों से कहीं भी ये ज्ञान नहीं मिल पाता कि इतनी सदियों तक कहीं गरीबी के बने रहने के क्या कारण हो सकते है। ये भी समझ नहीं आता कि पहले विनिमय के माध्यम और आगे चल कर आर्थिक शक्ति की अभिव्यक्ति के निर्धारक के रूप में मुद्रा (करेंसी) के उदय ने इरा गरीबी को और गहन क्यों बना दिया है। ये बात तो और भी विचित्र लगती है कि छोटे बड़े सभी अर्थशास्त्री इस आयाम की संपूर्ण रूप से व्याख्या करने से कतरा क्यों जाते हैं। यही नहीं, गरीबी की समस्या देश के इतने विशाल जन समुदाय को प्रभावित कर रही है। फिर भी हमारे बुद्धिजीवी वर्ग को इसकी अनुभूति तक नहीं है, या फिर वे इसे "सभी व्यवहारिक परिणामों की संभाव्यता को समाप्त कर देने के चिन्तन के लिए एक अच्छा विषय" मानते हैं या पूरी तरह गैर आर्थिक प्रश्न मान लेते हैं। यहाँ तक कि नोबेल पुरस्कार से अलंकृत अर्थशास्त्री भी इसे अर्थशास्त्र की एक केंद्रभूत समस्या नहीं मानते। गरीबी की समस्या की निरंतर उपेक्षा की समाज को बहुत बड़ी लागत उठानी पड़ रही है। यह बात आगे उद्धृत प्रकाशित आंकड़ों (और जानकारी) से बहुत ही स्पष्ट रूप से उभर कर आ रही है।

वास्तविक स्थिति

'विश्व विकास रिपोर्ट' (2000/2001 के बाद से) तथा अनेक अन्य प्रकाशनों की सामग्री से एक बात पुष्ट हो रही है: वास्तविक आर्थिक तथ्यों को या तो छिपाया जाता है या उन्हें तोड़ मरोड़कर पेश किया जाता है ताकि भारत और विश्व समुदाय के सारे विकासशील देशों की जनता को गुमराह किया जा सके।

भारत का 'रूपया' विश्व की सबसे 'अधौमूल्यित' मुद्रा है। विश्व भर में भारतीय रूपये से अधिक आन्तरिक क्रयशक्ति और न्यूनतम बाह्य क्रयशक्ति किसी अन्य मुद्रा में दिखाई नहीं देती। अमरीकी डालर की तुलना में भारतीय रूपये का बाजार मान उसके वास्तविक क्रय शक्ति तुलनीय मान का मात्र 20 प्रतिशत है (यह 20 प्रतिशत भी विश्व बैंक की विद्रूप गणना प्रक्रिया के कारण दिखाई देता है)। जी-7 समूह के अन्य देशों की मुद्राओं की तुलना में रूपया 5.2 गुणा से 6.7 गुणा तक अवमूल्यित दिखाई देता है (इसका बाजार मान इसके क्रयशक्ति तुलनीय मान का 15 प्रतिशत से 19 प्रतिशत ही रहता है)। यहाँ तक कि मलेशिया की मुद्रा भी भारतीय रूपये की तुलना में दुगुना अधिक मान पाए हुए है। कोई हैरानी की बात नहीं कि भारतवासी गरीब बने हुए हैं।

नवीनतम 'बाजार मान' के आधार पर भारतीय रिजर्व बैंक रूपये का अवमूल्यन करता रहता है। ये ब्रेटेन वुड्स संधि द्वारा नियम विनिमय दर के आधार पर "वास्तविक प्रभावी विनिमय दर (REER)" तथा "निवल प्रभावी विनिमय दर (NEER)" का निर्धारण नहीं करता। इस कार्य का कोई सैद्धांतिक या आर्थिक औचित्य भी नहीं है। बस एक ही औचित्य लगता है- भारत में अमरीकी डालर का मूल्य बढ़ा चढ़ा कर भारत अपने हितों पर घोर आघात करता रहे।

भारत ने अपने सुरक्षित कोष में विदेशी मुद्रा और विशेष आहरण अधिकार (SDR) का अनुपात बहुंत अधिक रखा हुआ है। यह अमरीका या जी-7 के अन्य सदस्यों की तुलना में बहुत ही अधिक है। अधिकांश

सुरक्षित कोष विदेशी मुद्रा या फिर विशेष आहरण अधिकारों के रूप में होने के कारण हमारा अंतर्राष्ट्रीय सुरक्षित कोष अनावश्यक रूप से विशाल रूप धारण कर गया है। वर्ष 1999 में ये कोष 35 बिलियन था जो बढ़कर 2008 की प्रथम तिमाही में 350 बिलियन का आंकड़ा पार कर चुका है। हमारी तुलना में अमरीका का ये कोष 60 बिलियन (1999), इंग्लैंड का 30 बिलियन (1999) से कम ही था। यदि विभिन्न देशों के आयात और अंतर्राष्ट्रीय सुरक्षित कोष की तुलना करें तो भी हमें यही ज्यादती स्पष्ट दिखाई दे जाएगी। भारत 1998 में कुल 40 बिलियन का आयात कर रहा था जबकि इंग्लैंड का आयात 387 बिलियन और अमरीकी आयात तो ट्रिलियन से भी अधिक था। लगता है कि हमारे रिजर्व बैंक के निर्णयकर्त्ता मानते हैं कि जो मानक शेष दुनिया के लिए उपयुक्त होते हैं, वे भारत के लिए ठीक नहीं रहेंगे। या फिर उनकी (भारतीय रिजर्व बैंक के कर्त्ताधरताओं की) नीतियाँ भारतीय राष्ट्रीय हितों की कीमत पर अमरीकी डालर और अमरीकी बैंक व्यवस्था को बल प्रदान करने को अधिक महत्वपूर्ण मानती हैं।

भारत का ये सुरक्षित कोष विदेशों में (मुख्यत: अमरीकी बैंकों में) जमा है, जिसका न तो कोई आर्थिक आधार है और न ही इसके लिए भारतीय संसद की कोई प्रत्यक्ष अनुमति प्राप्त की गई है। अमरीका, इग्लैड और जी-7 के अन्य सदस्य तो प्राय: सारा सुरक्षित कोष अपनी ही बैंक व्यवस्था में जमा रखते हैं। कभी-कभी थोड़ा बहुत परस्पर आधार पर इस समूह के अन्य देशों में रख छोड़ते हैं।

यद्यपि अमरीकी डालर में मापने पर भारत का सकल राष्ट्रीय उत्पाद क्रम विश्व में 11वां और प्रति व्यक्ति आधार पर 162वां बनता है। किन्तु यदि इसे सकल राष्ट्रीय उत्पाद की श्रम उत्पाद तुल्य इकाईयों में (देश के सकल राष्ट्रीय उत्पाद भाग वैधानिक न्यूनतम प्रति घंटा मजदूरी दर) आंकलित किया जाए तो ये विश्व की 'सशक्ततम' अर्थव्यवस्था और सबसे अधिक विकसित संयुक्त राज्य अमरीका से तीन गुना हो जाती है।

यदि उत्पादिता (उत्पाद÷आदान) की गणना करें तो भारतीय श्रमिक (कृषि मजदूरों सहित) विश्व के दक्षतम श्रमिक सिद्ध होते हैं।

अमरीका भारत की तुलना में प्रति व्यक्ति आधार पर व्यापारिक ऊर्जा (किलोग्राम तेल समतुल्य) का 17 गुणा उपभोग करता है। यह ऊर्जा का सबसे कम दक्ष प्रयोक्ता और पर्यावरण का सबसे अधिक आपराधिक प्रदूषक भी है। इसका प्रतिव्यक्ति कार्बन-डाई-आक्साईड उत्सर्जन स्तर (टनों में मापित) भारत से 20 गुणा है।

भारत तेल समतुल्य किलोग्राम इकाईयों की दृष्टि से अमरीका की तुलना में 6 गुणा अधिक सकल घरेलू उत्पाद का निर्माण कर लेता है।

अमरीका भारत की तुलना में प्रतिव्यक्ति आधार पर 33 गुणा अधिक विद्युत ऊर्जा का प्रयोग भी कर रहा है।

भारत की गरीबी को सुनिश्चित करना

आम भारतवासी चाहे जितना दक्ष रहा हो किन्तु भारतीय अर्थव्यवस्था का प्रबंध निरंतर बहुत ही खराब रहा है। स्पष्ट है कि बाह्य क्षेत्र का प्रबंधन इस प्रकार किया गया है कि हम भारतीयों की लागत पर (हमारी उपेक्षा कर) हमारी दक्षता के हितलाभों का प्रवाह अमरीका की ओर होता रहे। आइए, अमरीका और भारत के सकल घरेलू उत्पाद अपस्फायकों (स्फीति के प्रभाव का समंजन करने वाले सूचकों) की तुलना कर देखें। यह सकल घरेलू उत्पाद के प्रचलित बाजार भावों पर आँकड़ों को स्थिर कीमतों पर आंकलित आँकड़ों से भाग देकर ज्ञात किया जाता है। भारत का ये अस्फायक 1980-90 की अवधि के अमरीका के 4.2 की तुलना में 8.0 था। किन्तु 1990-99 की अवधि में भारत के इस सूचक का मान 8.6 हो गया जबकि अमरीका में सुधार होकर यह 1.8 हो गया। यह अवधि महान आर्थिक सुधारों की अवधि है जब सर्व श्री यशवंत सिन्हा, मनमोहन सिंह और चिदंबरम जैसे दिग्गज आर्थिक प्रशासक देश के अर्थतंत्र का संचालन कर रहे थे। ये निश्चित रूप से अंधकारपूर्ण युग ही लगता है।

भारतीय अमरीकियों से अधिक बचत और निवेश करते हैं। स्वभाविक रूप से 1999 में भारत का सकल घरेलू बचत अनुपात अमरीका के 17 प्रतिशत की तुलना में 20 प्रतिशत था और निवेश अनुपात तो अमरीका के 19 प्रतिशत की तुलना में 24 प्रतिशत रहा।

सबसे चौंकाने वाले तो विश्व बैंक के वे आँकड़े हैं तो यह बता रहे हैं कि अमरीका में आर्थिक गतिविधियों का वित्तीय प्रबंधन तो भारत जैसे बाहरी एवं मुँह जोहने वाले देश कर रहे हैं। वर्ष 1999 में जहाँ बैंक व्यवस्था द्वारा प्रदत्त आन्तरिक साख सुविधा अमरीका में सकल घरेलू उत्पाद का 170.1 प्रतिशत थी वहाँ भारत में यह मात्र 44.9 प्रतिशत थी। चीन तक में ये अनुपात भारत का लगभग तीन गुना अर्थात 130.4 प्रतिशत आंका गया है।

भारत अपने सारे विदेशी मुद्रा कोष विदेशों में, मुख्यत: अमरीका में और वहाँ भी निजी बैंकों में (राजकोषी निक्षेपों नहीं) जमा रखता है। अमरीका और अन्य देश ऐसी जमा को शेष जमाओं की भाँति ही प्रयोग करते रहते हैं और भारत के विदेशी मुद्रा कोष का लाभ उठाते रहते हैं। ये तो आप पिछले अनुच्छेद में देख ही चुके हैं कि वहाँ का बैंक क्षेत्र आन्तरिक उद्योगों और व्यवसायों की भारत जैसे 'निर्भर' देशों की जमाओं के सहारे सहायता करता रहता है।

उपर्युक्त आँकड़े यह भी दर्शा रहे है। कि सकल घरेलू उत्पाद भाग परिचालन में मुद्रा द्वारा मापित मुद्रा का आय परिचलन वेग अमरीका और अधिकांश जी-7 देशों में एक से कम रहता है। विकसित देशों के अनुभव से सीखने के स्थान पर, मुद्रा के आय परिचलन वेग के इकाई से अधिक होने पर भी भारतीय रिजर्व बैंक और वित्त मंत्रालय परिचलन में मुद्रा का परिमाण अत्यंत सीमित रखने पर आग्रह करते हैं और इस प्रकार सकल घरेलू उत्पाद में पर्याप्त वृद्धि की संभावनाएँ ही समाप्त कर देते हैं। यह बात तो सभी जानते हैं कि M_3 द्वारा मापित मुद्रा की आपूर्ति को 15 प्रतिशत सीमित रखने के कारण सकल घरेलू उत्पाद की संवृद्धि

3 प्रतिशत से 5 प्रतिशत तक ही सीमित रह गई है (इस प्रकार से सारे संभव हितलाभों का अमरीका आदि विकसित देशों को ही अन्तरण होता आ रहा है) फिर भी रिजर्व बैंक की मौद्रिक नीति प्रतिबंधकारी बनी हुई है और इसके कारण हमारे सकल घरेलू उत्पाद में पर्याप्त संवृद्धि नहीं हो पाती। भारत अपनी सकल घरेलू उत्पाद संवृद्धि की क्षमता का मौद्रीकरण नहीं कर रहा। ये एक अत्यंत ही आत्मघाती करेंसी और मौद्रिक नीति अपनाया जा रहा है। यदि भारत 10 प्रतिशत की आर्थिक संवृद्धि दर प्राप्त करना चाहता है तो इसे मुद्रा की आपूर्ति दर को 30 प्रतिशत या 50 प्रतिशत से बढ़ाकर 400 प्रतिशत तक ले जाना पड़ेगा। हमारे देश में मुद्रा का आय परिचलन वेग अभी भी इकाई से अधिक है, अतः मुद्रा की आपूर्ति में वृद्धि के परिणाम स्वरूप सकल घरेलू उत्पाद में वृद्धि अवश्यंभावी है। भारतीय अर्थशास्त्री इस तथ्य को स्वीकार करने से कतराते है। उन्हें यही डर सताता रहता है कि इस प्रकार से सृजित अतिरिक्त मुद्रा न्यून आय वेग क्षेत्रकों में न चली जाए– वे क्षेत्र हैं संरचनागत क्षेत्र (जो आयात प्रधान हैं और जिनमें तरलता भरी पड़ी है)। भारत की मौद्रिक नीति आबंटनकारी नीति है– जिसमें ये ध्यान रखा जाता है कि कुछ एक क्षेत्रों में तरलता की अधिकता और शेष सभी में निरंतर अभाव बना रहे। अधिक धन उन्हीं क्षेत्रों को आबंटित किया जाता है जिनका आय परिचलन वेग न्यूनतम हो। परिसरीय और अप्रत्यक्ष रूप से सहायक उद्यमों को ही बेहतर आबंटन होता है, उदाहरण के लिए सुरक्षा सेनाएँ पैसे-पैसे के लिए तरसती हैं किंतु वित्त मंत्रालय में अंबार लगे रहते हैं। मुद्रा की आपूर्ति को अति सीमित रख कर आवश्यक वित्तीय समर्थन से वंचित रखने का कोई सैद्धांतिक, व्यवहारिक, विश्लेषणात्मक, आर्थिक आधार या तर्क नहीं है। रिजर्व बैंक और वित्त मंत्रालय देश की सकल घरेलू उत्पाद संवृद्धि क्षमता को पर्याप्त वित्तीय सहयोग प्रदान करने में नितांत असफल रहे हैं। इनकी आबंटनकारी नीतियाँ एक साथ ही कहीं (भीषण) धन अभाव और कहीं प्रचुरता के परिदृश्य की रचना कर रही हैं। ये उन क्षेत्रों को अति तरलता का वरदान दे रहे हैं, जिनमें आय परिचलन वेग इकाई से कम है और जिनका

पूंजी–उत्पाद अनुपात बहुत कम हैं। इनमें सम्मिलित हैं– विदेश वित्त पोषित संरचना, खुली खानें, सूचना प्रौद्योगिकी, आधुनिक विनिर्माण, पैट्रो केमिकल, सड़क परिवहन और विदेशियों के निमित्त चालित सेवा क्षेत्र। इनके विपरीत बेहतर आय परिचलन वेग वाले सार्वजनिक–सामाजिक क्षेत्र, प्रतिरक्षा, रेलवे, भूगर्भीय खनन, आदि धन के अभाव से जूझते रहते हैं।

भारतीय अर्थव्यवस्था के प्रबंधकों ने विदेशियों के लिए भारत के शोषण का एक और सुविधाजनक रास्ता बनाया है। भारतीय रिजर्व बैंक और अन्य भारतीय बैंकों को इन निहित स्वार्थों द्वारा (सीमित संस्था में) कुछ ही मिलियन डालर की विदेशी मुद्रा अपने पास रखने को अधिकृत किया गया है– शेष सारी विदेशी मुद्रा 24 घंटे के अन्दर ही अमरीका या अन्य देशों के बैंकों के पास जमा कराना अनिवार्य होता है। अतः विदेशी निवेशक किसी भारतीय बैंक की विदेशी मुद्रा अपने पास रखने वाले सहयोगी बैंक के साथ सांठगांठ कर थोड़ी सी विदेशी मुद्रा भारत लाते है और बार–बार उस राशि को भारत में जमा और उस भारतीय बैंक द्वारा उस निवेशक के बैंक के पास जमा कराने के कागजी प्रावधान के माध्यम से भारी परिमाण में विदेशी निवेशक संस्थानों द्वारा भारत में धन निवेश किए जाने के आँकड़ों का उत्पादन करते रहते हैं। हमारी अर्थव्यवस्था की दृष्टि से तो ये निवेश एक धोखा मात्र है। हमारे मंत्री और अर्थ प्रबंधनकर्ता या तो सचमुच इस विचित्र प्रावधान से परिचित नहीं है या फिर उनकी भी इस धोखा धड़ी में मिलीभगत है। जब से सरकार ने निर्यातकों को अपनी विदेशी मुद्रा की कमाई और बाह्य मौद्रिक उधार की राशियाँ विदेशी बैंकों में जमा करने की छूट दी है, तब से तो इस कागजी निवेश प्रपंच ने दिन दूनी रात चौगुनी प्रगति का प्रदर्शन किया है। भारत के धन का विदेशों की ओर अपवहन निर्बाध रूप से चला रहा है। कोई हैरानी नहीं कि बाह्य मौद्रिक उधार प्रारंभ होने के बाद से अर्थव्यवस्था की ऋणग्रस्तता और उसके कारण संकट की आशंकाएँ कई गुना अधिक हो चली है।

हमारा रिजर्व बैंक और वित्त मंत्रालय इस बात से अनभिज्ञ ही हैं कि "अतिरिक्त सकल घरेलू उत्पाद बनाम निवेश" की बात जन सुविधाओं और सार्वजनिक उपक्रमों के संदर्भ में तो उपयुक्त रहती है निजी व्यवसायिक उपक्रमों के संदर्भ में नहीं।

हमारे अर्थ प्रबंधक सूचना प्रौद्योगिकी निर्यात के विशाल आकार का गुणगान करते नहीं थकते किन्तु उसके निमित उससे कहीं अधिक आयात की विवशता को अनदेखा कर जाते है। यहीं नहीं, दक्षिण एशिया की ये सूचना प्रौद्योगिकीय 'महाशक्ति' अपने कुशल कर्मियों के लिए विश्व की न्यूनतम प्रति घंटा मजदूरी ही उगाह पाने में सफल हो रही है। "बिजनेस टुडे" (अक्टूबर 28, 2008) ने भारतीय उपक्रमों द्वारा प्रति घंटा $ 22-32 मांग जाने की बात स्पष्ट की है जबकि जापान में ये दर $ 90, आस्ट्रेलिया में $ 50 तथा सिंगापुर में $ 40 है। ये भारतीय उपक्रम कर्मचारियों को तो मात्र $ 2 प्रतिघंटा दे रहे हैं। जबकि जापान में $ 19-27, सिंगापुर आदि में $ 12-19 और द. कोरिया व मलेशिया भी $ 6-9 प्रतिघंटा का भुगतान अपने कर्मचारियों को करते है। अमरीका (जहाँ हमारे अधिकांश सूचना प्रौद्योगिकी विशेषज्ञ काम करते हैं) में तो अकुशल कर्मियों का न्यूनतम वैधानिक वेतन ही $ 6 प्रतिघंटा (वर्ष 2007 में) था। कोई हैरानी नहीं कि अति अमीर हो चले भारतीय सूचना प्रौद्योगिकी निर्यातक निरंतर रूपये के अवमूल्यन की मांग करते रहते है- वरना वे अतिकुशल कर्मियों को गुलामों वाली मजदूरी चुका कर अपनी तिजोरियाँ कैसे भर पाएंगे?

आइए एक निगाह कुछ विशेष मदों पर डालकर देखें-

प्रत्यक्ष विदेशी निवेश: वर्ष 1998: भारत में इस खाते में 3 बिलियन डालर से कुछ कम आगमन हुआ तो चीन में 44 बिलियन डालर और संयुक्त राज्य अमरीका में 2 ट्रिलियन डालर।

सकल सरकारी व्यय में साहाय्यों और चालू अंतरणों का प्रतिशत अंश: हमारे अर्थप्रबंधक हमेशा इनके भार का रोना रोते रहते हैं, किन्तु विश्व बैंक के आँकड़े कुछ और ही कहानी सुना रहे हैं। भारत में 1997

में यह अनुपात 1990 के 43 प्रतिशत से घटकर 40 प्रतिशत रह गया था, जबकि इसी अवधि में अमरीका में यह 50 प्रतिशत से बढ़कर 60 प्रतिशत तक जा पहुँचा।

सामाजिक सेवाएँ: इन सेवाओं का सकल सरकारी व्यय में अंश (1998): पूंजीवादी अमरीका ने 53.8 प्रतिशत सरकारी खर्च इन मदों पर ही किया था (ये अंश 1990 में 43.4 प्रतिशत था) जबकि समाजवाद का दम भरने वाले भारत में ये इसी अवधि में 8.1 प्रतिशत से बढ़कर 9.2 प्रतिशत हो पाया है। इसके बावजूद हमारे अर्थप्रबंधक और 'मीडिया के शेर' विशेषज्ञ भारत के आम गरीब से सार्वजनिक सेवाओं की पूरी-पूरी लागत वसूल करने की दहाड़ लगाते रहते हैं। कोई आश्चर्य नहीं कि देश में इन सेवाओं की दशा निरंतर उपेक्षा के कारण दयनीय बनी है।

अल्प प्रत्यक्ष कर संग्रह: बार-बार दावा किया जाता है कि भारत की कर प्रणाली बड़ी प्रतिगामी है और यहाँ प्रत्यक्ष करों का अनुपात बहुत कम है। विश्व बैंक के अनुसार भारत के उच्चतम 20 प्रतिशत अर्जनकर्ता सकल राष्ट्रीय उत्पाद के 46 प्रतिशत अंश को हस्तगत कर लेते हैं (200 बिलियन डालर, वर्ष 1999) और उच्चतम दर 30 प्रतिशत के अनुसार इनकी कर देयता 60 बिलियन डालर होनी चाहिए। किन्तु वास्तव में ये कानूनी दावपेंचों और कर वंचना के सहारे केवल 3 बिलियन करों के रूप में चुकाते हैं। हमारे अर्थ प्रबंधक इनकी ओर से आँखें बंद किये रहते हैं और छोटे-छोटे खुदरा दुकानदारों को कर-पाश में जकड़ने के निरंतर नए-नए उपाय गढ़ते रहते हैं। कोई हैरानी नहीं कि भारत का राजकोषीय घाटा निरंतर वृद्धिमान है।

जरा इस रिपोर्ट पर भी गौर कीजिए: हिन्दूस्तान टाइम्स, नई दिल्ली, अक्टूबर 25, 2006, पृ. 20: 'प्रत्यक्ष विदेशी निवेश' का बहिर्मुखी प्रवाह अन्तर्मुखी से अधिक होने की आशंका। भारतीय कंपनियों द्वारा विदेशों में 10 बिलियन डालर का निवेश जबकि जनवरी-जुलाई 2006 में भारत में इस खाते पर केवल 4.75 बिलियन डालर का ही आगमन हुआ है।

ये भारत के व्ययसायी महारथी ही हैं जो देश के भविष्य को विदेशियों के हाथों गिरवी रखे जा रहे हैं। यदि ये विदेशों में निवेश भारतीय माल और उच्च मूल्य वृद्धि सेवाओं की बिक्री से कमाई गई राशियों पर आधारित होता तो हम इसका स्वागत करते। किन्तु जब हम विदेशों में प्रत्यक्ष निवेश के लिए भीख माँगते हैं और विदेशियों को तरह-तरह के प्रलोभनों द्वारा आकर्षित करते हैं, उस समय निजी व्यवसायियों द्वारा कहीं अधिक धन राशियों का विदेशों में निवेश आपराधिक प्रतीत होता है। इस बात को समझने के लिए कोई विशेष अक्लमंदी की आवश्यकता नहीं होगी।

कुल मिलाकर हम कह सकते हैं कि विनिवेश, बाजार से तरलता का शोषण, ऐच्छिक सेवा निवृत्ति (जिसमें काम किए बिना ही वेतन मिल जाता है-वह भी अग्रिम), गलत दिशाओं में निवेश को प्रोत्साहन, सार्वजनिक उपक्रमों की दुर्दशा कर उनमें किए गए निवेश का अवमूल्यन और सार्वजनिक कोष पर भार में वृद्धि तथा कथित संरचनागत सुविधाओं में अनावश्यक व्यय के माध्यम से आयात लागत में वृद्धि एवं भारतीय रोजगार बाजार का दम घोंटना, सॉफ्टवेयर कंपनियों द्वारा अत्यधिक बौद्धिक अपवहन, गुलाम व्यापार जैसी स्थिति की रचना और इन्हीं के लिए उच्च लागत पर सूचना प्रौद्योगिकीय आयात (जो इनके तथाकथित निर्यात अर्जन क्षमता से अधिक ही हैं) आदि मिलकर भारत में बड़े स्तर पर रोजगार पैदा करने में बाधक हो रहे हैं।

भारत द्वारा ब्रेटेन वुड्स समझौते की मूल धारणाओं को अमरीका द्वारा किए जा रहे उल्लंघन को चुपचाप स्वीकार करना

(क) अमरीका द्वारा स्वर्ण का डालर मूल्य घोषित नहीं करना: इस प्रकार अमरीका डालर के अवमूल्यन के भार को भारत के रूपये पर अन्तरित कर देता है। नतीजन डालर समृद्ध होता जाता है और रूपया हानि उठाता रहता है। वर्ष 1945 में जब अंतर्राष्ट्रीय मुद्रा कोष के अधिकनियम लागू हुए तो अमरीका को एक ट्रॉय औंस सोने के दाम 34 डालर रखने का निर्देश

हुआ था। सभी सदस्यों ने जुलाई 1,1944 के दिन अपनी-अपनी मुद्रा में सोने की इसी मात्रा के अनुसार डालर से उसकी विनिमय दर निर्धारित करने को कहा गया था। किंतु अब तो सोने के भाव 700-800 डालर प्रति औंस हो चुके हैं यानि विश्व भर के सभी देशों की मुद्राओं का 25 गुना अवमूल्यन हो चुका है। अमरीकी अपने आर्थिक कुप्रबंधन के आर्थिक भार को इस प्रकार शेष दुनिया पर थोंप चुके हैं। भारत उन्हीं अभागे देशों में अग्रणी है जो 'श्वेत नस्ल' के बोझे के तले दबे जा रहे हैं।

(ख) यद्यपि अमरीकी डालर को 'सुरक्षित करेंसी' बनाया गया है पर भारत की सीधे अमरीकी राजकोष से लेन देन करने पर पाबंदी है।

(ग) अमरीका भारतीय बैंकों को सीधे अमरीकी समाशोधन व्यवस्था में भी भाग नहीं लेने देता।

(घ) यह भारत एवं अन्य अभागे गरीब देशों को विदेशी मुद्रा पर संभव परावर्तन मूल्य वृद्धि का लाभ भी नहीं उठाने देता।

(ङ) भारत पर विश्व बैंक-अंतर्राष्ट्रीय मुद्रा कोष के माध्यम से ऐसी विनिमय व्यवस्था थोंपी गई है कि वह रूपये का अवमूल्यन तो चाहे जितना करे लें किन्तु मूल्य वृद्धि कुछ एक बिन्दुओं से अधिक नहीं कर सकता।

भारतीय उद्यमी और प्रत्यक्ष विदेशी निवेश

इसी संदर्भ में हम टाटा के व्यवसाय साम्राज्य द्वारा हाल ही किए गए प्रत्यक्ष विदेशी निवेश सौदे की समीक्षा कर रहे है। हम ये तो स्पष्ट कर देना चाहेंगे कि टाटा का ये उदाहरण सबसे निकृष्ट तो संभवतः नहीं होगा- पर इन्हें जमीनों पर कब्जा कर लेने का बहुत लम्बा अनुभव है। अन्य जमीन कब्जा लेने वालों से टाटा एक दृष्टि से अलग भी है। ये न कानून का उल्लंघन करते हैं और न ही उसको तोड़ते-मरोड़ते हैं, ये तो

राजनीतिक प्रशासकों के माध्यम से नियम-कानून क्या संविधान को ही अपनी जरूरत के हिसाब से संशोधित करवा लेते हैं। स्वतंत्रता पश्चात भारत में तो यह जमीन हड़पने का काम सुधरी हुई और एहसानमंद सरकारों के सहयोग से बड़े धड़ल्ले से चला है। वे सरकारें पूंजीवादी रही हों, केन्द्रवादी या साम्यवादी। टाटा साम्राज्य की एक और विशेषता है: इसका मुख्यालय तो देश के पश्चिमी तट पर है किन्तु यह संसाधन समृद्ध पूर्वी प्रांतों में अपनी लूट खसूट की मुहिम बड़े भारी पैमाने पर चला रहा है। बिहार, उड़ीसा और पं. बंगाल प्रांतों में उनका दबदबा कुछ ज्यादा ही रहा है। पं. बंगाल और उड़ीसा में 2006 और 2007 में हुए हिंसक विरोध प्रदर्शनों का भी टाटा पर कोई प्रभाव नहीं हुआ। वैसे उन्हें प्रभावित होना चाहिए था, आखिर सिंगुर में जमीन हड़पने का वित्तीयन तो औद्योगीकरण के नाम पर बंगाल की साम्यवादी सरकार ने किया था ("टाटा को सिंगुर के सौदे में छप्पड़ फाड़ मुनाफा", द इकनॉमिक टाईम्स, नई दिल्ली, बुधवार, मार्च 21, 2007)। सरकार ने गरीब किसानों की जमीनें कोड़ियों के दाम अधिग्रहित कर टाटा को सौंप दी है। अंग्रेजों के जमाने से टाटा इतनी धन-संपदा और राजनीतिक-आर्थिक सामर्थ्य संग्रहित करते आए हैं कि वे किसी भी प्रांतीय या केन्द्रीय सरकार को झुका लेते हैं। रूस के बेचारे 'यूकोज' को टाटा से 'श्रेष्ठतम श्रम संबंधों' की प्रतिष्ठा अर्जित करने का पाठ अवश्य पढ़ना चाहिए। वैसे इस श्रेष्ठता की भारत के गरीबों ने बहुत बड़ी लागत भरी है।

हम इस तरह से भूमि अधिग्रहण को असंवैधानिक मानते हैं और सर्वोच्च न्यायलय से प्रार्थना करते हैं कि या तो जमीनदारी उन्मूलन अधिनियम विषयक अपने पुराने फैसले को वापिस लेले या फिर पश्चिमी बंगाल सरकार के इस साम्राज्यवादी सामंती मानसिकतापूर्ण भूमि हड़पने के निर्णय को रद्द कर दें। जब न्याय व्यवस्था पश्चिमी बंगाल सरकार द्वारा खुले आम संपत्ति के संवैधानिक अधिकार के हनन पर ध्यान देने की आवश्यकता नहीं समझती तो सर्वोच्च न्यायालय को अपने रिकार्ड में उक्त निर्णय को बनाये रखने का कोई औचित्य नहीं रह जाता (सितंबर 2008

में सर्वोच्च न्यायालय की 2 न्यायधीशों की पीठ ने ये कहकर इस भूमि हड़प के विरूद्ध जनहित याचिका को सुनने से मना कर दिया था कि ऐसे मामले तो संसद के समक्ष उठाए जाने चाहिए)।

हमने कोरस सौदे की गहन समीक्षा की है। इसके विषय में बहुत रोचक जानकारी उपलब्ध है। हमारा सदा से आग्रह रहा है कि देश के नियमन और सार्वजनिक अन्वेषण संस्थानों को भारत के राष्ट्रीय हितों की रक्षा के लिए सजग रहना चाहिए किन्तु वे इस कार्य में निरंतर नाकाम रहते है।

इन रोचक समाचार कतरनों पर ध्यान दें:

टाटा स्टील ने अमरीका की एनर्जी ब्रांडस का 677 मिलियन डालर में अधिग्रहण किया। टाटा स्टील ने सिंगापुर के नेट स्टील को 486 मिलियन डालर में खरीदा। टाटा कॉफी ने ए–2 ओ क्लॉक कॉफी को 220 मिलियन डालर में खरीदा।

अन्य व्यापारिक घराने भी कम सक्रिय नहीं रहे है: रैन बैक्सी ने 324 गि. डालर में इसी वर्ष के आरंभ में रोमनियाई औषध निर्माता टेरापिया को खरीद लिया था।

हाँ एक बात विलक्षण है। उक्त समाचार पत्र ने रिलायंस समूह की दोनों भाइयों की कंपनियों के विदेशों में फैल रहे निवेश जाल का जिक्र बिल्कुल नहीं किया है।

इन महान भारतीय उद्यमों और इनके संचालक महान एवं 'उदारमना' उद्यमियों को एक क्षण के लिए भी ऐसी अनुभूति नहीं हो पाती कि जब वे विदेशों में विनिर्माण को बढ़ावा देते हैं तो कदाचित् भारत में उन उद्योगों के पनप पाने की संभावनाओं का दमन भी कर देते है। भारतीय उद्योग वैसे ही विनाश के कगार पर खड़े हैं। जिस उत्साह से भारत के ये गणमान्य संभ्रात व्यवसायी विदेशों में धन अंतरित कर रहे हैं, उससे यही संकेत मिलता है कि डूबने वाले जलयान से चूहों की भांति इन्हें भी कुछ

पूर्वानुभूति हो रही है और ये सबसे पहले उस जहाज से छलांग लगाने को आतुर हो रहे हैं। अक्टूबर 21, 2006 को भारत के समाचार पत्रों में (''द इक्नॉमिक टाईम्स'' की भांति) कुछ ऐसा बैनर शीर्षक छपा था: टाटा ने इंग्लैंड का राष्ट्र चिन्ह (कोरस) खरीदा: 8 बिलियन डालर के सौदे से टाटा फॉर्चून-500 क्लब में पहुँचे।

ये सौदा कई प्रकार से विलक्षण है। इसके लिए पैसा जुटाने के लिए बड़ा जटिल जाल बुना गया है। अन्ततः इस सौदे पर 12 बिलियन डालर का खर्च आया। टाटा इसके लिए 10 बिलियन डालर का जुगाड़ कर रहे हैं। इनमें से 8.04 बिलियन डालर तो कोरस के अंश पत्र खरीदने में लग जाएंगे। शेष राशि का प्रयोग कोरस के ऋणों के पुनः वित्तीयन में होगा। भारतीय सार्वजनिक क्षेत्र के बैंकों को भी एक सबक यहाँ सीखना होगा। ये तो पुनः वित्तीयन ऋण प्रायः ऐसे ही दे देते है, क्योंकि इन्हें सारी धन राशियाँ गैर निष्पादक संपत्तियों में विलुप्त हो जाने का भय बना रहता है। भारतीय उद्यमी तो ऐसी गैर-निष्पादक संपत्तियों का सृजन करते रहना अपना जन्मसिद्ध अधिकार मानते है। ये सारी वित्तीयन व्यवस्था दो भागों में बंटी है 3.5 से 3.8 बिलियन डालर तो टाटा स्टील के खाते से आएंगे और 5.6 बिलियन डालर का इन्तजाम बाजार शक्ति के प्रयोग से होगा (वे क्या है? आपको समझ आए न आए। हां एक बात पक्की है, ये रकम अन्ततः आपकी और हमारी जेब से ही जाएगी)। टाटा स्टील सिंगापुर आधारित विशेष उद्देश्य इकाई (SPV) में 2 बिलियन डालर का अपना योगदान दे रही है (वैसे ये इकाई भारत में क्यों नहीं बनाई गई और ये विशेष उद्देश्य इकाई होती क्या है? हेराफेरी जरिया ही न ?)। इसका नाम रखा गया है 'टाटा स्टील एशिया होल्डिंग्स'। ये टाटा स्टील, यू.के. में निवेश करेगी (जो स्वयं एक विशेष उद्देश्य इकाई है)। अक्टूबर 21, 2006 की द इक्नॉमिक टाईम्स के शीर्ष लेख पर गौर करें अब धन जुटाना है.......। इसमें स्पष्ट किया गया है कि टाटा बहुत ऊँची ब्याज की दर पर पैसा उठा रहा है। लम्बी अवधि का ऋण 'लिबर' (लंदन इंटर बैंक रेट) से 2 से 2.25 प्रतिशत अंक अधिक (200-225 आधारक अधिक) और

उच्च प्रति प्राप्ति ऋण पर तो 'लिबर' से 4 से 4.5 प्रतिशतांक अधिक ब्याज दिया जाएगा।

टाटा ने एक सौदे में देश की दौलत में से 50,000 करोड़ की रकम दांव पर लगा दी और सरकार उसे प्रोत्साहन दे रही है। जबकि वही सरकार देश के भूखें मर रहे किसानों को कुछ सौ करोड़ का सहायता पैकेज दे रही है। वह भी बड़ी लम्बी चौड़ी प्रशासकीय उलझनों और शर्तों में बंधा हुआ कि किसानों द्वारा आत्महत्याओं पर कोई प्रभाव नहीं होगा। किन्तु उन घटनाओं में अब न मीडिया की रूचि बची है न प्रधानमंत्री की। आखिर उन्हें कोरस की खरीदारी जैसे अधिक महत्वपूर्ण मामलों पर ध्यान जो देना है। एक केन्द्रीय मंत्री और सबसे अधिक किसान आत्महत्या वाले प्रांत के मुख्यमंत्री महाशय तो यहाँ तक कह चुके हैं कि किसान सुस्त, काहिल और मूर्ख हैं। क्यों न कहें, ये महापुरूष गरीबों और किसानों को कोई रियायत देना कब सहन कर पाते हैं?

टाटा समूह के अध्यक्ष रतन टाटा ने इस सौदे का ध्येय युक्तियुक्त समंजन (Strategic Fit) बताया है (द. इक्नॉमिक टाईम्स, अक्टूबर 21, 2006, पु. प्रथम)। इस समंजन के स्वरूप की व्याख्या करते हुए समाचार पत्र ने लिखा है कि भारत से टाटा इस्पात के गत्ते निर्यात करेगा और कोरस संयंत्र में उच्च मूल्यवृद्धि उत्पाद निर्माण कर उनका यूरोप-अमरीका की जरूरतें पूरी करने के साथ-साथ भारत को भी ऊँचे दामों पर (वहाँ से) निर्यात करेगा। अर्थात भारत के लचीले पर्यावरण करनून तंत्र में धूल-धुंआ फैलाने, यहाँ की खनिज संपदा के विदोहन का काम यहाँ के निम्न मजदूरी वाले मजदूरों से कराकर यूरोपीय कंपनी का खजाना भरेगा। भारत को निम्न विनिमय दर के चलते दोहरी माल झेलनी होगी।

दिसंबर 04, 2006 के हिन्दूस्तान टाईम्स के "व्यवसाय और विश्व" परिशिष्ट में टाटा-कोरस सौदे के युक्तियुक्त और घिनौने आयामों को और भी स्पष्ट कर दिया है।

वैश्विक इस्पात सम्मेलन और अधिग्रहण: अभी बहुत कुछ बाकी है,

क्योंकि आदान लागतों की चुभन कच्चे माल (के स्रोत) पर नियंत्रण ही इस व्यवसाय का संचालक है।

इस समाचार ने खुलासा किया है कि विश्व इस्पात व्यवसाय के 'उर्द्धव और क्षैतिज' संगठन का मुख्य ध्येय कच्चे माल के स्रोतों पर नियंत्रण करना है। इसके माध्यम से इस्पात निर्माता मांग और आपूर्ति पर नियंत्रण रखकर इस्पात के दामों में स्थायित्व स्थापित कर सकेंगे। एर्सेलर मित्तन इस्पात का उदाहरण देकर इस 'कीमत स्थायित्व' का स्वरूप भी स्पष्ट कर दिया गया है। इस कंपनी ने संयंत्रों की वार्षिक रख-रखाव की जरूरत का बहाना बना कर यूरोप में अपने दो संयंत्र बंद कर दिए थे। किन्तु उद्योग से जुड़े विश्लेषकों का मानना है कि इस प्रकार से कंपनी यूरोपीय महाद्वीप में उपलब्ध इस्पात भंडार को सीमित (नियंत्रित) कर अधिक लाभ कमाने की चेष्टा कर रही थी। पत्र ने ऊष्ण वेल्लित इस्पात कुन्तलों के दामों में हेराफेरी कर उन्हें 600 डालर प्रतिटन पर पहुँचाने का उदाहरण देते हुए कहा कि जब भी इनके दाम 400 डालर प्रति टन से कम होंगे अन-एकीकृत उत्पादक घाटा सहने को विवश हो जाएँगे। उदारीकृत भारत सरकार ने यह सुनिश्चित कर दिया है कि निजी इस्पात कंपनियों के पास खानों पर भी एकाधिकार हो। इस प्रकार उन्हें हमेशा लाभ ही होगा। सरकारी इस्पात संयंत्रों को निजी हित नियंत्रण खान माफिया से भी जूझना पड़ता है। वैसे कैबिनेट स्तर के उत्तरदायी मंत्री इनके अस्तित्व को सदैव झुठलाते रहते हैं।

टाटा का सौदा तभी तक फायदेमंद रहेगा जब तक भारतीय मजदूरी दर निम्नतम रहे। भारत इंग्लैंड स्थित कोरस के लिए निम्न मूल्य वृद्धि उत्पाद का निर्यातक बना रहेगा। यदि इन परिस्थितियों में बदलाव आया तो ये सौदा नाकाम हो जाएगा। देखिए, टाटा ने जितनी सफाई से भारत में गरीबी और पिछड़ेपन को 'सत्वर' स्वरूप प्रदान करने का इंतजाम कर लिया है। उपर्युक्त वित्तीय प्रबंधन भी ये स्पष्ट कर रहा है कि टाटा अपनी भारतीय कंपनियों के पैंदे तक को खुरचकर इंग्लैंड में धन नहीं ले जा रहा वह तो

अनेक सार्वजनिक क्षेत्रीय बैंको और आई.डी.बी.आई., आई.सी.आई.सी.आई के कोष से भी बड़ी भारी रकम का अन्तरण करने वाला है (ये वित्तीय संस्थान बड़े घरानों के प्रति सदैव बड़े कृपालु रहते हैं)। जो भारतीय बैंक आदि प्रत्यक्षतः इस महान सौदे के बैंकर नहीं बन पाएँगे वे निवेश पुनः बीमा आदि द्वितीयक स्तर के धंधों में उलझ जाएँगे। यदि काम नहीं चला तो एन रॉन की भांति ही मार तो भारतीय बैंकों और वित्तीय संस्थानों को ही पड़ेगी। यही रतन टाटा भारत सरकार के निवेश आयोग के अध्यक्ष (2007) भी है। अतः कोई हैरानी नहीं कि भारत के लिए इतने घाटे का यह सौदा कर लिया गया है। इसमें तीसरे विश्व का संसाधन संपन्न देश, जहाँ का मजदूर गुलामों जैसी मजदूरी पर काम करने को तैयार बैठा हो, ऐसे सौदे की भट्टी के लिए सही प्रकार का 'इंधन' सिद्ध होता है। यह वही सौदा है जिससे लक्ष्मी एन मित्तल जैसा अंतर्राष्ट्रीय इस्पात उद्योगपति भी कतरा गया था- किन्तु टाटा इसमें घुस गए।

जरा नवंबर 18, 2006 की द. इक्नॉमिक टाईम्स, नई दिल्ली की इस रिपोर्ट पर गौर कीजिए:

Chairman of Tata group Ratan Tata with Corus chairman James Leng

HOW THEY STACK UP

	Tata Steel	Corus	Combined
Sales	5,007	19,367	24,374
EBIDTA	1,480	1,962	3,442
Crude Steel Production*	5	18	23
Current M-Cap	5,510	8,227	-

Source : Tata Steel and Corus (SM) *(MT)

Heavy Metal

Top Global Steel Producers

Company	Production
Arcelor-Mittal	109.7
Nippon Steel	320
POSCO	30.5
JIF	29.9
Tata-Corus	23.0
Baosteel	22.7
US Steel	19.3
Nucor	18.4
Riva Acciao	17.5
ThyssenKrupp	16.5

(MT)

उपर्युक्त आंकड़ों से ये बाते बहुत स्पष्ट हो रही है–

(क) कोरस टाटा का अधिग्रहण कर पाने की बेहतर स्थिति में था।

(ख) टाटा की तथाकथित दक्षता का राज क्या है।

टाटा का उत्पादन तो कोरस से एक तिहाई है किन्तु इसके सकल और निबल लाभ का स्तर बहुत ही उच्च है। जरा सी सूझबूझ वाला अर्थशास्त्री भी तुरंत भांप जाएगा कि टाटा अपने विवश उपभोक्ताओं की जमकर खाल उधेड़ रहा है (अन्य भारतीय व्यापारी भी उससे पीछे नहीं हैं)। बाजार पूंजीकरण विश्लेषण भी आम आदमी से धोखाधड़ी की वीभत्स गाथा ही सुना रहा है। इस विशाल बाजार पूंजीकरण का आधार सार्वजनिक कोष के प्रयोग एवं विदेशी मुद्रा प्राप्तियों (नाम उसे चाहे जो कुछ दे दिया गया) के माध्यम से जनता के धन को निजी लाभ में परिवर्तित किया जा रहा है। क्या अभी भी आपको हैरानी हो रही है कि आम भारतीय क्यों गरीब हैं? क्या आपको कुछ समझ आ रहा है कि भारत का सकल घरेलू उत्पाद और उसमें संवृद्धि की तरंगें इतनी कम क्यों रह जाती है? क्या आपको अभी भी खुशफहमी है कि किसी दिन आर्थिक सुधार हमारी हालत भी सुधार देंगे? हितों और नैतिकता के तकाजों के टकराव न तो डॉ मनमोहन सिंह की सरकार को विचलित करता है न इन उद्योगपति महाशय को। सारे नियम-कानून टाटा के साम्राज्य और अन्य औद्योगिक घरानों की जरूरतों के हिसाब से ही गढ़े गए थे। इन समाचारों से यह कथन बहुत स्पष्ट हो जाता है:

"टाटा 1 बिलियन डालर के विनिमयशील बांड जारी करेगा" "परिवर्तन के बाद बांड से टाटा कन्सल्टेंसी के शेयर मिल सकेंगे" द. इक्नॉमिक टाईम्स, नई दिल्ली मई 3, 2007 इन शीर्षकों के साथ छपे लेख ने कुछ खुलासा भी किया है – यदि टाटा समूह ने अपनी योजना लागू की ये पहला विनिमयशील बांड जारी करने वाला भारतीय घराना हो जाएगा। यह सामान्य परिवर्तनीय ऋण पत्रों से विलक्षण बांड होगा। यदि (कंपनी

का मनचाहा) कानून इस वर्ष पारित हो गया तो ये अगले कुछ महीनों में ही ये बांड जारी कर देगी।

देखा आपने कि सरकार कालाहांडी, विदर्भ व अन्य क्षेत्रों के भूखों मर रहे किसानों की जीवन रक्षा में भले ही विफल रहती हो- पर उद्योगपतियों की बहुत दूर की कौड़ी जैसी इच्छाओं की पूर्ति के लिए तो ये पूर्वानुमान करके भी तुरन्त कदम उठाने को तत्पर दिखाई देती है।

जैसे ही टाटा के (कोरस) सौदे की बात अखबारों में आई, अन्य उद्योगपतियों ने भी अपने-अपने फायदे और भारतवासियों को लूट और राष्ट्रहितों एवं सुरक्षा के लिए घातक मनसूबे गढ़ने शुरू कर दिए हैं। जरा इन पर ध्यान दीजिए-

''संकटासीन जी. एम और फोर्ड में निवेश कर फंसी अमरीकी कंपनियों पर से ध्यान हटा''।

भारत की वाहन पुर्जे निर्माता कंपनियां यूरोप में खरीदारी की ओर....द. इक्नॉमिक टाईम्स, नई दिल्ली, जुलाई 20, 2006 और अधिक भारतीय मजदूरों की रोजी छिनेगी, और ज्यादा किसान आत्महत्या को विवश होंगे (इस प्रकार हमारे उद्योगपति देश की जनसंख्या को नियंत्रित करने में योगदान दे रहे होंगे)। हममें से कितने लोग ये जानते हैं कि भारत की गरीबी के कारण मरने वालों की संख्या 'एड्स' से मरने वालों से कहीं अधिक है, फिर भी देश के गरीबों और किसानों का विपन्नता के कारण दुर्दशा का बोझ घटाने की अपेक्षा 'एड्स' निवारण पर हमारी सरकार कहीं अधिक खर्च कर रही है। आई.टी की बड़ी फर्म अकार्बनिक संवृद्धि जारी रखने की योजना बना रही है (द. इ. टाईम्स, नई दिल्ली, जुलाई 20, 2006), ये रिपोर्ट भी गुलाम व्यापारी और प्रबंधक की भांति काम कर रही कंपनी के बारे में है जो भारत में निवेश कर रोजगार बढ़ाने की बजाय (और उसके लिए सरकार से उपयुक्त सुविधाएँ मांगने के स्थान पर) विदेशी कंपनियों का अधिग्रहण (सरकार के सहयोग से) करने की तैयारी कर रही है। इस कार्य में वह कठिनाई से कमाई गई भारत की विदेशी मुद्रा

का दुरूपयोग कर किसी बाहरी देश के उत्पादन तंत्र को सशक्त बनाने में अपना योगदान देगी। इस प्रकार के विराटकाय सॉफ्टवेयर निर्माताओं से हमें राष्ट्र भक्ति जैसी किसी फालतू भावना की उम्मीद भी नहीं करनी चाहिए।

ये उपर्युक्त उदाहरण तो भारत के शासकों से सहयोग के विधि संगत बनाए गए तरीकों से आम भारतीयों के शोषण की कुछ झलक मात्र हैं। ये व्यापारी–राजनेता–तंत्र अनेक नए–नए रास्ते खोजकर शोषण करता रहता है।

राजकोषीय घाटा

कितने ही सरकारी अफसर और प्रतिबद्ध अर्थशास्त्री भारत के राजकोषीय घाटे को लेकर हाय तौबा करते रहते हैं। किन्तु हमें तो लगता है कि यदि देश में यही नीतियाँ लगातार चलती रही तो ये घाटा भी निरंतर वृद्धिमान रहेगा।

साधारण शब्दों में राजकोषीय घाटे का अर्थ सरकार के कामों को यदि अनैतिक, अवैधानिक और अनावश्यक नहीं माना जाए तो व्यय की आमदनी पर अधिकता होती है। किन्तु भारत में राजकोषीय घाटे की परिभाषा बहुत ही लचीली रहती है। यहाँ वित्तमंत्री अपनी मर्जी के अनुसार चाहे जिस मद को इसमें शामिल या इससे बाहर करते आए हैं। इस परिभाषा में इतनी बार इतने बदलाव आए हैं कि इस आवधारणा का सर्वमान्य–सर्वग्राह्य स्वरूप निश्चित कर पाना संभव नहीं रहा है। ये महारत तो केवल सरकार और बड़े व्यवसाईयों को ही सुलभ होती है कि वे अपने वित्तीय वर्ष का आरंभ ही घाटे के अनुमान के साथ कर सकते हैं। इस प्रकार इस घाटे के बजट अनुमान से ही समझदार लोगों को तो इशारा मिल जाता है कि हालात और ज्यादा खराब होंगे। आम जनता, और यहाँ तक कि सर्वहारा के संरक्षक बने फिरने वाले महान साम्यवादी भी वित्तीय घाटे को लेकर कभी विरोध नहीं जताते। इससे स्पष्ट हो जाता है कि इन्सान कितने नासमझ और भोले हो सकते हैं। अधिकांश लोग प्रायः इस कहावत को भूल जाते है : "आप सभी लोगों को सदैव उल्लू बना सकते हैं"

(पाठ्यांतर व्यंग स्वरूप किया गया है)। लगता है भारतीयों को तो हमेशा मूर्ख बनाया जा सकता है। आखिर यहाँ के अग्रणी वर्ग को औपनिवेशिक परंपरा की थाती का निर्वाह तो हर हाल में करना है। ये राजकोषीय घाटा भी सामान्य आदमी के हक को छीनकर अमीरों की तिजौरियां भरने की महान् विदेशी वर्चस्वकारी परंपरा ही है। विभिन्न प्रकार की बजट मदों के माध्यम से राजकीय व्यय का अधिकांश अमीरों की झोली में डालकर आम आदमी और सैन्य हितों के लिए धन के अभाव का रोना रोते हुए बस सांकेतिक प्रावधान करना पर्याप्त माना जाता है। यही नहीं, इसी सामाजिक उपभोग व्यय को ही अंततः घाटे के लिए जिम्मेदार भी ठहरा दिया जाता है। क्योंकि सरकार तंत्र और निजी हितों के लिए प्रोत्साहन के नाम पर सारे कर संग्रह को खर्च करने के बाद पैसा बचता ही कहाँ है। हमारी स्वतंत्र सरकार अभी तक इन मामलों में ब्रिटिश शासकों द्वारा विभिन्न क्षेत्रों के लिए 'बजटीय समर्थन' के लिए बनाई गई नीतियों का अनुपालन कर रही है।

अर्थव्यवस्था में सबसे विचित्र दशा तो "रोजगार बनाम निवेश" की है। भारत सरकार का आर्थिक सर्वेक्षण केवल रूखे से आँकड़े देकर रह जाता है- इस आयाम की कोई गंभीर समीक्षा नहीं करता। निजी निगम क्षेत्र तो हर प्रकार के निवेश योग्य संसाधनों को हजम कर जाता है और फिर भी ऋणात्मक रोजगार वृद्धि दर्शा रहा है।

सामान्य भारतीय को ये भी समझ नहीं आ पाता कि भारत सरकार मुद्रा की आपूर्ति की वृद्धि दर को 15 प्रतिशत से अधिक क्यों नहीं होने दे रही। हमारे सत्तासीन विद्वान बड़ी आसानी से भूल जाते हैं कि सभी विकसित देश, चीन और दक्षिण पूर्व एशिया के 'शेर' बिलौटों ने भी मुद्रा की प्रति व्यक्ति आपूर्ति का स्तर भारत से कहीं अधिक ही रखा हुआ है। वास्तविकता यही है कि मुद्रा की आपूर्ति उद्योगों और बड़े व्यापारियों की जरूरतों के अनुसार रखी जाती है। सकल घरेलू उत्पाद में उच्च तर्कसंगत संवृद्धि स्वचालित रूप से मुद्रास्फीति और राजकोषीय घाटे को नियंत्रित

कर देती है।

भारतीय अर्थव्यवस्था से जुड़ी प्रत्येक चर्चा का आरंभ और अंत रूपयों के अभाव के रोने से होता है (रूपये कहाँ से आएँगे? यही सवाल बार-बार उछाला जाता है)। हमारे सत्ताधीश ये कभी स्पष्ट नहीं करते कि उच्च सकल घरेलू उत्पाद (योगदान)/निवेश अनुपात वाले क्षेत्रों के प्रयोग के लिए अधिक मुद्रा को परिचलन में डालने में आखिर क्या कठिनाई है। जब मैंने एक वित्त मंत्री को कहा कि कोई विकसित देश तो स्थानीय करेंसी के अभाव के नाम पर सकल घरेलू उत्पाद की वृद्धि का गला नहीं घोंटता तो वह कुछ बुदबुदा कर रह गया। मुझे लगता है वह भी "उच्च गुजरालाईटिसलक्षणा" नाम उस रोग का शिकर है जो एड्स से भी अधिक घातक है।

भारत की मेहनत से कमाई गई विदेशी मुद्रा के कुप्रबंधन से रूपयों के कोष के दुरूपयोग की समस्या और अधिक गंभीर हो जाती है। भारतीय इकाईयाँ सदैव विदेशी मुद्रा पाने के लिए भाग-दौड़ करती रहती है और इस प्रकार एकत्र धनराशियों को शून्य-प्रायः ब्याज की दर पर विदेशी बैंकों में जमा कर डालती हैं। वही विदेशी मुद्रा फिर ऊँची ब्याज दर पर वहाँ से उधार ली जाती है। विश्व बैंक/अंतराष्ट्रीय मुद्राकोष के आदेश पर रूपये की विनिमय दर कम रखी जाती है जिससे विदेशियों को और हमारे निर्यातकों एवं आयातकों के छोटे से वर्ग को अधिकाधिक लाभ होता रहे। विदेशी मुद्राकोष के इस कुप्रबंधन से भी भारत के राजकोषीय संतुलन पर बहुत गहरा दबाव पड़ रहा है।

विनिवेश

निजी उद्योगपतियों से नवीन क्षेत्रकों में उद्योग लगाने अपेक्षा नहीं होती। वे तो उनमें कार्य कर रहे किसी न किसी सार्वजनिक उपक्रम को सस्ते दामों खरीद कर भारी लाभ कमाने के अवसर खोजते रहते हैं। परंपरा के अनुसार जब अर्थव्यवस्था अपकर्ष की ओर चल रही हो और रोजगार वृद्धि दर में कमी आ रही हो तो सरकार रोजगार बढ़ाने के लिए अतिरिक्त

निवेश करती है। किन्तु हमारे देश में तो सरकार बिल्कुल ही उल्टी पटरी पर चल रही है। इसने तो सार्वजनिक उपक्रमों में विनिवेश और ऐच्छिक सेवा निवृत्ति का आरंभ कर दिया है। सरकार ने नकद जमा अनुपात और वैधानिक तरलता अनुपात को कम किया है और राजकोषीय घाटे में वृद्धि करके भी निजी निगमित क्षेत्र के लिए धन प्रवाह का संवर्धन किया है। किन्तु साथ ही विनिवेश के माध्यम से यह निजी क्षेत्र के पास सुलभ निवेश योग्य धन राशियों को अपने पास खींच रही है, जिससे बाजार में तरलता, निवेश और रोजगार सृजन के अवसर भी कम हो रहे हैं। साथ ही, विनिवेश मंत्रालय ने "विनिवेश से पूर्व पुनः रचना" के नाम पर विनिवेशगत उपक्रमों की सारी देयताओं को सरकारी खजाने के मत्थे मढ़ना प्रारंभ कर दिया है (निजी उद्यमी उन देयताओं के साथ विनिवेशित उद्यमों को खरीदने को तैयार नहीं थे)। इस प्रकार हमारी विनिवेश प्रक्रिया में उद्यमों की परिसंपत्तियों का स्वामित्व और नियंत्रण निजी व्यापारियों के हाथ में चला जाता है किन्तु उनकी सारी देनदारियाँ सरकार के पल्ले पड़ जाती है। इससे अधिक अर्थक्षमताहीन विनिवेश प्रतिमान की कल्पना कर पाना भी संभव नहीं होगा।

विश्व विकास रिपोर्ट, 2000-2001 की तालिका-17 दर्शा रही है कि विकसित देशों के सार्वजनिक उपक्रमों का राजकोष में योगदान शून्य होता है जबकि भारत के सार्वजनिक उपक्रम तो सकल घरेलू उत्पाद के 9 प्रतिशत का योगदान राजकोष में देते आ रहे हैं। उत्पाद-आदान अनुपात की दृष्टि से भारत की श्रमशक्ति भी विश्व में सबसे अधिक दक्ष रही है। भारतीय श्रम प्रति व्यक्ति उत्पाद के केवल 4 प्रतिशत अंश का ही वार्षिक आधार पर उपभोग करता है। जबकि अन्य देशों में यह अंश 20 प्रतिशत रहता है। इक्नॉमिक टाईम्स, नई दिल्ली, अगस्त 01, 2002 की इस रिपोर्ट पर गौर करें: सुधारों की जल्दबाजी में श्रम कहाँ खो गया है? 1989-2001 की अवधि में कुल उत्पाद लागत तो 6 गुना तक बढ़ गई है किन्तु इनमें श्रम का अंश 11 प्रतिशत से घटकर 5.6 प्रतिशत रह गया है। आप रोजगार-निवेश की बात करें या प्रति श्रमिक उत्पादन की अथवा उत्पाद-निवेश

या फिर उत्पादन–कीमत की। प्रत्येक कसौटी पर सार्वजनिक उपक्रम निजी उद्यमों से श्रेष्ठतर सिद्ध होते हैं। यदि आप ध्यान दें तो विश्व बैंक की विकास रिपोर्ट और पूंजीवादी प्रकाशन गृहों की अपनी रचनाएँ ही इस प्रकार की विभीषिकात्मक जानकारियों से भरी पड़ी है। यदि आपके पास समय और धैर्य का अभाव नहीं है तो विनिवेश के विषय में इसी पुस्तक के परिशिष्टों में और अधिक सामग्री को पढ़ सकते हैं।

हम जानते हैं कि हमारे सत्तासीन अभिजात्य वर्ग सदैव यही दावा करते रहते हैं कि उनकी शरारतों का कोई विकाल्प नहीं है। इसीलिए हम एक कार्य योजना की रचना कर उन्हें समझाना चाहते हैं कि "अनेक विकल्प" सुलभ है। हमने सत्ता से कुछ दूर रह गए– "सशक्त संभ्रात जनों" के माध्यम से उस कार्य योजना को 'सत्तासीन' वर्ग तक पहुँचाना चाहा, किन्तु परिणाम वही ढाक के तीन पात रहा। उसी कार्य योजना को हम समाज के भुक्त भोगी वर्गों और उन महानुभावों के अवलोकन के लिए प्रस्तुत कर रहे हैं जो दलित एवं अभाव ग्रस्त वर्गों के हितों के रक्षक होने का दम भरते हैं। हम उन्हें यह भी विश्वास दिलाते हैं कि हम मात्र यही कार्य कर चुप नहीं बैठ जाएँगे। हमारे प्रयास निरंतर चलते रहेंगे।

कार्य योजना

राजकोषीय घाटे को नियंत्रित कर भारतीय अर्थ व्यवस्था को प्रगति के पथ पर ठेलने और भारत की अपनी नीतियाँ स्वयं तय करने की स्वतंत्रता की स्थापना हेतु। (अनतिक्रमणकारी उपाय)

बैंकिग सुधार

1. भारतीयों और विदेशियों को भारतीय बैंकों में रूपये और विदेशी मुद्रा का प्राप्ति स्रोत बताये बिना जमा करने की छूट हो। किन्तु इन खातों की रकम को इन खाताधारियों/घोषित लाभाधिकारियों/नामितों/एवं उनके कार्यधारियों को ही एक विशेष कूटांक का

प्रयोग कर आहरित करने का अधिकार होगा।

2. ब्याज की आय के आहरण पर स्रोत पर कर की कटौती होगी।

3. रूपयों में लेन-देन का अधिकार केवल भारतीय बैंकों को हो। यदि किसी विदेशी बैंक/संस्थान को रूपयों में लेनदेन का अधिकार दिया जाता है तो उसे इसके समतुल्य विदेशी मुद्रा किसी अधिकृत भारतीय बैंक के पास जमा करनी होगी। ये विदेशी मुद्रा रिजर्व बैंक के कोष में चली जाएगी और भारतीय बैंक को इसके समतुल्य भारतीय रूपये मिल जाएँगे।

4. विदेशी बैंक भारतीय समाशोधन गृहों में किसी भारतीय बैंक के अधीनस्थ होकर ही कार्य कर सकेंगे। उन्हें इस कार्याधिकार के बदले भारतीय बैंकों को सेवा शुल्क एवं अन्य प्रशुल्कों का भुगतान भी करना होगा। जिस देश की बैंक व्यवस्था भारतीय बैंकों को (अपने देशों में) समाशोधन में भाग लेने की अनुमति प्रदान करें उनके बैंकों को भारतीय समाशोधन प्रणाली में सीधे भाग लेने का अधिकार दिया जा सकता है।

5. बैंकों में जमा विदेशी मुद्रा के 75 प्रतिशत या जमा राशि से नकद जमा अनुपात एवं वैधानिक तरलता अनुपात घटने पर बचे शेष में, जो भी कम हो, तक रिजर्व बैंक की विशेष अनुमति के बिना भी प्रत्यांतरित की जा सकती है। शेष राशि तो खाते बंद होने की दशा में रिजर्व बैंक की अनुमति से ही प्रत्यांतरित हो पाएगी।

6. खाताधारियों को विदेशी मुद्रा की मूल्य वृद्धि के अवसरों का लाभ (अपनी इच्छानुसार) उठाने की अनुमति होगी। भारतीय बैंक भी पूर्वोपाय रहित विदेशी मुद्रा मूल्य वृद्धि का लाभ उठा सकेंगे, किन्तु इस प्रक्रिया में उन्हें जमाकर्त्ताओं और राष्ट्र के हितों को ठेस पहुँचाने का अधिकार नहीं होगा।

विदेशी मुद्रा का प्रबंधन

7. भारत में तथा भारतीय इकाईयों को प्राप्त सारी विदेशी मुद्रा भारतीय रिजर्व व्यवस्था के पास भारत में ही जमा रहेगी। उसे अमरीका या अन्य दूसरे देशों में जमा नहीं किया जाएगा।

8. धीरे-धीरे समस्त विदेशी मुद्रा संसाधनों (विशेष आहरण अधिकार, विदेशी मुद्रा में निर्दिष्ट ऋण और स्वर्ण) को विदेशों से लाकर भारत में ही जमा रखा जाएगा।

9. कमीशन तथा ऋण स्वीकृति प्रतिबद्धता आदि के रूप में देयता तभी चुकाई जाएगी जब ऋण अनुदान या अन्य प्राप्य राशियाँ अधिकृत भारतीय बैंकों के पास (भारत में) जमा हो जाएँ।

प्रत्यक्ष विदेशी निवेश और विदेशों में निवेश

10. भारत में आए समस्त प्रत्यक्ष विदेशी निवेश, निक्षेपीय निवेश आदि को भारत के प्राधिकृत बैंकों में भारत में ही जमा किया जाएगा। ये राशियाँ रिजर्व बैंक के कोष का हिस्सा होंगी और व्यवसायिक बैंकों को इनके समतुलय भारतीय रूपये प्राप्त हो जाएँगे।

11. विदेशी भारतीय बैंकों में जमा करायी गई अपनी मुद्रा से ही अंशपत्र योगदान चुका पाएँगे। उनके द्वारा अपने देश में किए गए किसी भी व्यय को अंशपत्र योगदान नहीं माना जाएगा।

12. विदेशियों को घोषित लाभ और अतिरेक अपने देश ले जाने की छूट होगी। किन्तु ये अन्तरण भारत से वस्तुओं और सेवाओं के निर्यात के रूप में होगा, विदेशी मुद्रा के रूप में नहीं। "पूंजी खाते की विनिमेयता" की सुविधा जब भारतीयों को नहीं है तो वह विदेशियों को भी नहीं मिल पाएगी।

13. भारतीय/भारतीय निकाय और भारतीयों की ओर से विदेशी निकाय विदेशों में निवेश को स्वतंत्र होंगे, किन्तु वह निवेश

रूपयों में होगा, विदेशी मुद्रा में नहीं। अर्थात् वह भी भारत से वस्तुओं और सेवाओं, प्रौद्योगिकी, तकनीकी ज्ञान परामर्श सेवा आदि के रूप में होगा। विदेशों में नकद विदेशी मुद्रा के निवेश का अधिकार किसी निजी या अर्द्ध निजी निकाय को नहीं होगा। ये कार्य केवल राष्ट्रीय निकाय राष्ट्रीय उद्देश्यों और सुरक्षा के तकाजों के आधार पर ही कर पाएँगे। विदेशों में निवेश के मामले में निजी लाभ की कसौटी को 'निर्णायक' नहीं माना जाएगा।

रिजर्व बैंक में सुधार

14. भारत का रिजर्व बैंक वे सभी केन्द्रीय बैंकीय कार्य करेगा जो इस प्रकार के बैंक संयुक्त राज्य अमरीका/इंग्लैंड/फ्रांस में करते हैं। रिजर्व बैंक को विदेशी मुद्रा की दर वृद्धि का लाभ स्वयं अर्जित करना चाहिए। विनिमय दर के निर्धारण पर भी रिजर्व बैंक का पूर्ण नियंत्रण होना चाहिए।

15. रिजर्व बैंक को देश के विदेशी मुद्रा, विशेष आहरण, स्वर्ण तथा अन्य अंतर्राष्ट्रीय मौद्रिक निक्षेप भारत में ही संग्रहित रखने चाहिए। विदेशों में निवेश या जमाएँ केवल भारतीय रूपयों में निर्दिष्ट हों।

16. रिजर्व बैंक ऑफ इंडिया अधिनियम, 1934, की पुनर्रचना कर उसे स्वतंत्र भारत की आवश्यकताओं के अनुरूप ढाँला जाए।

17. रिजर्व बैंक को तुरन्त ही विनिमय बाजार में तर्क संगति की स्थापना करनी चाहिए। विदेशी मुद्रा की सभी प्राप्तियाँ तथा भारत सरकार रिजर्व बैंक द्वारा वैधानिक या अनुबांधिक भुगतान केवल 'क्रय शक्ति समता' के आधार पर होने चाहिए। रिजर्व बैंक विदेशी मुद्रा का विक्रय बाजार निर्धारित दर पर तभी करेगा जब वह दर 'क्रय शक्ति समता' दर से अधिक हो। निजी स्तर

पर विदेशी मुद्रा का लेन-देन केवल क्रयशक्ति समता पर आधारित हों।

18. करों/शुल्कों/सहाय्यों के निर्धारण के लिए सभी आयातों एवं निर्यातों का मूल्यांकन क्रय शक्ति समता के आधार पर होना चाहिए।

स्वर्ण जमा योजना

19. अभी तक सीमित स्वरूप में चल रही स्वर्ण जमा योजना को विस्तृत कर पारिवारिक स्वर्ण भंडारों (आभूषण आदि) को इसमें स्थान देना होगा। ये कार्य मध्यम वर्ग के बैंक लॉकरों से परिचित परिवारों को और भी आकर्षक लगेगा क्योंकि उनके आभूषण अपने मूल स्वरूप में ही बने रहेंगे और उन्हें तरलता भी मिल जाएगी। 'स्वर्ण लॉकर और बैंक व्यवस्था' की एक संपूर्ण योजना मई 11, 1998 से वित्त मंत्री (तत्कालीन) श्री यशवंत सिन्हा के पास उपलब्ध है और उसे आसानी से लागू किया जा सकता है।

20. इस योजना के अंतर्गत पाये गए स्वर्ण को भारतीय बैंक पूर्वापाय स्वरूप किसी विदेशी संस्था के पास या ऐसी संस्था के पास नहीं रखेंगे, जिसके मुख्य कार्यालय विदेशों में स्थित हो।

21. सार्वजनिक स्वर्ण रिजर्व बैंक के पास रख इसे भारतीय अर्थव्यवस्था की तरलता बढ़ाने के लिए प्रयोग करना चाहिए, पूर्वापाय के नाम पर किसी विदेशी संस्था के पास रखना उचित नहीं होगा। इस सार्वजनिक स्वर्ण कोष का उपयोग बैंक व्यवस्था की मुनाफाखोरी के लिए नहीं होगा।

इन उपायों को सहज ही वर्ष 2000 (अथवा बाद के) बजट प्रस्तावों में स्थान दिया जा सकता है। ये राजकोषीय घाटे में भारी कमी कर अर्थव्यवस्था में तरलता का अभाव भी दूर कर देंगे। बस इसी सूत्र को

निर्देशक मान कर आचरण करना होगा, ''आर्थिक सुधारों का प्रथम ध्येय भारतीय जन समुदाय के हित का संवर्धन है। इनका वर्तमान की तरह से विदेशियों और उनके पिटठ्ओं के इशारों पर निर्धारण/संचालन नहीं होना चाहिए।''

अध्याय-2

भारत के सन्नद्धिकरण का आर्थिक आधार

दुष्प्रचार और मिथ्या धारणाएँ

हम भारत की गरीबी के विषय में फैली कुछ गलत धारणाओं का शुरू में ही निराकरण कर लेते हैं, फिर चर्चा को आगे बढ़ायेंगे। सबसे अधिक दोष तो विशाल जनसंख्या और उपलब्ध भूमि पर अतिशय दबाव को दिया जाता है। "कालातीत भारत-उत्कर्षशील भारत" ने स्पष्ट किया है कि भारत में भूमि पर दबाव न्यूनतम ही है। भारत में प्रति हैक्टेयर कृषि योग्य भूमि के आधार पर व्यक्तियों की संख्या न्यूनतम है, ये संयुक्त राज्य अमरीका और अन्य बड़े विकसित देशों से भी कम है, यद्यपि भारत में विश्व की मात्र 2 प्रतिशत भूमि पर 16 प्रतिशत जनसंख्या बसी है। इससे जन घनत्व बहुत अधिक हो जाता है। किन्तु प्रकृति की उदारता के कारण यहाँ 60 प्रतिशत भूक्षेत्र कृषि हेतु उपलब्ध रहता है। इसी कारण प्रति कृषि योग्य हैक्टेयर जन घनत्व विश्व में न्यूनतम रह जाता है। प्रकृति की ये उदारताएँ हैं: विस्तीर्ण समतल कृषि भूमि, जिसमें निरंतर उर्वरता का नवीकरण होता रहता है, गहरी एवं वर्ष भर जल पूर्ण रहने वाली नदियों का जाल, वर्ष भर अधिकांश देश में अच्छा मौसम और पर्वतों एवं महासागर को सीमा के रूप में धारण करने वाली भारत की धरती जो अन्यान्य आवश्यक वस्तुओं/सामग्रियों का अक्षय स्रोत बनी रहती है। इन

सबके साथ विशेष आर्थिक क्षेत्रों जैसे गरीब असहाय जन मानस को मूर्ख बना कर छलने वाले वीभत्स, अनुपम पूंजीवादी विचारों को लागू करने के लिए भी पर्याप्त धरती बची रहती है।

प्राय: सभी अर्थशास्त्री यही राग अलापते रहते हैं कि भारत की निरंतर वृद्धिशील जनसंख्या ही यहाँ की गरीबी और दुर्दशा का मुख्य कारण है। डॉ जे. के. बजाज एवं अन्य यह बहुत अच्छी तरह समझा चुके हैं कि वर्ष 1700 इसवीं तक तो विश्व की लगभग आधी जनसंख्या अविभाजित भारत में ही बसी थी। अब विश्व की कुल जनसंख्या 6 अरब हो चुकी है और उसका मात्र 1/6 अंश ही भारत में बसा है। इससे सिद्ध होता है कि भारत की सापेक्ष जनसंख्या वृद्धि तो निम्नतम ही है। ब्रिटिश साम्राज्यवादी युग में भारत की जनसंख्या में भारी कमी आई थी। दुर्भाग्यवश स्वतंत्रता के बाद भी भारत सरकार इसी कार्य में अपनी सारी क्षमता का प्रयोग किए जा रही है कि देश में वही शोषक उपनिवेशी व्यवस्था चलती रहे। भारत के अभिजात्य वर्गों एवं विदेशी शक्तियों ने निरंतर अत्यधिक जनसंख्या के हौवे को बनाए रखा है। जनसंख्या वृद्धि की कोई वैज्ञानिक व्याख्या इस मानसिकता से ग्रस्त प्रशासकों को समझ ही नहीं आ पाती।

कृषि उत्पादन की अपर्याप्तता को भी भारत की गरीबी का कारण बताया जाता है। इस तथ्य को सहज ही भुला दिया जाता है कि भारतीय कृषि व्यवस्था की इस दुर्दशा के लिए औपनिवेशक शोषण, विशेषकर भारत पर कसा गया ब्रिटिश शिकंजा ही उत्तरदायी रहा है। गरीबी के लिए भारतीय किसान उत्तरदायी नहीं है। वास्तव में दोषी तो वे केन्द्रीय एवं राज्य सरकारें, विशेषकर पं. बंगाल की साम्यवादी सरकारें हैं, जो भारतीय गणराज्य की स्थापना के बाद भी ब्रिटिश साम्राज्यवादी तंत्र द्वारा निर्मित शोषणकारी राजनीतिक व्यवस्था को ही चलाए जा रही हैं। आज कितने अर्थशास्त्रियों को इस बात का ज्ञान भी है कि अंग्रेजों द्वारा अपनी शोषक व्यवसायी व्यवस्था के प्रसार से पहले भारत के अनेक क्षेत्रों और प्रदेशों के किसान प्रति हैक्टेयर 17 से 19 टन चावल एवं अन्य अनाजों का उत्पादन कर रहे थे।

भारतीय नेताओं की मानसिकता

स्वतंत्रतापूर्व भारतीय राष्ट्र नेताओं ने अनेक प्रकार की यातनाओं तथा अभावों को झेला था और स्वेच्छापूर्वक ही सादगी भरी जीवन शैली अपनायी थी। उन बड़े नेताओं के बलिदानों के प्रति सहज ही श्रद्धा और सम्मान का भाव जागृत हो जाता है। भारत में तो साधु जनों और सांसारिक भोगों का त्याग करने वालों के प्रति सहज सम्मान पैदा होता रहा है और उनके अनुयायी भी तुरंत पैदा हो जाते हैं। महात्मा गांधी ने इस बात को बहुत अच्छी तरह समझ लिया था और उन्होंने भी भौतिक हित लाभों के त्याग का मार्ग ही अपना लिया किन्तु लगता है कि वे संभवतः मूल भारतीय जीवन मूल्यों का भी परित्याग कर बैठे। इस सांसारिक पदार्थों सुखों के त्याग से अभिभूत अनुयायियों की भारी भीड़ भले ही नेताओं के पीछे जुट गई हो किन्तु इससे आम भारतीय के किसी आर्थिक, सामाजिक, राजनीतिक, सांस्कृतिक या धार्मिक हित का साधन शायद ही कभी संभव हो पाया हो। गांधी–नेहरू की जोड़ी ने कहीं समाज शास्त्रीय सूझबूझ और अवधारणाओं की जानकारी का परिचय नहीं दिया है। वे तो सहज ही अंग्रेजी जाल में फंसते चले गए थे। अंग्रेजों की भाँति ही उत्तरदायित्व विहीन परम सत्ता सुख भोगने की लालसा ने उन्हें इतना लुभा लिया था कि उन्हें देश के विभाजन से भी संकोच नहीं रहा। अगर जरूरी होता तो वे और अनेक टुकड़े करवा डालते। वास्तव में भारत विभाजन के अधिनियम के माध्यम से ही भारत और पाकिस्तान को सत्ता हस्तांतरण के बाद भी अंग्रेजों ने बर्मा और सीलोन (अब म्यांमार और श्रीलंका) पर अपना अधिकार जमाए रखा। भारत का अंग्रेज महाराज्यपाल ही उन क्षेत्रों का प्रशासक भी बना रहा। शान्तिपूर्ण आन्दोलन के नेतृत्व को वीभत्स दंगे फसाद, व्यापक नर संहार और धन संपत्ति के विनाश और जन पलायन की उस दुखद विभीषिका की संभावनाओं की किंचित भी अनुभूति नहीं थी। न भारतीय नेताओं और न ही अंग्रेज महाराज्यपाल ने सेनाओं का प्रयोग कर उन दंगों को तुरंत नियंत्रित करने का कोई प्रयास किया। उस समय नए सत्ताधारी बने नौसखिए नेताओं की प्रशासनिक विफलताएँ निःसंदेह भर्त्सनीय

रही है। उस अंग्रेज महाराज्यपाल के अधीन बने रह कर उन्होंने भारतीय राजतंत्र और अर्थव्यवस्था को अंग्रेजों का गुलाम ही बनाए रखा। इस प्रकार से स्वाधीनता के बाद भी विदेशी नियंत्रण को स्थायी बनाए रखने के षड्यंत्र का "आध्यात्मिक आधार" रच लिया गया था।

गरीबी को सत्वर बनाकर किसानों का दम घोटना

हमारे गणराज्य के परम आदरणीय संस्थापकों ने अपनी विद्रूप धर्म निरपेक्षता के आधार पर भारत के बहुसंख्यक समाज की आस्थाओं की स्वतंत्रता और आर्थिक सांस्कृतिक कृत्यकारिताओं पर प्रश्न चिन्ह खड़े करने के अपने अधिकार द्वारा उस समाज को पाश में जकड़ दिया था। यही गरीबी को सत्वर बनाने की दिशा में सबसे पहला कदम था। भारतीयों पर "आधिकारिक भाषा" के रूप में एक पूर्णतः विदेशी, बेतुकी और ध्वनि शास्त्र की मान्यताओं को स्वीकार न करने वाली भाषा थोंप कर मेकॉले की शिक्षा पद्धति को ही स्थायी स्वरूप प्रदान कर यह भी सुनिश्चित कर दिया गया कि समाज के धनी वर्ग ही शिक्षित होकर अपना वर्चस्व बनाए रखें और भारतीय संस्कृति का लवलेश भी शेष न रहे। हमारे गणतन्त्र और स्वतंत्र भारत के प्रणेता (माता-पिता) वर्तमान मान्यवर प्रधानमंत्री मनमोहन सिंह की ही भांति निरंतर अंग्रेजी माध्यम में शिक्षा की अपरिहार्यता पर ही आग्रह करते रहे। उनका तर्क था कि बिना इसके भारत का अंतर्राष्ट्रीय पटल पर महत्व ही समाप्त हो जाएगा। यदि हम सिंहावलोकन करें तो पाएंगे कि भारत विश्व में अभी भी वह 'महत्व' धारण नहीं कर पाया जिसका वे सभी वादा कर रहे थे और छोटे-छोटे (दक्षिण पूर्व एशियाई) देश अपनी अपेक्षाकृत कम विकसित भाषाओं का प्रयोग करते हुए भी 'शेर' कहलाने लगे हैं।

धन का विभाजन तो बुरी तरह से धनियों के पक्ष में ही बनाए रखा गया है। यहाँ भी विदेशों में बसे 'मालिक' ही सभी महत्वपूर्ण मामलों में अंतिम निर्णय करते आ रहे हैं। लगातार यह आग्रह किया जा रहा है कि

भारतीयों द्वारा उपभोग करना तो एक जघन्य अपराध सरीखा है और यदि विदेशी अपने बर्बादी भरे उपभोग को और बढ़ाते चले जाएँगे तो वह भारत में उत्पादन और श्रम की उत्पादिता बढ़ाने में सहायक होगा। ये लोग समग्र उत्पादन व्यवस्था और प्रबंधन की दक्षता की बात से भी मुँह चुरा जाते हैं। बड़ी सूझबूझ से रची गई संप्रेरणाओं और दंडात्मक व्यवस्था द्वारा उत्पादन या धन निर्माण के क्षेत्रीय आबंटन को भी निरंतर असंगतिपूर्ण ही रखा गया है। हमारे नीति निर्माताओं को ये कौन समझाएगा कि नेहरू द्वारा स्वतंत्रता के तुरंत पश्चात प्रारंभ "माल भाड़ा समता" की जो व्यवस्था केवल पूर्वी प्रदेशों से निर्गत हो रहे प्राकृतिक संसाधनों पर लाद दी गई थी (शेष किसी क्षेत्र के उत्पादन को यह व्यवस्था नहीं भुगतनी पड़ रही) उसने पूरे देश की उत्पादन प्रक्रिया और उसकी दक्षता को बुरी तरह से बाधित किया हुआ है। इस एक 'समताकारी' कदम ने ही भारत में निर्धन वर्ग के आकार को बहुत ही विशाल बना दिया है। इसकी सभी पुरानी योजनाएँ निजी उद्यमियों के लाभ बढ़ाने में अब इतनी सफल नहीं है तो अब गरीब किसानों की आजीविका पर प्रहार करने के लिए देश के गरीब प्रांतों, पश्चिमी बंगाल, उड़ीसा, उत्तरांचल, छत्तीसगढ़ (यहाँ तक कि समृद्ध हरियाणा, पंजाब, महाराष्ट्र में भी) विशेष आर्थिक क्षेत्रों के नाम पर बहुत ही वीभत्स रूप से कृषि भूमि के अधिग्रहण के प्रपंच रचे जा रहे है। समझ नहीं आ रहा कि हमारे स्वतंत्र देश के प्रबुद्ध नेता किस प्रकार उपनिवेशी ढंग से गरीबों की रोजी का एकमात्र सहारा उनकी कृषि भूमि छीन कर इतनी मासूमियत से ये कैसे कह जाते हैं कि पता नहीं आम भारतीय अभी भी इतना गरीब क्यों है? देखा गया है कि किसी भी उद्यम की तकनीकी जरूरतों से दस से एक हजार गुना अधिक जमीन का अधिग्रहण कर लिया जाता है। हमारे राजनीतिक और व्यवसायिक नेताओं को यदि ये कहा जाए कि अपने उद्योगों के लिए वे भूमिगत जल से आरंभ कर बहुमंजिला इमारतें खड़ी करें तो उनके सिर चकराने लगते हैं। हमारे स्वतंत्र और स्वच्छंद नेता उन्हीं तर्कों का सहारा लेकर उत्पादक कृषि भूमि की स्थायी परिसंपदा किसानों से छीन रहे हैं जिनका प्रयोग अंग्रेजों ने नील, पटसन,

चाय, कॉफी और रबर की नकदी वाली फसलों को बढ़ावा देने के नाम पर किया था। सभी ये भूल बैठे हैं कि "जीवन का अधिकार" तो मूल अधिकार है जबकि संपत्ति का अधिकार केवल संवैधानिक अधिकार मात्र है। न्यायपालिका की 'उदारता' के सहारे कार्यपालिका अभी भी यही मान कर चल रही है कि अंग्रेजी उपनिवेशी नियम भारत के संविधान पर भारी पड़ते हैं, वरना 18वीं और 19वीं शताब्दियों के अंग्रेजी आदेशों का सहारा लेकर भारत के संविधान की धारा 300-ए की अवमानना करते हुए गरीब किसानों की जमीनों पर सरकार अपने चहेते उद्यमियों का इस प्रकार जोर जबरदस्ती से अधिकार नहीं करा पाती।

राष्ट्रीय सुरक्षा, गरीबी और झूलते फंदे से जुड़े विषयों के अध्ययन के स्रोत

यदि कोई भारत की व्याधियों के विषय में जानने का गंभीरता पूर्वक प्रयास करे तो उसे अधिक भटकना नहीं होगा। प्रायः सभी सरकारी दस्तावेज (जो सार्वजनिक रूप से उपलब्ध है) भारत और अन्य अल्पविकसित देशों की समस्याओं के दुखद भीषण विवरण से भरे हैं। चाहे आप वार्षिक सर्वेक्षण, बजट या फिर रिजर्व बैंक की सामान्य रिपोर्टों पर नजर डालें। ये सब जानकारी बार-बार छप रही है। जरूरत है एक सही मानस से उस जानकारी को समझने की। हमें बिकाऊ या पतित नेतृत्व वाले गरीब देशों की समस्याएँ समझने के लिए किसी कार्ल मार्क्स, एंजेल्स, हीगल, ट्रॉट्स्की, लेनिन, स्तालिन, गोर्बाचोव, येल्त्सिन, माओत्से तुंग, ची ग्वेरा या हो ची मिन्ह की आवश्यकता नहीं है। भारत जैसे दुर्भाग्यग्रस्त देशों की समस्याओं का विवरण विश्लेषण अमर्त्य सेन, जोसेफ स्टिगलिट्ज, डॉ रघुराम राजन, भगवती, सोरोस जैसे आधुनिक अर्थशास्त्री और सेमुअल हंटिंगटन जैसे विचारक बहुत अच्छी तरह कर चुके हैं। हम उनके इन समस्या विषयक बोध का सम्मान करते हुए वर्तमान पुस्तक में इस विषय में अधिक चर्चा नहीं करेंगे। इन चिन्तकों ने आवश्यक परिवर्तनों और

विश्व व्यवस्था के सुधार पर भी अपने विचार व्यक्त किए है। बस हम तो अफ्रीका, एशिया, पूर्वी यूरोप और लेटिन अमरीका के गरीब जनों के साथ-साथ विकसित एवं अति विकसित देशों के गरीबों को भी यह चेतावनी देना चाहते हैं कि यदि इन अर्थशास्त्रियों की एक भी सिफारिश लागू कर दी गई तो इस विशाल जन समुदाय की पहले ही खिंच कर पतली पड़ गई गर्दनों पर पड़े फंदे कुछ और कस जाएंगे। ये गरीब जन और अधिक अंधकार, दुर्दशा, भ्रष्टाचार और वेश्यावृत्ति के गर्त में धकेल दिए जाएंगे।

लाभ द्वारा मांग-आपूर्ति संबंध एवं वितरण श्रृंखला की विकृति

लाभ का विचार ऐसे अर्थशास्त्रियों और विचारकों के उपजाऊ मस्तिष्कों की उत्पत्ति है जिनमें विकृतिपूर्ण तिकड़में भरी रहती है। ये महान विद्वान (उन सभी तिकड़मों के बाद भी) लाभ की सटीक परिभाषा अभी तक नहीं कर पाये हैं। हमें तो इसकी यही परिभाषा प्रतीत हो रही है: निजी हित के निमित्त श्रमिक की मेहनत द्वारा उत्पादित अतिरेक को अनधिकृत और अनियमित रूप से हड़प कर लेना ही लाभ कमाना है। और इस कार्य की तो कड़ी भर्त्सना होनी चाहिए, प्रशंसा नहीं। भारत में तो इस्लाम और ईसाइयत के आगमन से पहले के युग में लाभ और मुनाफाखोरी को समाज बहुत ही हेय दृष्टि से देखा करता था। कोई भी ये नहीं जानता कि आखिर लाभ है क्या। इसे कभी उद्यमी का पारिश्रमिक कहा जाता है, जबकि सभी उद्यमियों को मुख्य कार्याधिकारी, मुख्य संचालक, प्रबंध मंडल अध्यक्ष, सदस्य आदि के रूप में अच्छे खासे वेतन दिए जाते हैं। ये वेतन फर्म के साधन (कारक) लागतों के खाते में दर्ज भी किए जाते हैं। अतः हम जैसे आम आदमी तो सोचते ही रह जाते हैं कि उन प्रबंधकों ने और ऐसा क्या काम कर दिया है जिसका पुरस्कार उन्हें अपरिभाषित और अनियमित (अपरिमित भी) लाभ के रूप में मिलना चाहिए। देखें तो उत्पादन की कीमत और लाभ सहोदर लगते हैं। जितनी ऊँची कीमत (कम लागत) उतना अधिक लाभ। ये लाभ उत्पाद प्रक्रिया में किसी प्रकार का योगदान

नहीं देते। वास्तव में ये उस प्रक्रिया को विकृत कर सभी ओर अनिश्चितता के वातावरण का निर्माण कर देते हैं। परिणाम स्वरूप सारी सामाजिक-राजनीतिक व्यवस्था और सैन्य बल भी विभ्रमग्रस्त हो जाते हैं। कुछ ऐसा ही उदारीकृत भारत में छाये हुए धुएँ के काले आवरण की छाया में भी हो रहा है। लाभ का तत्व उपभोक्ता द्वारा देय कीमत को सदैव ही अनावश्यक रूप से बढ़ा-चढ़ा देता है। अधिक लाभ का अर्थ है उपभोक्ता की अधिक लागत। यदि प्रशासकीय कीमत प्रणाली द्वारा उपभोक्ता के हित की रक्षा का प्रयास करते हैं तो ये लागत राष्ट्र को भुगतनी पड़ती है।

लाभ की सारी अवधारणा जन्मजात रूप से ही बिद्रूप और तर्कहीन प्रतीत होती है। हमने कार्यरत और सेवानिवृत्त न्यायधीशों सहित कितने ही व्यक्तियों से ये प्रश्न पूछा है: यदि निजी उद्यमियों को आप लाभ वसूलने का विशेषाधिकार दे देते हैं तो संवैधानिक व्यवस्थाओं का उल्लंघन किए बिना सशस्त्र एवं नागरिक सेवाओं में लगे लोगों की मुनाफाखोरी किस प्रकार रोक पाएँगे? लगता है अमरीकी सशस्त्र बलों के नियंत्रक तो इस लाभखोरी के विचार को स्वीकार कर चुके हैं। एक रिपोर्ट के अनुसार ईराक में हस्तक्षेप के बाद से कई मिलियन शस्त्रास्त्रों का कोई हिसाब किताब नहीं मिल रहा। भले ही अमरीका इसे स्वीकार नहीं कर रहा किन्तु हम तो इस बात की उपेक्षा नहीं कर पाएँगे कि प्रसिद्ध 9/11 की आतंकी घटना की अन्जाम देने वाले व्यक्ति अमरीका में बसे हुए थे और उन्होंने वह कारनामा अमरीकी साधनों और अमरीकी प्रशिक्षण के सहारे ही किया था। यदि भविष्य में और ऐसी कोई घटना हुई तो वह भी संपूर्णरूप से 'अमरीकियत' से भरी होगी। हम तो यह सोच कर भी सिहर उठते हैं कि लाभ कमाने के मंत्र से प्रेरित अमरीकी निजी क्षेत्र की कंपनियों से कोई भी विकृत मस्तिष्क का व्यक्ति जाने कब भयावह नाभिकीय और जैव सामग्री निर्मित, उपयोग के लिए तैयार, शस्त्रास्त्र पा लेने में सफल हो सकता है। जून 27, 2008 के हिन्दूस्तान टाईम्स, न. दिल्ली के अंक में छपा था : "यूरोप के अमरीकी परमाणु ठिकानों में शिथिल चौकसी"। इसी भाग में आगे कहा गया है : जब अमरीकी वायु सेना 6 परमाणु क्रूज

प्रक्षेपास्त्र खो बैठी तो उसके बाद ये खुलासा हुआ है कि इन ठिकानों के भवन चारदीवारी, रौशनी और सुरक्षा व्यवस्था, सभी जीर्ण शीर्ण हो रहे हैं। उनकी तुरंत व्यापक मरम्मत की जरूरत है। कई जगह तो लामबंदी के अधीन भरती किए गए नौ महीनों से भी कम सेवाकाल वाले रंगरूटों को परमाणु अस्त्रों की रखवाली सौंप दी गई है। अन्य स्थानों पर निजी सुरक्षा कर्मी उन (परमाणु अस्त्रों) की सुरक्षा करते पाए गए है। अमरीकी सेना/सुरक्षा बलों के प्रायः सभी कार्यों का 'निजीकरण' हो चुका है, या उनमें बड़े पैमाने पर निजी क्षेत्र का दखल दिखाई देता है। भारत में अभी सेना में निजीकरण की इतनी पैठ नहीं हो पायी है पर यहां तो सेना-नागरिक संस्थान संबंधों का स्वरूप बहुत 'मधुर' नहीं रहा है।

यदि अमरीका, अपने हिसाब से, हथियारों की उस छोटी सी खेप का हिसाब नहीं रख पाया जो ईराक-II के दौरान वहाँ भेजी गई थी तो फिर विश्व के अनेक दुर्गम क्षेत्रों में जो विशाल स्तर पर तकनीकी एवं गैर-तकनीकी दुरूहता भरे शस्त्रास्त्र भंडार इस देश ने जमा किए हैं, उनका लेखा देना पड़ा तो क्या होगा? (भले ही उनको लेकर कम्प्यूटर प्रणालियों पर आधारित नियमन व्यवस्थाओं के कितने ही दावे किए जा रहे हो))। स्पष्ट है कि कुछ नागर एवं सैन्य अधिकारियों की मिली भगत से कुछ लोगों को यहाँ अमरीका की लागत पर भारी मुनाफा कमाने का अवसर मिल रहा है। अमरीका की सेहत पर इसका कोई असर नहीं दीखता। अलकायदा, तालिबान एवं अन्य अनेक आतंकवादी संगठन ईराक, अफगास्तिान व विश्व के अन्य भागों में जो हथियार प्रयोग कर रहे है उनमें से अधिकांश अमरीकियों द्वारा उत्पादित रहे हैं और वही उनकी रख-रखाव की सेवाएँ (कलपुर्जों की आपूर्ति, मरम्मत आदि) भी संगठित रूप से प्रदान कर रहे हैं।

गोर्बाचोव और येल्त्सिन जैसे समर्पित लोकतंत्रवादी नेताओं ने जब 'ग्लासनोस्ट' और 'प्रेस्रेट्रॉयका' के नाम पर खुली छूट प्रदान कर दी तो सोवियत गणराज्य संघ की सेनाएँ भी राष्ट्रीय सुरक्षा की कमान संभाल पाने में असमर्थ होकर रह गई। अब सोवियत संघीय सेना में हंगरी, चैकोस्लावाकिया

या अफगास्तिान जैसे संगठित कारनामें कर गुजरने का दम नहीं बचा है। वह तो अब 'चेचनिया' नाम के छोटे से क्षेत्र पर भी नियंत्रण बनाए रखना कठिन पा रही है। किन्तु जब तक ये संकट जारी है, रूसी सशस्त्र सेनाओं और उनसे जुड़े अनेक उद्यमियों को मुनाफा होता रहेगा। आखिर वे विद्रोहियों को कुचलने में कम, उन्हें हथियार बेचने में ज्यादा व्यस्त जो हैं। क्या भारत के कश्मीर और उत्तर पूर्वी क्षेत्रों में लगातार चल रहे असंतोष (पूर्णतः तर्कहीन और असंगतिपूर्ण समस्याओं) में भी इसी प्रकार के निजी लाभ तंत्र का बड़ा हाथ तो नहीं है? गौर करने की बात है कि ये समस्या मुसलमान या ईसाई प्रधान क्षेत्रों में अधिक है। यह बहुमत भी मुख्यतः येन-केन-प्रकारेण धर्मान्तरण या फिर अन्य धर्म वालों के सफाये की नीतियों द्वारा स्थापित हुए हैं। हम दावे के साथ कह सकते हैं कि भारत सहित सभी देशों में राज व्यवस्था में विद्यमान समस्याओं का मूल कारण सत्ता के प्रयोग द्वारा निजी लाभ के संवर्धन में ही निहित है। यदि न्यायपालिका इस प्रकार लाभ कमाने को भी संविधान संगत मानती है तो उसे इसके पक्ष में संवैधानिक व्यवस्थाओं का उद्धरण देना चाहिए। लाभ को उचित ठहराना न्यायपालिका की अतिविकसित कल्पनाशीलता से भरे 'उपजाऊ मस्तिष्क की उत्पत्ति' नहीं होनी चाहिए।

अतिविकसित देशों की दक्षताहीनता

प्रकाशित दस्तावेजों से विकसित एवं अतिविकसित देशों की दक्षताहीनता, अमर्यादित उपभोग और अंतर्राष्ट्रीय स्पर्धा-हीनता के अकाट्य साक्ष्य भी मिल रहे हैं। इसे हम "सकल घरेलू उत्पाद के समतुल्य मानक व्यक्ति घंटे" का नाम दे सकते हैं। इसे देश की अपनी मुद्रा में मापित सकल घरेलू उत्पाद को उस देश के अप्रशिक्षित श्रमिक की न्यूनतम वैधानिक प्रति घंटा मजदूरी दर से विभाजित करके ज्ञात किया जाता है। विश्व में सभी देशों में अभी न्यूनतम वैधानिक प्रति घंटा मजदूरी दर नियत नहीं हो पायी है। किन्तु ऐसे, विशेषकर विकसित, देशों में भी 67 प्रतिशत गैर प्रशिक्षित श्रमिकों के लिए मान्य न्यूनतम मजदूरी के आँकड़े मिल ही जाते

है (अंतर्राष्ट्रीय श्रम संगठन की रिपोर्ट आदि में)। इन्हें ही उन देशों की न्यूनतम वैधानिक प्रति घंटा मजदूरी माना जा सकता है। हम यहाँ विश्व में सर्वाधिक सकल घरेलू उत्पाद वाले अतिविकसित देश संयुक्त राज्य अमरीका की तुलना भारत से कर रहे हैं। हमारे परिणाम बहुत चौंकाने वाले हैं।

यह मजदूरी दर भारत में 6 रूपये और अमरीका में 6 डालर है। अधिकारिक विनिमय दर पर भारत अमरीका न्यूनतम मजदूरी अनुपात 6: 44 = 0.136 (वर्ष 2005 के अंतिम चतुर्थांश की विनिमय दर) बनता है। विश्व बैंक की विकास रिपोर्ट 2000/2001 के आँकड़ों को यदि सत्य मान लें तो बिलियन अमरीकी डालरों में 1999 में इन देशों का सकल घरेलू उत्पाद ये थे:

अमरीका	8381
भारत	450

फिर तो अमरीका का मानक श्रम घंटों में सकल उत्पाद तुल्यांक 8381/6 - 1397 तथा भारत का यही तुल्यांक 450/0.136 = 3309 बिलियन श्रम घंटे बनता है।

दूसरे शब्दों में अर्द्धनग्न, अधभूखे भारतीय श्रमिक अति विकसित अति शक्तिशाली अमरीका के अति उपभोगशील श्रमिकों की तुलना में अढ़ाई गुना अधिक उत्पादन कर रहे हैं। यदि हम डालर-रूपये के क्रय क्षमता तुल्य विनिमय दर की बात करें तो यह उत्पादिकता अन्तर 13 से 16 गुना अधिक हो जाता है। अधिक संगतिपूर्ण क्रय तुल्यता की बात कर एक डालर = एक रूपया मान कर मूल्यांकन करें तो भारतीय श्रम की उत्पादिता अमरीकी श्रम की अपेक्षा 40 से 60 गुना अधिक आंकलित होती है। किन्तु अधिकारिक विनिमय दर कुछ और ही चित्रांकित करती है। तो क्या यह कहना गलत होगा कि अमरीकी 'शक्ति' में बहुत बड़ा योगदान तो गरीब भारतीय श्रमिक कर रहे है। क्या अभी भी कोई विवेकशील व्यक्ति इस भ्रम का शिकार रह सकता है कि अमरीका

वस्तुओं और सेवाओं के उत्पादन में भारत की अपेक्षा अधिक कुशल या दक्ष है?

अंतर्राष्ट्रीय व्यापार में कीमतों के निर्धारण के तर्कपूर्ण सूत्रों की रचना करना आज आवश्यक हो गया है। 'प्रमुख' और 'सहायक' के बीच "दो भुजाओं के अंतर" का जो सूत्र गढ़ा गया है, उसके द्वारा तो अमीर देश गरीबों को ठग रहे हैं। एक सीधा-सरल कीमत निर्धारण सूत्र हो सकता है:

आपूर्तिकर्ता देश में निजी मुद्रा में किसी वस्तु/सेवा की कीमत बटा अकुशल श्रम की न्यूनतम मजदूरी = आयातक देश में उसी वस्तु/सेवा की स्थानीय मुद्रा इकाई में कीमत बटा वहाँ की अकुशल श्रमिक मजदूरी दर।

विश्व व्यापार संगठन के 'ट्रिप्स' और 'ट्रिक्स' अनुबंध प्रत्येक देश को यह निर्देश देते हैं कि विदेशी उत्पादक इकाइयों को भी अपनी देशज इकाईयों के समतुल्य मानकर व्यवहार करें। फिर तो हमारा उपर्युक्त सूत्र ही सापेक्ष कीमत निर्धारण का एक मात्र तर्काधारित सूत्र बचा रहता है। न्यूनतम वैधानिक मजदूरी की समानता ही अंतर्राष्ट्रीय व्यापार के संदर्भ में सटीकता की कसौटी बन सकती है।

श्रम की अवमानना

अर्थशास्त्रियों ने समय-समय पर अनेक उत्पादक कारकों को खोज निकाला है। हमारा सैन्य अनुभव उसी साधन को एक 'नियन्ता' या 'अत्यावश्यक' मानता है जो अन्य सभी साधनों के अभाव में भी कुछ आर्थिक पदार्थ या सेवाएँ उत्पादित करने समर्थ हो। इसी कसौटी के अनुसार तो केवल श्रम को ही हम उत्पादन का एक 'नियन्ता' कारक मान पाएंगे। अन्य कोई भी कारक श्रम के सहयोग, श्रम द्वारा नियमन, भागीदारी, मध्यस्थता आदि के बिना अन्य किसी भी कारक के साथ मिल कर या स्वमेव किसी भी वस्तु अथवा सेवा का निर्माण नहीं कर सकता। किन्तु सदियों से अर्थशास्त्री श्रम को ही एक परिहार्य या 'प्रतिस्थाप्य'

कारक का स्वरूप प्रदान यह सुनिश्चित करने में जुटे हैं कि श्रम को वह सम्मान नहीं मिल पाए जिस पर इसका हक है।

मुद्रा का उदय तो केवल लेन देन के माध्यम के रूप में हुआ था, किन्तु महान अर्थशास्त्रियों ने आर्थिक मान्यता से रहित होते हुए भी इसे आधुनिक अर्थव्यवस्थाओं में अंततः एक सर्वोपरि उत्पादक साधन के पद पर आसीन कर दिया है। श्री कौशिक बसु जैसे आधुनिक अर्थशास्त्री भी उन उत्पाद फलनों को सहज भाव से स्वीकार कर लेते हैं जिनका अभी तक सत्यापन नहीं हो पाया है। अपनी पुस्तक (viii), पृष्ठ 43 से 47 में तो उनकी तर्क धारा उत्पाद पूंजी संबंध का निरूपण करते समय श्रम के योगदान को पूरी तरह अनदेखा कर जाती है। इसका एक ही कारण हो सकता है: मजदूर अर्थशास्त्रियों का निर्माण जो नहीं करते। किन्तु किसी को भी यह निष्कर्ष निकालने का अधिकार नहीं है कि केवल पूंजी के पूतों ने श्रम को अनदेखा किया है। मार्क्स, एंजेल्स, लेनिन, स्टालिन और माओत्सेतुग जैसे 'सर्वहारा' विचारक भी अंततः यह स्वीकार नहीं कर पाये कि कोई श्रमिक कभी स्वयं अपना भाग्य विधाता हो सकता है (उन्होंने भी 'पार्टी की तानाशाही' को ही सर्वहारा की विजय का प्रतीक मान लिया था)।

हमारा उपर्युक्त तर्क भड़काऊ अधिक और विद्वतापूर्ण कम कहा जा सकता है। अतः बर्ट्रेंड रस्सेल के परामर्शानुसार किसी 'अर्द्ध सत्यापन की खोज में गुम हो जाने' की अपेक्षा आइए, कुछ आधारिक मान्यताओं के आधार पर तर्क यात्र प्रारंभ करें। फिर अन्य विचारक उन मान्यताओं को स्वीकार कर उन तर्कों पर आधारित निष्कर्ष स्वीकार करने या फिर उनके विपरीत किन्हीं अन्य मान्यताओं पर आधारिक तर्कों द्वारा किन्हीं अन्य निष्कर्षों तक पहुँचने का प्रयास करने को स्वतंत्र होंगे। हमारी मान्यताएँ ये हैं:

(क) श्रम एकमेव महत्वपूर्ण एवं 'नियन्ता' उत्पादक कारक है।

(ख) श्रम की भागीदारी, सहयोग, हस्तक्षेप, मध्यस्थता और नियमन

आदि की क्रियाएँ ही अन्य कारकों को आर्थिक दृष्टि से प्रासांगिक स्वरूप प्रदान करती है।

(ग) श्रम का स्थान अधिक कीमती श्रम ही ले सकता है।

(घ) चमड़ी के रंग का श्रम की दक्षता पर गहरा प्रभाव रहता है- रंग जितना गोरा होता है, श्रमिक आर्थिक पदार्थों के उत्पादन में उतना कम दक्ष सिद्ध होता है। जो जितना ज्यादा गोरा है वह उतना ही अधिक लोलुप भी होता है।

(च) श्रम की उत्पादिता का कुछ क्षेत्रकीय आधार है। श्वेत प्रजातियों से बसे भूभाग-अमरीका, पं. यूरोप और मध्य पूर्व में सबसे कम दक्ष श्रमिक पाए जाते हैं।

(छ) कतिपय गैर आर्थिक सहायक उपस्करों के बिना भी अर्थव्यवस्था कार्य नहीं कर पाती।

(ज) सैन्य शक्ति (सैन्य परिवेश में जनसंख्या अनुपात) प्राप्य आर्थिक शक्ति की निर्धारक तत्व होती है।

(झ) श्रम की आपूर्ति सीमित और उपादेयता अनम्य होती है, जबकि पूंजी जैसे साधन विशेष रूप से श्रम की सुलभता द्वारा निर्मित संरोधों के दायरे में रहते हुए परिवर्तित किए जा सकते हैं।

परिश्रम करने वालों का परित्याग

हमने पाया है कि अन्ततः अर्थव्यवस्था का सारा भार मेहनतकश वर्ग को ही उठाना पड़ता है और यह सत्य देर-सवेर आर्थिक आँकड़ों में भी झलकने लगता है। इस रिपोर्ट में तो 'मनमोहनार्थ शास्त्र' द्वारा देश में निर्मित दुरावस्था का बहुत ही स्पष्ट निरूपण किया गया है।

अंतर्राष्ट्रीय श्रम संगठन के अनुसार भारत में विनिर्माण उद्योगों में वास्तविक मजदूरी दर में 22 प्रतिशत की कमी आई है (द इक्नॉमिक टाईम्स, नई दिल्ली, अगस्त 30, 2008)। इस श्रम संगठन ने भारत और चीन में व्यापार, निवेश और उत्पादन में बहुत शानदार संवृद्धि का

खुलासा करते हुए उसके इस अंधकारपूर्ण पक्ष को भी उजागर किया है। "एशिया के अच्छे रोजगार की खोज" नामक ये रिपोर्ट 29 अगस्त–1 सितम्बर, 2006 की अवधि में दक्षिण कोरिया के 'बूसन' में चली 14वीं क्षेत्रीय बैठक के लिए तैयार की गई थी। इसका आग्रह है कि आर्थिक संवृद्धि के मोर्चे पर अभी तक की गई कारगुजारी श्रमशक्ति में हुई वृद्धि को देखते हुए पर्याप्त नहीं है। अंतर्राष्ट्रीय श्रम संगठन ने सबसे बड़ी चुनौती यही मानी है कि मजदूरी में उत्पादिता में वृद्धि के अनुरूप वृद्धि नहीं हो पा रही है। भारत में मनमोहनवादी नीतियाँ प्रारंभ होने के समय (1990) से लेकर भारत और पाकिस्तान में वास्तविक विनिर्माण मजदूरी दरों में 22 प्रतिशत और 8 प्रतिशत की गिरावट दर्ज हुई है। लगता है पाकिस्तान का मजदूर भाग्यशाली रहा है। वहाँ विदेशी व्यवसायियों के हितों में काम करने वाला मनमोहनवाद नहीं छाया था। भारत में वास्तविक मजदूरी में ये 22 प्रतिशत की कमी उस समय आई है जब श्रम उत्पादिता में 84 प्रतिशत की वृद्धि (उसी अवधि में) दर्ज की गई है। स्पष्ट है कि श्रमिकों की दक्षता में भारी सुधार के वाबजूद उनकी जीवन दशा में बड़ी गिरावट आई है। इस रिपोर्ट का सबसे भयावह पक्ष तो युवा पीढ़ी के लिए रोजगार के अवसरों का निरंतर वृद्धिमान अभाव है। ये वही वर्ग हैं जो भारत की समस्त जनसंख्या का एक बड़ा भाग है और 2020 तक तो इसके 'सबसे बड़े' वर्ग में परिवर्धित हो जाने की आशा भी है। एक और बात भी परेशानी का कारण है: सारे एशिया में श्रम शक्ति में 14 प्रतिशत की दर से वृद्धि हो रही है किन्तु बेरोजगारी दर 5–7 वर्ष पूर्व की दर से भी अधिक हो चली है।

श्रम को उसके सही हिस्से से वंचित करने की हालत के लिए यह तथ्य भी जिम्मेदार हो सकता है कि दशकों से श्रम आन्दोलन में अग्रणी रहे समाजवादी–साम्यवादी भी अब निजी लाभ का मंत्र अलापते हुए निजी हितों के सिद्धांत का अनुसरण कर रहे हैं और इन्होंने संगठित एवं असंगठित क्षेत्र के मजदूरों से मुँह मोड़ लिया है। यदि संगठित क्षेत्र के मजदूरों की हालत भी खस्ता हो रही है तो असंगठित, कृषि आदि में क्या

दशा होगी? संभवतः इसका अभाव भी अर्थतंत्र के प्रबंधकों के नए रूझानों से मिल जाता है। वे ठेके पर खेती, विशेष आर्थिक क्षेत्र, खुदरा व्यापार में बड़े व्यवसायों की पैठ आदि के द्वारा कानूनी आधार पर कृषि की कमर तोड़ कर देश की आयात और विदेशों पर निर्भरता को एक 'राष्ट्रीय आवश्यकता' का रूप प्रदान करना चाहते है। यही हमें अगले महत्वपूर्ण मुद्दे पर ध्यान देने को प्रेरित कर रहा है।

समानता और समता

प्रो. अमर्त्य सेन ने अपनी पुस्तक पग में ध्यान दिलाया है: "विषमता और विद्रोह के बीच सचमुच बड़ा गहरा नाता है।" फ्रांसीसी क्रान्ति का कारण भी समाज में व्याप्त विषमता की अनुभूति ही थी। हाँ, ये और बात है कि उस क्रांति के महान एवं विभिषिकापूर्ण घटनाक्रम के बावजूद फ्रांस से विषमताएँ पूरी तरह समाप्त नहीं हो पायी। प्रायः सभी क्रांतियों के उपरांत हेराफेरी के उस्ताद ही सत्ता के केन्द्रों पर कब्जा कर बैठ जाते है। इतिहासकार हमें यह निश्चित रूप से बता सकते हैं कि क्या कहीं ऐसा भी उदाहरण है जहाँ किसी स्वतंत्रता संग्राम या क्रांति ने किसी देश के सभी निवासियों को पूर्णरूपेण समता एवं समानता प्रदान की हो। भारत का स्वाधीनता संग्राम भी दो महापुरूषों के दिशा निर्देशन में चला था। ये थे महात्मा गांधी (क्या महात्मागण ऐसे ही होते हैं या टैगोर कहीं भूल कर बैठे थे?) और जवाहर लाल नेहरू। ये भी उपनिवेशवाद द्वारा भारतीय समाज पर थोंपी गई विषमता को ही अपने संघर्ष का आधार बताते थे। किन्तु स्वतंत्रता प्राप्त होते ही इन्होंने राज सत्ता के संचालन में समता का महत्व अस्वीकार कर दिया था। इनकी समता की अवधारणा बहुत ही विद्रूप थी। ये तो केवल प्रजातीय और धर्म (मत मतान्तर) की समता को ही एक 'मूलभूत' अधिकार मानने को तैयार दिखे (इस प्रकार वे भारत विभाजन के जिन्नावादी बहु-राष्ट्रीयता के सिद्धांत को सहज ही संविधान संगत घोषित करने में सफल भी हो गए)। इस प्रकार से इन्होंने आर्थिक समता को वैधानिक मान्यता से वंचित कर डाला। ये और बात है कि

केवल खानापूरी करने के लिए राजकीय नीति के निर्देशक सिद्धांतों में समता और समानता की चर्चा कर दी गई थी। यहाँ हमारे सर्वोच्च न्यायालय ने निर्णय दे डाला कि आर्थिक मुद्दे न्यायपालिका के समक्ष नहीं उठाए जाए। अभी वर्ष 2011 में एक नवीन चिन्तन के संकेत मिले हैं- सर्वोच्च न्यायालय ने सरकार को अपने अन्न भंडार को भोजन के नागरिक अधिकार के लिए प्रयोग करने के निर्देश दिये हैं। हम प्रो. अमर्त्य सेन से इस विषय में पूरी तरह सहमत है कि अधिकांश क्षेम अर्थशास्त्र (मनमोहनवाद भी इसके प्रति 'सम्मान' अवश्य व्यक्त करता रहता है) केवल उन्हीं प्रश्नों से संबद्ध रहा है जिनमें आय के वितरण पर किसी भी निर्णय से पूरी तरह किनारा कर लिया जाता है। हमारे राजनेता और विधिवेत्ता आबंटन-वितरण में न्यायपूर्णता के प्रश्न से मुँह चुराना ही भला मानते हैं और जहाँ कहीं संभ्रांत वर्ग के लोग सामने बैठ कर ऊपर नीचे गर्दन हिलाते दिख जाए वहाँ वे 'समाहनकारी' विकास की वांछनीयता पर भारी भरकम शब्दों के प्रयोग में अपनी वाक् पटुता का प्रदर्शन अवश्य कर देते हैं।

मनमोहनवाद की विद्रूपता का आधार तो उस आकर्षक नाम वाली स्वनामधन्य संस्था 'विश्व बैंक' में ही निहित है। उस बैंक के एक प्रबंध निर्देशक ग ने तो यहाँ तक दावा कर डाला है कि भारत के धनाढ्य वर्ग की प्रगति को देखते हुए तो ये देश 2030 तक विश्व की तीसरी सबसे बड़ी अर्थव्यवस्था बन जाएगा। किन्तु इन प्रबंध निर्देशक महोदय ने अपने ही बैंक की उन रिपोर्टों पर ध्यान देने की कोई जरूरत नहीं समझी जिनमें बड़ी अर्थव्यवस्थाओं भारत का गिनि गुणांक सबसे निकृष्ट बताया गया है। xi कोई भी 'विकृत' अर्थशास्त्री यह कह सकता है कि सबसे सशक्त अर्थव्यवस्था संयुक्त राज्य अमरीका और द. अमरीका की सबसे बड़ी अर्थव्यवस्था ब्राजील के गिनि गुणांक सबसे अधिक हैं, जबकि भारत तो अमरीका से प्रौद्योगिकी को एक उत्पाद की भांति और 'अतिविशिष्ट' व्यक्तियों के लिए ब्राजील से वायुयान (2005, 2006) समूह खरीदने की फिराक में ही नजर आया है। इस तकनीकों और वायुयानों के लिए न जाने इन देशों के स्थानीय निवासियों का कितना खून-पसीना बह रहा होगा।

आर्थिक सुधार कार्यक्रम की प्रगति के साथ-साथ भारत जैसे देशों में तो गिनि गुणांक के और निकृष्ट होने के ही साक्ष्य मिल रहे हैं। हाँ भारत का संभ्रांत वर्ग ये दावा करते फिर सकते है कि देखो, विश्व बैंक अधिकारी कह रहा है, भारत का भविष्य उज्जवल है। xii (जैसे कि कहानियों के गधों को दर्शाया जाता रहा है)। किन्तु समाचार पत्रों के शीर्ष लेख तो यही बता रहे हैं कि विश्व बैंक ने तो समता के आदर्श को पूरी तरह से तिलांजली दे दी है। (देखें हिन्दूस्तान टाईम्स, नई दिल्ली, 14 दिसम्बर 2006 और एच.टी. बिजनेस वर्ल्ड, पृ. 27)। इस पत्र का शीर्षक था घण्ट वक्र: अब विकासशील देश सारथी हैं, विकासशील देशों की संवृद्धि विकसित से तीव्रतर होगी। विश्व बैंक के अर्थशास्त्री हंस टिम्मर ने संवाददाताओं को बताया है, "विकासशील देश तो अपनी गतिविधियों में त्वरण लाने में समर्थ हैं पर विकसित देश ऐसा नहीं कर पा रहे है।" किन्तु अगले ही सांस में यह कहा गया है, "विकासशील और अमीर देशों के बीच खाई और विस्तृत हो रही है।" साथ ही, विश्व बैंक का दावा है कि अगले 25 वर्षों में औसत आय देशों में वैश्वीकरण से संवृद्धि में उछाल आएगा। किन्तु ध्यानपूर्वक प्रबंधन नहीं किए जाने की दशा में यह संवृद्धि विषमता को बढ़ाने और भीषण पर्याहानि कर पाने में भी सक्षम होगी। इसके सुझाए गए निदान बहुत ही छिछले दिखाई देते हैं। इनमें यह कहीं नहीं बताया गया कि विषमता और पर्याहानि का निवारण किस प्रकार होगा। लगता है कि हमारे न्यायाधिकारियों की ही भांति विश्व बैंक के दरबार में भी 'समता' जैसे प्रश्न उठाना प्रतिबंधित है।

भारतीय सर्वोच्च न्यायालय ने अपने अनेक निर्णयों में समता के अधिकार के अनुप्रयोग पर अनेक बंधन लगा दिए हैं। हमारी मान्यता है कि समता एक आयामी आर्थिक अवधारणा है और इसकी प्राप्ति के लिए तर्कसंगत व्यवहार करने वाली राष्ट्रीय सरकार अपने सत्ताधिकार का प्रयोग कर सकती है। हम यह मान कर संविधान में संशोधन सुझा रहे हैं कि सरकार का स्वहित भी समाज के सामान्य क्षेम स्तर में सुधार के साथ बंधा है। हाँ, हमारी अनुशंसाओं के ठीक से मूल्यांकन से पूर्व कुछ आधारभूत

जानकारियों की आवश्यकता होगी। आइए, विश्व बैंक की विकास रिपोर्टों (2001, 2002) से कुछ आँकड़े संकलित कर वे जानकारियाँ भी एकत्र कर लें-

अमरीका के अति उच्च गिनि गुणांक की एक बहुत सरल व्याख्या है: विश्व के सभी विकसित देशों में अमरीका ऐसा अनूठा देश है जहाँ प्रवासी श्रमिकों की भरमार है। उन्हें श्वेत अमरीकी श्रमिकों की तुलना में एक न्यून अंश ही मजदूरी दी जाती है। यही नहीं, इस देश में अफ्रीकी, हिस्पैनिक, लेटिन, मैक्सिकन और अन्य एशियाई देशों से आकर बस गए नागरिक भी है। इन्हें भी राष्ट्रीय आय का समुचित अंश नहीं मिल पाता। अमरीका को दास प्रथा संचालन का बड़ा अनुभव है। यही कारण है कि वैधानिक रूप से दास प्रथा का अंत करने के बाद भी प्रशासकीय, वैधानिक और विधिक व्यवस्था का संचालन ऐसा कौशलपूर्ण है कि दास प्रथा अपने संपूर्ण 'गौरवपूर्ण' स्वरूप में आज भी चल रही है। प्रत्येक देश का नेतृत्व इस सत्य से परिचित है, किन्तु वे ऐसा व्यवहार करते हैं कि वर्तमान हालात में अमरीकी गरीबों की हालत इससे बेहतर कैसे हो सकती है। किन्तु वे इस बात का खुलासा करने से कतरा जाते हैं कि "वे हालात" क्या हैं। यदि विश्व बैंक के आँकड़ों की जरा भी विश्वसनीयता है तो हमारे उपर्युक्त उद्धृत अमरीकी नागरिक न्यूनतम आय कमाने वाले 40 प्रतिशत वर्ग के एक भारी बहुमत का निर्माण करते हैं। वैसे तो भारत का गिनि गुणांक अमरीका से बेहतर है। किन्तु उच्चतम 10 प्रतिशत भारतीयों की आय में अंश अमरीका के इसी प्रकार अवस्थित वर्ग के अंश से कहीं अधिक आंकलित किया गया है। किन्तु भारत के न्यूनतम 10 प्रतिशत का अंश 3.3 प्रतिशत है जबकि अमरीका में यह और भी निकृष्ट 1.8 प्रतिशत मात्र है। स्पष्ट है कि समता के प्रश्न का पूंजीवाद और लोकतंत्र के गढ़ अमरीका (जिसके लिए प्रवासी भारतीयों के हृदय से सदैव चीखें निकलती रहती है) में क्या हाल हो रहा है। विफल राज्य ब्राजील का गिनि गुणांक सिएरालेऑन से कुछ बेहतर इसी कारण दिखाई पड़ रहा है कि ब्राजील के न्यूनतम 10 प्रतिशत लोग उसकी अपेक्षा

गिनि सूचकांक विश्लेषण

क्रमांक	देश	गिनि सूचकांक	आय वितरण		अनुपात	
			न्यूनतम 10 प्रतिशत	उच्चतम 10 प्रतिशत	उच्चतम	न्यूनतम
विफल देश						
1.	सिएना लेऑन	62.9	0.5	43.6	87	पूर्णतः विफल
2.	गुएट माला	59.6	0.6	46.6	78	
3.	केन्द्रीय अफ्रीकी गणराज्य	61.3	0.7	47.3	68	
4.	ब्राजील	60.0	0.9	47.6	54	
5.	लेसॉथो	59.6	0.9	43.4	48	
6.	द. अफ्रीका	59.3	1.1	45.9	42	
7.	रूसी महासंघ	48.7	1.7	38.7	23	न्यूनतम विफल
भीषण रूग्णाताग्रस्त देश						
1.	सं.रा. अमरीका (1997)	40.8	1.8	30.5	17	पूर्णतः रूग्ण
2.	चीन	40.3	2.4	30.4	13	
3.	जर्मनी	30.0	3.3	38.5	12	
4.	इंग्लैड (1991)	36.1	2.6	27.3	11	
5.	भारत (1997)	37.8	3.5	33.5	10	निम्न रूग्ण

कुछ-कुछ सभ्य देश						
1.	पाकिस्तान	31.2	4.1	27.6	6.7	निकृष्टतम
2.	जापान	24.9	4.8	30.4	6.3	
3.	रवांडा	28.8	4.2	24.2	5.8	
4.	बेल्जियम	25.0	3.7	20.2	5.5	
5.	स्वीडन	25.0	3.7	20.1	5.4	
6.	नॉर्वे	25.8	4.1	21.8	5.3	
7.	ऑस्ट्रिया	23.1	4.4	19.3	4.4	
8.	बेलारूस	21.7	5.1	20.0	3.9	श्रेष्ठतम

0.47 अधिक आय के भागीदार हो रहे हैं, और इसके उच्चतम 10 प्रतिशत वर्ग का अंश भी 4 प्रतिशत अधिक था। ये कोई आश्चर्य की बात नहीं है कि विश्व बैंक और अंतर्राष्ट्रीय मुद्रा कोष ने विषमता मापन की ऐसी विद्रूप सी कसौटी को मानक माना है।

इस विश्लेषण से हमारे उन न्यायमूर्तियों की आँखें तो खुलनी चाहिए जो बाजार को विषमता शमन का माध्यम माने बैठे है।

इन पंक्तियों को लेखक को विषमता के आँकड़े काफी पुराने होने की अनुभूति रही है और इसी कारण से वह अधिक निकटवर्ती आँकड़ों की खोज में लगा है ताकि यह निश्चित हो सके कि भारत एवं विश्व अर्थव्यवस्था की दशा में सुधार हो रहा है अथवा वे भी अपनी पत्लोमुखी चाल पर ही चल रही है। किन्तु यह खोज निष्फल ही रही है। नई दिल्ली से प्रकाशित हिन्दूस्तान टाईम्स की इस रिपोर्ट पर ध्यान दीजिए। प्राय: सभी देशों के गिनि सूचक और उच्चतम 10 प्रतिशत एवं निम्नतम 10 प्रतिशत के आय अंशों के अनुपात कुछ और अधिक बिगड़ गए है। इनके आधार पर तो 'सर्वोत्कृष्ट' अर्थव्यवस्था, संयुक्त राज्य अमरीका और द्वितीय अर्थव्यवस्था चीन भी लेटिन अमरीका, अफ्रीका, मध्यपूर्व और एशिया के अन्य मुस्लिम बहुल 'विफल राज्यों' की श्रेणी में सम्मिलित हो गए हैं।

हम यह भी स्पष्ट कर देना चाहते हैं कि हमारा ये अध्ययन कुछ इनेगिने देशों की तुलना तक क्यों सीमित रहा है। सर्वप्रथम तो हमने 'सर्वोत्कृष्ट' और 'सर्वनिकृष्ट' देशों की तुलना की है। फिर, कुछ विशिष्टतापूर्ण देशों को इसमें स्थान दिया गया है– संयुक्त राज्य अमरीका– जहाँ अति उच्च सकल घरेलू उत्पाद का दक्षता से कोई नाता नहीं है; पाकिस्तान (जहां कोई प्रशासनतंत्र और लोकतंत्र ही नहीं है) को भारत से तुलना के लिए रखा गया है; चीन को इसमें शामिल करने का आधार उसकी विशाल जनसंख्या और पूंजीवाद पर आधारित विचित्र साम्यवादी शासन व्यवस्था ही है। हमने उन्हीं देशों को चुना है जिनकी आय का

आबंटन बहुत ही विकृत है या फिर बहुत ही वांछनीय माना जा सकता है। इस विश्लेषण से ये स्पष्ट होता कि विभिन्न देशों का प्रशासकीय प्रबंधन कैसे चल रहा है और क्यों गरीबी की समस्या आधुनिक देशों की एक स्थायी सहगामिनि बनी हुई है। विभिन्न देशों को हमने तीन वर्गों में बांटा है- (क) विफल राज्य/राष्ट्र; (ख) भीषण रूग्णताग्रस्त देश; और (ग) कुछ कुछ सभ्य देश।

(क) विफल देश वे हैं जहाँ गिनि सूचक 40 से अधिक है या न्यूनतम 10 प्रतिशत का आय अंश राष्ट्रीय आय के 21 प्रतिशत से कम अथवा उच्चतम 10 प्रतिशत का अंश 40 प्रतिशत से अधिक है। साथ ही उच्चतम 10 प्रतिशत और निम्नतम 10 प्रतिशत के आय अंशों का अनुपात 20 से अधिक है।

(ख) भीषण रूग्णताग्रस्त वे देश हैं जहाँ गिनि गुणांक 30 से अधिक या न्यूनतम वर्ग का आय अंश 4 प्रतिशत से कम अथवा उच्चतम 10 प्रतिशत का अंश 30 प्रतिशत से अधिक एवं उच्चतम न्यूनतम आय अंश अनुपात 10 प्रतिशत से अधिक हो।

(ग) एक सभ्य देश में गिनि गुणांक 20 से कम होगा। वहाँ न्यूनतम 10 प्रतिशत आय वर्ग को कम से कम 6 प्रतिशत राष्ट्रीय आय अवश्य मिलेगी और उच्चतम 10 प्रतिशत का अंश 20 प्रतिशत से अधिक नहीं होगा। साथ ही उच्चतम-न्यूनतम आय अंशों का अनुपात भी निश्चित रूप से उससे कम संभवतः 2 या उसके आस-पास ही होगा।

गणित कुशल पाठकों के लिए इन कसौटियों का निरूपण इस प्रकार हो सकता है:

आय वितरण

देश का वर्ग	*गिनि गुणांक*	*न्यूनतम 10 प्रतिशत*	*उच्चतम 10 प्रतिशत*	*उच्च 10 प्रतिशत - निम्न 10 प्रतिशत का अनुपात*
विफल	> 40	< 2	> 40	> 20
भीषण रूग्णता	> 30	< 4	> 30	> 10
सम्य	< 10–20	> 6	< 20	< 2–3

विश्व बैंक के गिनी गुणांक के आँकड़ों के आधार पर हम विभिन्न देशों की जनसंख्या को इन चार श्रेणियों में बाँट सकते है:

(क) **गरीबी रेखा के नीचे**- देश की जनसंख्या के वे सदस्य है जिन्हें राष्ट्रीय आय के 20 प्रतिशत से कम की प्राप्ति हो रही है। इस आधार पर भारत में 200 मिलियन से अधिक व्यक्ति इस वर्ग में सम्मिलित हो जाते हैं।

(ख) **गरीब**- वे जिनकी आय 20 प्रतिशत से अधिक पर 60 प्रतिशत से कम हो। इस वर्ग में 2007 में भारत में गरीबी रेखा से नीचे की संख्या को छोड़कर 400 मिलियन व्यक्ति थे।

(ग) **मध्यम आय वर्ग**- जिन्हें 60 प्रतिशत से 90 प्रतिशत अंश की प्राप्ति हो रही हो। विश्व बैंक के अनुसार 80 प्रतिशत से 90 प्रतिशत के बीच आय पाने वालों को अमीर कहा जाता है।

(घ) **धनाढ्य वर्ग**- इसमें वे सम्मिलित होंगे जिनकी आय 90 प्रतिशत से 99 प्रतिशत के बीच पायी गई है। शेष- अर्थात 99 प्रतिशत से 100 प्रतिशत वाला वर्ग अति धनाढ्य वर्ग होगा।

सामाजिक सुरक्षा

भारत में कोई सामाजिक सुरक्षा व्यवस्था स्थापित नहीं हो पायी है क्योंकि ऐसी 'एय्याशी' के लिए यहाँ धन का नितांत अभाव है। हमारे संभ्रांत वर्ग की वर्तमान धारणा यही है कि सामाजिक सुरक्षा जैसी सेवा तो केवल अमीर देशों में प्रदान की जा सकती है। इसी धारणा की एक उपपत्ति यह भी है कि भारत तो एक अल्पविकसित देश है। अतः इसे सामाजिक सुरक्षा प्रदान करने की कोई जरूरत नहीं है। दुर्भाग्यवश हमारी न्यायपालिका भी सत्तासीन अभिजात्य वर्ग के साथ सहमत दिखाई देती है। यदि कोई ये दलील दे कि गरीब देशों में ही सामाजिक सुरक्षा व्यवस्था की सबसे अधिक जरूरत होती है तो उस व्यक्ति को एक अद्‌भुत प्रजाति का विचित्र प्राणी मान लिया जाता है।

वास्तविक प्रक्रिया तो यही है कि सामाजिक सुरक्षा के निमित्त किए गए भुगतानों से निर्वाह की आवश्यकताओं की खरीद होगी, घरेलू उपभोग में वृद्धि होगी और परिणाम स्वरूप अधिक आवश्यक पदार्थों का उत्पादन एवं विपणन होगा। यदि आय संवेदनशीलता में गिरावट आ रही हो तो यह प्रमाणित होता है कि कोई न कोई उत्पादक इकाई अपनी लाभ प्रदत्ता बढ़ाने के लिए आपूर्ति-संकुचन या "आपूर्ति प्रबंधन" कर रही है। सकल घरेलू उत्पाद में अधिक दर से वृद्धि निश्चित रूप से अधिक रोजगारों का सृजन कर सकती है, शर्त यही है कि सरकार भारतीय या बाहरी इकाईयों द्वारा व्यवसाय प्रक्रिया बहिरोप्रापण (बीपीओ) जैसी षड्‌यंत्रकारी व्यवस्था को बढ़ावा नहीं दें। साथ ही, अमीर भारतीयों को विदेशों में कंपनियाँ खरीदने और सरकार तथा अमीरजादों द्वारा विलासितापूर्ण व्यय पर भी अंकुश लगाना होगा।

हम तो एक सीधा-सरल सामाजिक सुरक्षा उपाय सुझा रहे है: प्रत्येक स्त्री/पुरूष और बच्चे को, जिसकी आय कम है और जो 18 वर्ष (पुरूष) तथा 20 वर्ष (नारी) आयु हो जाने पर भी रोजगार पाने में विफल रहा है, केन्द्रीय सरकार के कोष से बिना कागजी कारवाई के प्रति माह घोषित न्यूनतम मजदूरी (अकुशल कर्मी) के समतुल्य राशि पाने का अधिकार

होगा। तिमाही आधार पर मुद्रा स्फीति सूचक के आधार पर यह राशियाँ सीधे ही देश के निर्वाचन आयोग द्वारा जारी पहचान पत्र में निर्दिष्ट उपयुक्त व्यक्ति के खाते में सीधे जमा हो जानी चाहिए और वह व्यक्ति उपयुक्त डेबिट/पहचान पत्र के आधार पर उक्त राशियों का आहरण कर सके। सामाजिक सुरक्षा योजना की उद्घोषणा के 6 महीनों के भीतर सभी पात्र नागरिकों को नियमित या अस्थायी पहचान पत्र जारी नहीं कर पाना एक संज्ञान योग्य अपराध होगा (यह अपराध चुनाव आयोग का होगा)। एक वर्ष के भीतर नियमित पहचान पत्र अवश्य जारी हो जाना चाहिए।

हमें पूरी आशा है कि सत्तासीन संभ्रात वर्ग से तीन प्रकार की प्रतिक्रियाएँ आएगी। पहली प्रतिक्रिया तो यही होगी कि वे इस योजना को सीमांत राजनीतिक इकाइयों या भ्रमित मस्तिष्कों की उपलब्धता कह कर इसकी अनदेखी कर दी जाए। दूसरी प्रतिक्रिया वैधानिक न्यूनतम मजदूरी को इतना कम करना होगा कि उसका कोई अर्थ नहीं रह जाए। हमने इसीलिए वैधानिक मजदूरी की दर वह बताई है जो काम कर रहे अकुशल श्रमिकों के निम्नतम 50 प्रतिशत वर्ग को मिल रही हो। यह सभी कार्यरत श्रमिकों (कुशल/अकुशल) में न्यूनतम 40 प्रतिशत की मजदूरी से कम नहीं होगी।

तीसरी प्रतिक्रिया तो सारी ही पारिश्रमिक व्यवस्था को विकृत कर देना होगा। पर हमने संविधान संशोधन द्वारा राष्ट्रीय आय के अधिक समतापूर्ण वितरण के सुझाव द्वारा यह रास्ता पहले ही बंद कर दिया हैं। वे वैधानिक मजदूरी घटा सकते है, पर फिर तो अफसरों और नेताओं तथा व्यापारियों को भी अपना सुखमय विलासितापूर्ण जीवन त्यागना पड़ेगा। प्रो. अमर्त्य सेन का तर्क है कि तुलनात्मक गरीबी से गरीब और अभावग्रस्त अधिक चिन्तित रहते हैं। ये भी एक सिद्ध सत्य है कि उच्च लागत विलासिता पदार्थों के उत्पादन के लिए दूरूह प्रौद्योगिकी का प्रयोग पर्यातंत्र पर बहुत दबाव डालता है। ये वही निन्दनीय प्रयास है जो अत्यंत विकसित देश और गरीब देशों के अति धनाढ्य वर्ग लगातार करते रहते हैं।

प्राथमिक सामाजिक सुरक्षा व्यवस्था की लागत

भारत की जनसंख्या (2006 में अनुमान): 1.1 बिलियन

सामाजिक सुरक्षा के अधिकारी व्यक्तिः

(क) अठारह वर्ष तक की आयु के युवक और 20 वर्ष तक की युवतियाँ : ये न्यूनतम कमाने वाली 40 प्रतिशत जनसंख्या से होंगे। मान लें कि ये समस्त जनसंख्या का 20 प्रतिशत होंगे।

(ख) न्यूनतम कमाने वाली महिलाएँ/बालिकाएँ (50 प्रतिशत) : मान लें कि ये जनसंख्या की 5 प्रतिशत होगी।

(ग) निम्नतम 30 प्रतिशत कमाने वाले युवक : ये भी जनसंख्या का 5 प्रतिशत ही है।

(घ) बेरोजगार वयस्क : ये भी जनसंख्या के 5 प्रतिशत

(च) इस प्रकार सामाजिक सुरक्षा के अधिकारी होंगे 35 प्रतिशत।

आइए अब न्यूनतम वैधानिक मजदूरी दर का आकलन करें (365 दिन × 8 घंटे प्रतिदिन और 6 रूपये प्रतिघंटा की दर) यह राशि 17,520 रूपये बनती है। हम इसे 17,500 रूपये मानकर कंजूस अर्थशास्त्रियों को कुछ अधिक स्वीकार्य बना सकते हैं। इस प्रकार सामाजिक सुरक्षा व्यवस्था की राष्ट्रीय स्तर लागत होगी: 1.1 बिलियन × 0.35 × 17,500 = 6,745.2 बिलियन रूपये। यदि प्रशासकीय स्तरों पर हेराफेरी का भी प्रावधान कर लें तो इस राशि को 7 ट्रिलियन का अनुमान प्रदान किया जा सकता है। न्यायमूर्तियों, प्रशासकों और अर्थशास्त्रियों, अभी घबराकर बेहोश नहीं हो जाइए। इस राशि का इंतजाम उन 35 ट्रिलियन रूपयों की सहाय्य राशियों में कुछ कटौती करके हो सकता है जो बड़े व्यापारियों को दी जा रही हैं। देखें 'इंडिया टुडे' में छपी रिपोर्ट आदि।

इन अनुशंसाओं का आर्थिक आधार सुदृढ़ है। समता एक आयामी अवधारणा है। इसे विवेकशील सरकार अपनी राजसत्ता का प्रयोग कर

सहज ही सुनिश्चित कर सकती है। हम यह मानकर कि सरकार सामान्य जन क्षेम में हिस्सेदार है और निजीकरण की अंधी दौड़ के बाद भी उसके पास कुछ शक्तियाँ बच रही है, ये संविधान संशोधन की सिफारिश कर रहे हैं।

हमारी अनुशंसाओं के सभी तत्वों की संपूर्ति में कुछ सैद्धांतिक और दार्शनिक समस्याएँ पेश आ सकती हैं। हम सभी विकसित देशों के गणितज्ञों के समक्ष यह समस्या प्रस्तुत कर रहे है (इनमें श्रीमान् नैश भी सम्मिलित हैं जो आर्थिक सिद्धांतों पर अपने द्यूत सिद्धांत के प्रयोग के माध्यम से अधिकतम लाभ करने की फिराक में बहुत कुछ नुकसान कर चुके है। उनका भी समता अधिकतमीकरण हेतु द्यूत सिद्धांत का अनुप्रयोग करने के लिए स्वागत है)। देखतें हैं कि क्या ये विद्वान हमें स्वीकार्य कोई समाधान प्रस्तुत कर पाएँगे। उस समय तक हम अपने उपर्युक्त कार्यक्रम पर कार्य करने में ही खुश रह लेंगे।

हमारा विचार है कि समता की प्राप्ति अधिक कठिन नहीं है। समता का सबसे अधिक अच्छा तरीका तो देश को पर्याप्त स्तर तक सन्नद्ध करना होगा। हम मान रहे हैं कि अमर्त्य सेन जैसे संशयवादी अर्थशास्त्री और विद्वान इस बात पर अधिक उत्तेजित नहीं होंगे। शायद उन्हें यह भी समझ आ जाएगा कि हम वर्तमान उदारीकृत अर्थव्यवस्था और उसके समर्थकों को लेकर बेचैन क्यों हो जाते हैं।

आर्थिक प्रबंधन का प्रशासन से पृथक्कीकरण

हमारे अर्थविद् प्रशासन को अर्थ प्रबंधन से पृथक मानते है। ये विचारधारा निजी व्यवसायिक इकाईयों को देशवासियों के कष्टों के लिए हर प्रकार के उत्तरदायित्व से मुक्त करने के लिए आवश्यक होती है। अत: मुख्य धारा के समाचार पत्र इस प्रकार के अग्र शीर्षक सहज ही छाप सकते हैं: प्रशासन में गिरावट, संवृद्धि में वृद्धि: भारत में विरोधाभास। स्वामीनाथन अय्यर का कहना है कि तीन वर्षों में प्रत्येक कसौटी पर प्रशासन में तो गिरावट ही नजर आयी है किन्तु राष्ट्रीय आय की संवृद्धि

की औसत दर 8 प्रतिशत रही है। ....सरकारी तंत्र की विफलता के उन्होंने ये उदाहरण दिए है: अधिक भ्रष्ट राजनेता, चुनावों में काले धन का रिकार्ड प्रयोग, अपराधों की वृद्धि, 165 जिलों में नक्सलवादी हिंसा का प्रसार, देश की मूल रचनाओं पर बढ़ते हुए इस्लामी आतंकवादी हमले, बड़े स्तर पर अपराधिक तत्वों का विधायिका और मंत्रीमंडलों में प्रवेश, हत्यारों का राजनीतिक प्रभाव का दुष्प्रयोग कर साफ बच निकलना (जैस्सिका लाल हत्याकांड–लेखक) और सरकारी सेवाओं के स्तर का निम्नतर बने रहना आदि। उन्होंने आगे लिखा है, "विश्व बैंक के नवीनतम नीति मूल्यांकन में कहा गया है कि देश के प्राथमिक चिकित्सा केन्द्र के सामान्य चिकित्सक तनजानिया के सामान्य चिकित्सक से भी गये गुजरे हैं और उन द्वारा हानिकारक उपचार सुझाए जाने की आशंका 50 प्रतिशत रहती है।" स्कूलों में शिक्षक गायब ही रहते हैं, पाँचवी कक्षा के आधे शिक्षार्थी तो दूसरी कक्षा की पुस्तकें भी नहीं पढ़ पाते। पानी की आपूर्ति दिल्ली में 4 घंटे (लेखक का अनुभव तो इस आँकड़े को कुछ बढ़ा चढ़ा ही मानता है), बेंगलुरू मे 2.5 घंटे, तो चेन्नई में मात्र 1.5 घंटे ही है। जरा इसकी तुलना जकार्ता और कोलंबों की 24 घंटे की आपूर्ति से करें। बिजली की आपूर्ति भी लुका छिपि का खेल अधिक खेलती रहती है, 30 प्रतिशत तो चुरा ली जाती है। किन्तु अय्यर यह बताना चाहते थे कि इन समस्याओं के बावजूद उदारीकृत अर्थव्यवस्था विकास के पथ पर सरपट दौड़े जा रही है।

इसके विपरीत पक्ष को उजागर करते हुए इस रिपोर्ट पर भी ध्यान दें: विदर्भ की कहानी: 32 दिन में 102 मरे; प्रधानमंत्री का पैकेज भी (जीवन रक्षा में) विफल। ऋण पाश में फंसे लोग....। समाचार पत्र का कहना है कि प्रधानमंत्री का राहत पैकेज भी ऋण पाश में फंसे विदर्भ के किसानों को आत्महत्याओं को रोक नहीं पाया है। इस पत्र ने कुछ आँकड़े भी दिए है (ये जानते हुए भी कि हमारा उदारीकृत संभ्रांत वर्ग इन्हें समझ ही नहीं पाएगा): "वर्ष 2006 में 704 ऋणग्रस्त विदर्भ किसानों ने आत्महत्या कर ली। बैंकों से मिला औसत ऋण मात्र 35000 रूपये है

(ये भी रसूखदार अत्यल्प संख्या को मिल पाया है)। अधिकतर किसान तो सूदखोर महाजनों के चंगुल में फंसे हैं जो बहुत भारी ब्याज वसूलते हैं। स्वतंत्रता के 6 दशकों बाद भी हमारी उदारीकृत 'समाजवादी' सरकार इन निजी सूदखोरों पर कोई अंकुश नहीं लगा पाई है।''

उक्त लेख के लेखक ये भी नहीं बता पाए कि स्टॉक मार्केट, बैंकों और न्यासों में जमा सार्वजनिक धन के उदारतापूर्वक व्यवसाईयों की झोली में डाले जाने के कारण ही नित नई ऊँचाइयों को छू रही थी जबकि दूसरी ओर हजारों किसान आत्महत्या को विवश हो रहे थे, क्योंकि बैंक व्यवस्था ने तो उन्हें सूदखोरों के हवाले कर दिया था। उन्हें फिर किसी दिन फिर प्रयास कर देखने का अवसर भी नहीं छोड़ा था। उदारचेता वैश्वीकृत भारत सरकार भला वर्तमान बैंक दर से अधिक (कई गुना अधिक, अत्यंत शोषणकारी) दर पर ब्याज कमाने से सूदखोरों को कैसे रोक सकती है। सरकार (यदि इच्छा शक्ति जुटा पाए तो) अत्यधिक ब्याज वसूली को एक अपराध घोषित कर सकती है। इस मामले में उपयुक्त सबूत उपलब्ध कराने का जिम्मा भी महाजन पर ही होना चाहिए। यही नहीं, बड़े व्यवसायी शायद ही कभी बैंकों से लिये गये उधार को लौटाने की चिंता करते है। इसी कारण बैंकों के तुलन पत्र गैर निष्पादक परिसंपत्ति से लदे हुए नजर आते हैं (2006 में ये राशियाँ कई लाख करोड़ तक पहुंच चुकी है)। भारतीय और निजी कंपनियां लगातार भारतीय सार्वजनिक उपक्रमों का दीवाला निकाल रही है। ये असहाय होकर रह गए भारतीय जमाकर्त्ताओं और सार्वजनिक कोषों से उधार की रकम डकार रही हैं और यह स्वीकार भी नहीं कर रही है कि इन द्वारा जमाकर्त्ताओं की धन राशियों को अपनी निजी संपत्ति का रूप देने का शोषण तंत्र चलाया जा रहा है।

जब उससे कोई बात ही नहीं करता तो बेचारी न्यायपालिका भी क्या करे। हम इस तथ्य और प्रश्न को सार्वजनिक कर सर्वोच्च न्यायपालिका से गुहार लगा रहे हैं कि वह हस्तक्षेप करे। बैंकों और अन्य वित्तीय संस्थानों में जमा धन राशियाँ किसकी संपत्ति है? ये जमाकर्त्ताओं की संपत्ति है या उधार लेने वालों की? क्या शोषक ब्याज दर की उगाही

संवैधानिक है? इन्हीं प्रश्नों के निदान के साथ-साथ ये न्यायालय यह भी समीक्षा कर दे तो बेहतर होगा कि क्या मुनाफाखोरी संविधान संगत है? वैसे मुझे इस बात की बड़ी प्रबल आशा है कि न्यायाधीश ये कहकर इन प्रश्नों की पूरी उपेक्षा कर देंगे कि वे कोई सामाजिक, आर्थिक या न्यायिक सुधारक थोड़े ही हैं।

उक्त लेख के रचनाकार ऐसा दिखावा करते हैं जैसे उन्हें भनक भी नहीं है कि अफसर और नेता व्यापारियों के माध्यम से ही देश की लूट में अपना हिस्सा पाते है। भ्रष्ट अफसरों, नेताओं और व्यवसायियों के बीच एक वीभत्स दुरभि संधि है, वे साथ-साथ फलते फूलते हैं- भले ही हमारे उद्धृत विद्वान लेखकों को उनके इस घनिष्ठ का ज्ञान भी नहीं हो।

जाने हमारे ये जन चेतना जगाने में जुटे अर्थशास्त्री समाचार माध्यमों के इस अग्र शीर्ष का क्या अर्थ निकाल कर प्रस्तुत करेंगे :

"प्रचार में अधाए पर भूख के सताए"

यदि जनता की सर्वाधिक आधारिक आवश्यकता, खाद्य सुरक्षा, की ओर ध्यान नहीं दिया गया तो महान भारतीय आर्थिक (दिवा) स्वप्न भी बिखर जाएगा। भारत के अधिकांश (64 प्रतिशत) व्यक्ति भूखे पेट सोने को विवश हैं और निरंतर कुपोषण की मार झेल रहे हैं। हम समष्टि स्तर पर खाद्य पदार्थों पर व्यय हो रहे आय अंश में गिरावट (इसे विकास का लक्षण मानते हैं) पर अपनी पीठ थपथपाने में व्यस्त हैं। पर ये भूल जाते हैं कि आज भी गरीब जनों को आय का अतिशय उच्च अंश भोजन पर ही खर्च करना पड़ रहा है। शहर वाले यदि भोजन पर 43 पैसे खर्च करता है तो एक ग्राम वासी को 55 पैसे खर्च करने पड़ रहे हैं। यही नहीं, ग्राम वासी को सुलभ खाद्य सामग्री घटिया भी है और ये भी कुपोषण को ही बढ़ा रही है। गरीब प्रांतों के गरीबी रेखा से नीचे बसे लोग तो अपनी 70 प्रतिशत आय भोजन पर ही खर्च करने को विवश हैं। भारत के 12 रूपये प्रतिदिन (ये औसत आँकड़े हैं, वास्तविक अभाव ग्रस्तता का स्तर तो कहीं अधिक है) से नीचे निर्वाह कर रहे 200 मिलियन नागरिकों

के लिए तो ये एक बुरी खबर ही है। यही नहीं, सरकार द्वारा भूख और कुपोषण के निवारण के लिए चलाई गई अनेक योजनाएँ भी ठीक से काम नहीं कर रही है। बाल पोषण के क्षेत्र में तो हमारा निष्पादन बहुत ही शर्मनाक है। ये स्तर तो अफ्रीका से भी गया गुजरा है। यहाँ एक ही बात आशा की किरण है: महिला एवं बाल विकास मंत्रालय ने यह स्वीकार कर लिया है कि इसकी समेकित बाल विकास योजना अपेक्षित परिणाम नहीं दिखा पायी है। यह स्वीकारोक्ति सहज ही नहीं आ गई है। ये तो सर्वोच्च न्यायालय और नॉबेल पुरूस्कृत अर्थशास्त्री अमर्त्य सेन से मिली कड़ी फटकार के बाद ही आयी है। अर्थव्यवस्था भले ही 8 प्रतिशत की दर से कुलाचें भर रही है पर 1–6 वर्ष के बच्चों के बीच कुपोषण में केवल एक प्रतिशत की दर से सकारात्मक परिवर्तन शर्म का विषय ही है। इसका क्या कारण हो सकता है? इस विषय में अंदाजे लगाने की कोई जरूरत नहीं है। सभी जानते हैं कि पोषण निमित किए गए प्रावधान लक्षित बाल समुदाय तक पहुँच ही नहीं पाते। इसके लिए भी अफसरों की टाल मटोल और राजनीतिक स्तर पर इच्छा शक्ति का अभाव ही जिम्मेवार है। यहाँ तक कि जो भोजन दिए जाने का दावा किया जाता है वह भी अपर्याप्त ही है।

और अब मंत्रालय अपनी दृष्टि में एक अभिनव समाधान तक पहुँच गया है: समूची योजना की अधिक पोषक संतुलित आहार के आधार पर पुनर्रचना की जाएगी। क्षमा चाहते हैं- क्या ये सुविचार पहले से ही उस समेकित विकास योजना का आधार नहीं होने चाहिए थे? जब 47 प्रतिशत बच्चे कुपोषण का शिकार हो तो मंत्रालय को तुरंत ही अपनी योजना को सुचारू और प्रभावी स्वरूप में लागू करने का रास्ता खोजना चाहिए। यदि ऐसा नहीं किया गया तो हमारे अर्थशास्त्रियों का अनुमान है कि ये कुपोषण ही सकल घरेलू उत्पाद में 5 प्रतिशत की कमी का कारण बन जाएगा। सरकार को एक विफल नीति की समीक्षा के लिए अपनी पुरानी बेढंगी चाल (अध्ययन दल गठित करने की) चलने से परहेज करना चाहिए। प्रयास वर्तमान खाद्य एवं पोषण सुधार योजनाओं में ही और

सुधार कर उन्हें प्रभावशाली बनाने की दिशा में हो तो बेहतर होगा। आइए, अभी तक लागू योजनाओं के परिणामों पर भी एक दृष्टि डाल कर देखें:

उदारीकृत अर्थव्यवस्था की विकास यात्रा

केन्द्र छोटे उद्यमों की लागत पर बड़ी फर्मों को वरीयता दे सकता है।

बड़ी कंपनियों को कोयले के मामले में बेहतर शर्तें (ई.टी. दिल्ली, जुलाई 11, 2006)

आप की आय दुगुनी होने तक निर्देशकों का वेतन दस गुना हो जाता है।

वेतन निर्धारकों द्वारा छोटे कर्मचारियों की उपेक्षा (ई.टी. दिल्ली, अगस्त 19, 2006)

इस समाचार पत्र ने लिखा है: पिछले दस वर्षों (1995-96 से लेकर जबकि डॉ मनमोहन सिंहवादी सुधारों का उफान चल रहा था) में प्रतिशत संवृद्धि इस प्रकार रही है:

सकल विनिर्माण क्षेत्र

	सकल	*विनिर्माण*	*साफ्टवेयर*
निवल लाभ	304.8	262.7	3132.2
कर्मचारी लागत	249.3	126.4	4602.2
निर्देशकों के वेतन	852.4	815.4	1889.8

समाचार पत्र वे आंकड़े के पीटल लाईन डेटाबेस से संकलित किए हैं।

इसी दैनिक का कहना है- मनमोहन सिंह और इन्फोसिस के एन.आर. नारायणमूर्ति प्रबंधकों के अत्यधिक वेतनों के बारे चाहे जो कुछ कहते रहें, भारतीय कंपनियों के उच्च अधिकारियों ने धड़ल्ले से अपने वेतन को और बढ़ा लिया है। केवल 2008 के वित्तीय वर्ष में सूचीबद्ध कंपनियों के 25 सर्वोच्च अधिकारियों के वेतन में 69 प्रतिशत की वृद्धि हुई है। जबकि

इन्हीं कंपनियों के लाभ में 54 प्रतिशत की वृद्धि ही अनुमानित है। पत्र ने जो चित्रांकन दिया है उसका शीर्ष है:

"इने गिने अमीर"

दस सर्वोच्च निर्देशकों के वेतन (करोड़ रूपयों में)

क्र.सं.	*नाम*	*वित्त वर्ष 2008*	*वित्त वर्ष 2007*
1.	मुकेश डी. अंबानी	44.02	30.46
2.	अनिल अंबानी	43.43	2.40
3.	कलानिधि मारन	32.41	23.26
4.	कावेरी मारन	32.41	23.26
5.	जी.आर.आर राजाह	32.40	24.78
6.	मालबिंदर सिंह	19.58	5.08
7.	सुनील भारती मित्तल	19.55	14.95
8.	सज्जन जिन्दल	16.73	13.25
9.	ओंकार एस. कंवर	15.53	9.98
8.	ई. सुधीर रेड्डी	15.07	9.85

'उदारीकृत' अर्थशास्त्री डॉ मनमोहन सिंह ने वित्त मंत्री के रूप में अपने पहले दौर में निजी और निजीकृत उद्यमों में प्रबंधकीय और निर्देशक स्तर पर कार्य करने वालों के वेतनमानों पर लगे सभी प्रतिबंध हटा दिए थे। अत: अब तो कुछ कंपनियों के निर्देशक और प्रमुख प्रबंधक इतना वेतन ले रहे है जितना उनके सारे कर्मचारियों के वेतनों का योग भी नहीं बनता। इसे वेतन कहेंगे कि लूट? शुक्र यही है कि इस प्रकार उच्चधिकारियों के वेतन निर्धारण की बात सार्वजनिक उद्यमों पर लागू नहीं हुई। उस समय यही बात मन में रही कि इतना पैसा कहाँ से आएगा। वैसे केन्द्र और राज्य सरकारें बड़े नियमित रूप से कामगारों की हड़तालों और आन्दोलनों को

तोड़ने के लिए अपने पुलिसिया दमन चक्र का निरंतर प्रयोग बिना किसी संकोच के करती आ रही है ताकि उनके प्रबंधकों द्वारा राष्ट्रीय संपत्ति की लूट खसोट का काम बिना किसी बाधा के चलता रहे। केन्द्रीय वेतन आयोग के अध्यक्ष बनने वाले सेवा निवृत्त न्यायमूर्ति (विशेषकर श्री कृष्णा) भी यही मानते हैं कि जो कुछ निजी क्षेत्र में चल रहा है, उसी को सारे समाज का मानदंड होना चाहिए और उन्हें उच्चधिकारियों के वेतन मान निर्धारण करने में निजी कंपनियों के सूत्रों का प्रयोग करने में कोई संकोच नहीं होता। उदारीकृत आर्थिक परिवेश में लगता है, विद्रोह की भावना ही समाप्त हो गई है (भले ही उस भावना को प्रो. अमर्त्य सेन फ्रांसीसी क्रांति का प्रमुख कारण मानते रहे हैं)। छठा वेतन आयोग अपनी अपराधपूर्ण सिफारिशें लागू करा पाने में सफल हो गया। निम्न स्तर के कर्मचारियों में लगता है अब प्रभावी रूप से विरोध व्यक्त करने का साहस भी नहीं बचा है। सशक्त सेनाएँ भी इतनी उत्साहहीन हो चुकी हैं कि छठे वेतन आयोग द्वारा उनके आर्थिक हितों पर कुठाराघात के किसी सार्वजनिक विरोध के कोई संकेत नहीं मिल पाए, जबकि उनकी तुलना में पाँचवें आयोग की अपेक्षाकृत मृदुल सिफारिशों का भी काफी विरोध हुआ था। हमें तो पूर्ण विश्वास है कि जब सातवां आयोग अपना प्रतिवेदन देगा तो सेवानिवृत न्यायाधीशों, उदारमना अर्थशास्त्रियों और नौकरशाहों से भरा वह आयोग विषमताओं को और उत्कर्ष प्रदान कर देगा। भारत वासियों को सावधान रहना चाहिए।

आइए, इन समाचारों पर भी एक नजर डाल कर देंखें- इन सभी में सामान्य व्यक्ति की दुर्बलताओं को उदारीकृत सताधीशों द्वारा निरंतर और अधिक गहन बनाने की ही झलक मिल रही है।

महाराष्ट्र: रिलायंस उद्योग के समान भी नहीं
(ई.टी. न.दिल्ली 11 जुलाई 2001)

उद्योग निवल विक्रय/ आगम करोड़ रूपये		*भारत के राज्य सकल राजस्व बजट अनुमान, 2005-06 करोड़ रूपये*	
81211	रिलांयस इंडस्ट्रीज	50429	महाराष्ट्र
20602	टाटा मोटर्स	42668	उत्तर प्रदेश
15139	टाटा स्टील	35976	आंध्र प्रदेश
14763	लार्सेन एंड ट्युबरो	30252	तमिलनाडु
13784	आई.सी.आई.सी.आई. बैंक	29218	कर्नाटक
12052	मारूति उद्योग	23217	गुजरात
11624	रिलायंस कम्युनिकेशन	21237	पश्चिम बंगाल
11349	हिंडाल्को	20538	राजस्थान
11229	भारती एयरटेल	19848	मध्य प्रदेश
11215	टी.सी.एस	18719	बिहार
202976*	योग	292099	योग

* ये राज्य सरकारों के राजस्व का 69 प्रतिशत है।

समाचार पत्र का स्रोत (संभवत:) सन्तान और नदीम

इन आंकड़ों के साथ ये रेखाचित्र हम केवल इसलिए प्रस्तुत कर रहें हैं कि ये चित्र भारतीय अर्थव्यवस्था की समस्त व्याधियों का बड़ा सजीव चित्रण कर रहा है। ये व्याधियाँ राष्ट्रीय आय के वितरण में गंभीरतम विषमताओं का ही दूसरा नाम है। पूर्वकाल में विदेशी शासक हमारे देश की दौलत को लूट कर अपना घर भर रहे थे तो आज उसी उपनिवेशी युग की भांति विधिक और राजकीय प्रश्रय का सहारा लेकर आन्तरिक शोषक उसी काम को और आगे बढ़ा रहे हैं। यद्यपि हमारी तालिका में सारे आँकड़े सम्मिलित नहीं है, फिर भी एक बात तो बहुत स्पष्ट है कि अकेले रिलायंस इंडस्ट्रीज के पास इतना धन है जो 2 से 4 प्रांत सरकारों के पास भी नहीं है।

आर्थिक संपत्तियों के संकेंद्रण और एकाधिकार पर नियंत्रण की संवैधानिक व्यवस्थाएँ आज कहाँ खो गई है? हम तो केवल ये आशा मात्र

कर सकते हैं कि हमारी माननीय न्यायपालिका की दृष्टि कभी इस ओर भी उठेगी।

सबसे 'शानदार' बात तो यही है कि प्रायः सभी निजी उद्यमों को सार्वजनिक कोष से अन्यान्य प्रकार की छूट मिलती है। 'इंडिया टुडे'.... में निजी उद्यमों की झोली में जा रही कर छूटों पर एक अग्रलेख छपा था। उसके अनुसार भारत के राजकोष से उन्हें मिलने वाली सभी कर छूटों का योग 35000000000000 रूपये, अर्थात् 35 ट्रिलियन रूपये बनता है। यह योगफल भारत के वार्षिक बजट का तीन चौथाई अंश है। कोई आश्चर्य नहीं कि देश का सामाजिक क्षेत्र निरंतर गरीबी और भूखमरी झेलने को विवश है। भारत विश्व में संस्थाओं द्वारा निर्धारित सामाजिक प्रगति के सभी मानदंडों के अनुसार निम्नतर स्तर पर गिरने का निरंतर भरसक प्रयास करता दिखाई पड़ रहा है। जब ऐसी सूचनाएँ आती हैं तो भारत के शीर्ष नेतागण चुप्पी साध बैठते हैं या फिर "घायल मासूमियत" ओढ़ लेने का आडंबर करते है, किन्तु इस परिदृश्य को सुधारने के लिए कोई प्रयास नहीं करते।

एक अन्य उदाहरण देखें:

संवृद्धि के दबाव

सीमेंट की कीमतें बढ़ने से बड़े खरीदार विदेशों से खरीद को विवश: इस पत्र में बताया है कि सीमेंट की कीमतें बढ़ रही है, मांग निरंतर आंतरिक उत्पादन से अधिक है, इसी कारण सीमेंट के बड़े खरीदारों ने विदेशों से आयात शुरू कर दिया है। आखिर क्यों न हो, बड़े व्यापारियों के लिए तो सारी दुनिया डॉ मनमोहन सिंह की उदारीकृत अर्थव्यवस्था का 'एक बाजार' ही तो है। सारी जानकारी को सही परिप्रेक्ष्य में रखते हुए इस पत्र ने एक रेखाचित्र भी दिया है। इसके अनुसार:

ठोस सच्चाईयाँ

भारत की वार्षिक उत्पाद क्षमता	: 158.1 मिलियन टन
प्रभावी वार्षिक क्षमता	: 141.8 मिलियन टन
घरेलू बाजार में मांग	: 135.6 मिलियन टन
निर्यात हेतु मांग	: 9.2 मिलियन टन
सकल मांग	: 144.8 मिलियन टन
कुल अभाव	: 3.0 मिलियन टन

अनेक नेताओं और दिल्ली उच्च न्यायालय के उस न्यायाधीश, (जिसने सारे दक्षिण दिल्ली और अनेक अन्य महानगरों के अनेच्छुक निवासियों पर टेलीविजन कार्यक्रमों की सशर्त प्राप्ति की शोषक व्यवस्था थोंप दी थी) की दृष्टि में बाजार तंत्र में चाहे जितने सद्‌गुण विद्यमान हो, किन्तु अंततः ये व्यवस्था निजी/हितों को राष्ट्रीय हितों पर वरीयता देती ही सिद्ध होती है। क्या कोई भी समझदार व्यक्ति देश से सीमेंट का सस्ते दामों में निर्यात और फिर अंतर्राष्ट्रीय बाजार में कम कीमत की दुहाई दे वहाँ से आयात की अनुमति दे सकता है? क्या निर्यात से पूर्व आन्तरिक जरूरत पूरा करने पर आग्रह नहीं होना चाहिए? लेकिन जब देश में अभाव के नाम पर कार्यपालिका ने दालों के निर्यात पर रोक लगाई तो उस मामले में न्यायपालिका के तर्क (देखें ई.टी. न. दिल्ली, नवंबर 15, 2006, पृ. 115) तो राष्ट्रीय हितों को लेकर न्यायपालिका के लचीले (दोहरे) मानदंडों को ही व्यक्त करते हैं।

वास्तव में आम भारतीय उसी प्रकार शोषकों के चंगुल में फंसे हैं जैसे चंबल घाटी के निवासी डाकुओं के शिकंजे में फंसे रहते हैं। या फिर ये "रोजमेरीज बेवी" कहानी की रोजमेरी जैसी दशा है।

निजी उद्यमों में धन का यह संकेन्द्रण भारत के कमजोर संविधान की व्यवस्थाओं का भी उल्लंघन है, किन्तु सत्तासीन अभिजात्य वर्ग और न्याय व्यवस्था इससे पूर्ण अनभिज्ञता ही प्रदर्शित कर रहे है। लगता है इन सभी

ने मोक्ष की प्राप्ति कर ली है और वे देश विधान को पूरी तरह भूल चुके हैं। संविधान के प्राक्कथन और धारा 37, 38 और 39 की ओर तो इनका ध्यान विशेषकर नहीं जाता। निजी हाथों में देश की दौलत के संकेन्द्रण का ऐसा ही वीभत्स उदाहरण गोर्बाचोव-येल्त्सिन के रूस में भी दिखाई दिया था। एक पूर्व के. जी.बी. जासूस (संभवतः विदेशों का पिट्ठू भी) वहाँ राष्ट्रपति बन बैठा (2006) और उसी कारण किसी 'यूकोस' नामक उद्यम का 'अधिग्रहण' कर उसके स्वामी को जेल भी भेज दिया था। हमें पूरा विश्वास है कि हमारे देश के उद्यमी हमारी इस पुस्तक को कभी नहीं पढ़ेंगे। किन्तु हमें ये भी विश्वास है कि कोई न कोई उन्हें अवश्य जता देगा कि इस प्रकार सत्ता और धन का निर्द्वन्द्व संकेन्द्रण उन्हें अपने अन्तिम लक्ष्य तक नहीं पहुँचा पाएगा। इसके विरोधी हितों की शक्तियाँ उन्हें बड़े विद्रूप ढंग से रोक सकती है। उन्हें जनाक्रोश की सूनामी की आशंका को निराधार नहीं मानना चाहिए।

अध्याय-3

बड़े राष्ट्र ही मृदुल महाशक्ति होते हैं

मुद्रा विनिमय दर और अर्थव्यवस्था

यद्यपि अर्थशास्त्री गरीब वर्ग से अमीरों को और गरीब देशों से अमीर देशों को धन के अंतरण पर चिन्ता तो जताते हैं, किन्तु वे प्रायः उन आर्थिक तथ्यों और मुद्दों को छुपा जाते हैं जो आन्तरिक और अंतराष्ट्रीय स्तर पर अमीरों द्वारा इस प्रकार अत्यधिक धन-संपदा एवं आय के अंश को हस्तगत करने का आधार बन जाते हैं। इस संसाधन अन्तरण को स्पष्ट करने के लिए हम विश्व बैंक के आँकड़ों (विश्व विकास रिपोर्ट 2000-01) को ही पुनः प्रस्तुत कर रहे हैं।

अंतराष्ट्रीय मुद्रा के अधिक भंडार पर आग्रह द्वारा देश अपने निवासियों की गरीबी सुनिश्चित कर देते हैं।

देश	*आयात मि. 1998*	*सकल विदेशी मुद्रा भंडार मि. 1999*	*वि.मु. भंडार आयात अनुपात*	*सामान्य विदेशी मुद्रा भंडार कितने दिन के आयात के समान है।*
	(क)	(ख)	(ग=ख/क)	
बेल्जियम	1,80,998	10,937	0.060	22
ब्राजील	74,415	34,796	0.47	170
चीन	1,65,894	1,57,728	0.95	347*
डेनमार्क	59,501	22,287	0.37	137**
फ्रांस	3,42,244	39,701	0.12	42

जर्मनी	5,87,353	61,039	0.10	37
भारत	59,138	32,667	0.55	201***
इटली	2,70,320	22,425	0.08	30
जापान	3,63,488	2,80,916	0.79	288****
मलेशिया	60,200	30,568	0.51	185 ψ
पाकिस्तान	12,819	1,511	0.17	61
स्वीडन	89,269	15,015	0.17	61
स्विट्जरलैंड	1,08,277	36,321	0.34	122 ψ ψ
इंग्लैंड	3,86,259	29,834	0.07	28
सं.रा.अमरीका	10,89,181	60,500	0.05	20

* प्रत्यक्ष विदेशी निवेश और अन्यों के लिए उत्पादन/निर्यात, बिना राष्ट्रीय कोष का प्रयोग किए हुए।

** प्रत्यक्ष विदेशी निवेश पर निर्भरता

*** अधिक प्रत्यक्ष विदेशी नहीं होते हुए भी

**** मित्र देशों की ''कृपा'' और उनके विशाल बहिरोन्मुखी प्रत्यक्ष विदेशी निवेश

ψ अन्यों के लिए उत्पादन/निर्यात

ψ ψ अमरीकी दबाव और विदेशों से चोरी छिपे आई धन राशियाँ

हमारी उपर्युक्त तालिका विपरीत विनिमय दर, विपरीत राष्ट्रीय आय/उपभोग विभाजन और गिनि सूचक के बीच प्रत्यक्ष संबंध को उजागर कर रही है। भारत और एशिया, अफ्रीका व लैटिन अमरीका के अन्य गरीब देशों के गरीबीकरण का सबसे बड़ा कारण उनकी विपरीत विनिमय दरें ही हैं। अतः वे देश जिनकी मुद्रा अमरीका की तुलना में अधि-मूल्यित है (अर्थात् जिनका क्रय शक्ति तुल्य स.रा.उत्पाद और वर्तमान स.रा उत्पाद का अनुपात एक से कम है) उनका गिनि सूचक भी न्यून है। यह उन देशों में राष्ट्रीय आय/उपभोग के अधिक सम्यक वितरण का परिचायक है। उन देशों की प्रति व्यक्ति आय तो अधिक है ही, वहाँ उच्चतम आय वाली 10 प्रतिशत जनसंख्या का आय अंश भी बहुत अधिक नहीं होता।

एक तथ्य पर और विचार करने की आवश्यकता है। भारत का गिनि सूचक स.रा. अमरीका से कम है, फिर भी यहाँ का उच्चतम 10 प्रतिशत वर्ग राष्ट्रीय आय/उपभोग अधिक अंश को कैसे हस्तगत कर जाता है?

भारतीय रिजर्व बैंक अंतर्राष्ट्रीय बाजार में "कीमत लाभ प्रदता" को बनाए रखने के नाम पर निरंतर विनिमय दर को गिराता जा रहा है। परिणाम स्वरूप विदेशी बाजार में भारत का अंश निरंतर गिर रहा है (1990 के बाद से तो ये गिरावट विकराल रूप धारण कर चुकी है)। यही नहीं, अब भारत के निर्यात में विनिर्मित से प्राथमिक, निम्न मूल्य पदार्थ और सेवाओं की बहुलता हो रही है। उपरोक्त विश्व विकास रिपोर्ट की ता. 20 (विश्व व्यापार) में यही तथ्य बहुत विस्तार से स्पष्ट किया गया है। 1998 में वस्तु व्यापार में विनिर्मित वस्तुओं का अंश जापान-94 प्रतिशत, फिलीपीन्स-90 प्रतिशत (अन्यों के लिए उत्पादन मुख्य है), चीन-87 प्रतिशत (अंशत: अन्यों के लिए उत्पादन), इंगलैंड-85 प्रतिशत, पाकिस्तान-89 प्रतिशत, सं.रा.अमरीका-82 प्रतिशत, मलेशिया-79 प्रतिशत (अन्यों के लिए उत्पादन सहित) और भारत-74 प्रतिशत। समाचार पत्रों की जानकारियाँ भारत के इस अंश में लगातार गिरावट के संकेत दे रही है।

भारत में विनिर्माण क्षेत्र की दुर्दशा का एक अन्य प्रमाण भी है: यहाँ शहरी श्रमिकों में से 25 प्रतिशत से कम ही विनिर्माण में काम कर रहे हैं (देखें ई.टी., नई दिल्ली, अक्टूबर 23, 2006, पृ. 16, "विनिर्माण में रोजगार 246 प्रति 1000 शहरी श्रमिक हुआ")। यही नहीं, 2004-05 में लोक प्रशासन और शिक्षा में ये श्रम अनुपात 1999 के 19.5 प्रतिशत से घट कर 18.7 प्रतिशत रह गया है। बस हमारे नेताओं को ही इन तथ्यों की जानकारी नहीं होती।

भारत के निर्यात भी आयात सघन होने के कारण अधिक विदेशी मुद्रा नहीं कमा पाते। वैसे भी ये निर्यात मूल्य विदेशी बाजार में प्रचलित कीमत का एक न्यून अंश ही होता है। हमारे अधिकांश निर्यातों के दाम भारतीय बाजार से भी कम रखे जाते हैं और प्राय: विदेशी बाजारों में उन्हें 'डंपिंग ड्यूटी' या कर भी भरना पड़ता है। बस, रूपये का विनिमय मूल्य गिरा कर भारत अपने निर्यातकों की लाभ प्रदत्ता बनाए रखता है। अत: यदि भारत को एक देश मान कर गणना करें हमें निर्यात की लागत निर्यात आय से अधिक भरनी पड़ती है। सूचना प्रौद्योगिकी क्षेत्र तो इसका बहुत ही

ज्वलंत उदाहरण है। भारत अपने सभी आयातों की बहुत बड़ी कीमत चुकाता है और इसका भार उन्हें भुगतना पड़ता है जिन्हें आयात से कोई लाभ नहीं मिलता।

अतः निश्चित ही भारतीय रूपये की विनिमय दर को बढ़ाते हुए उसे आन्तरिक क्रय शक्ति तुल्य स्तर पर लाने की आवश्यकता बहुत गंभीर हो चली है।

क्रयशक्ति तुल्य विनिमय दर

आधुनिक और उदारीकृत अर्थशास्त्री कभी-कभी क्रयशक्ति तुल्य विनिमय दर की बात भी कर जाते हैं। किन्तु ये कभी भी विभिन्न देशों और क्षेत्रों की अर्थव्यवस्थाओं का इस विनिमय दर के आधार पर तुलनात्मक अध्ययन नहीं करते। इस बेरूखी का कारण यही है कि ऐसा करने पर उन्होंने अभी तक (विकासशील गरीब देशों के त्याग पर आधारित) जिस आर्थिक सिद्धांत शास्त्र की रचना की है वह पूरा चरमरा जाएगा। आखिर अर्थशास्त्र वही विज्ञान जो ठहरा जो प्रबल राष्ट्रों या राजनीतिक इकाइयों के आर्थिक हितों का संरक्षण करने वाली नीतियाँ सुझाने का कार्य करता है। यह भी एक ऐतिहासिक सत्य है कि सदियों से आर्थिक रूप से प्रभावशाली देश ही अधिकांश 'लोकप्रिय' आर्थिक सिद्धांतों की रचना करते रहे हैं। हमारी इस संकल्पना का सत्यापन करने के लिए हमें किसी देश के आर्थिक उतार-चढ़ाव और वहाँ सृजित सिद्धांतों के उतार-चढ़ावों और नोबेल पुरस्कारों के वितरण पर ध्यान देना ही पर्याप्त होगा। जाने क्यों अर्थशास्त्रियों को ये तुल्य विनिमय दरें ऐसे औजार नजर आते हैं जो जटिल, अनैतिक, अपरिष्कृत और भयावह से है। उन्होंने तुल्य विनिमय दरों की कई विद्रूप-सी सारहीन परिभाषाएँ भी गढ़ डाली हैं। ये अधिकांश विचार कतिपय अनुपातों के अनुपात ही हैं। उदाहरण के लिए भारतीय रिजर्व बैंक निवल प्रभावी विनिमय दर (NEER "नीर" और वास्तविक प्रभावी दर REER "रीर") के आकलन के लिए संबंद्ध देशों की मुद्रा स्फीति दरों के अनुपातों का प्रयोग करता है। इन

"नीर-रीर" का प्रयोग कर रिजर्व बैंक निरंतर रूपये का अवमूल्यन कर रहा है और इस कार्य के लिए देश विदेश के मीडिया, आयातक, निर्यातक और प्रख्यात अर्थशास्त्रियों की सराहना भी पा रहा है।

विवेकशील (तर्कसंगत) विदेशी मुद्रा विनिमय दर

वर्ष 2007-08 में भारतीय मुद्रा की विनिमय दर में डालर की तुलना में वृद्धि होने पर तो भारत सरकार, राजनीतिक दलों, व्यापारियों, अर्थशास्त्रियों और शैक्षिक क्षेत्रों में ऐसा मातम छा गया था जैसे कोई बहुत बड़ी मुसीबत टूट पड़ी हो। अज्ञानी वित्त मंत्री और उसके स्टाफ, विद्वानों, प्रख्यात अर्थशास्त्रियों ने बड़े-बड़े बयान दे डाले। किन्तु मुझ जैसे आम भारतीय तो रूपये के इस मूल्य सुधर पर हाय तौबा से अप्रभावित ही रहे हैं।

अर्थशास्त्र को तर्कसंगत बनाने के लिए तो विभिन्न देशों के बीच विनिमय दर को भी "अकुशल श्रमिकों की प्रति घंटा वैधानिक न्यूनतम मजदूरी दर" पर आधारित करना होगा। यदि और अधिक विवेकशीलता पर आग्रह हो तो प्रतिघंटा के स्थान पर किसी भी अन्य समय की इकाई के अनुसार मजदूरी दर का प्रयोग हो सकता है। बस शर्त यही रहेगी कि विश्वस्त एवं नियमित रूप से आंकलित आँकड़े सुलभ हो। अकुशल कर्मियों की न्यूनतम वैधानिक मजदूरी दर में अधिक बदलाव नहीं आते। बहुत कम देशों में इसे स्फीति सूचक के साथ जोड़ा गया है। इसी कारण इसे विभिन्न देशों के एक सांझे प्राचल की भांति प्रयोग किया जा सकता है।

हमें ये भी हैरानी है कि अर्थशास्त्रियों को अपने विश्लेषण और निष्कर्षों पर इतना अधिक विश्वास क्यों हैं, जबकि उनके प्रयुक्त आँकड़े केवल अन्दाजे पर आधारित है और स्पष्ट वास्तविकताओं से उनका कोई संबंध नहीं होता। लगता है, अपने विश्लेषण में ये गणितज्ञों द्वारा प्रायः उठाए जाने वाले दो प्रश्नों (क) क्या ये आवश्यक है; और (ख) क्या ये पर्याप्त है? की कसौटियों से भी किनारा कर जाते हैं।

हमारा विचार है कि विनिमय दर का निर्धारण किसी प्रत्यक्ष मापक पर आधारित हो, किसी अनुपातों के अनुपात पर नहीं। अंततः हम इसी निष्कर्ष पर पहुँचते हैं कि ये प्रत्यक्ष मापक अकुशल कर्मियों की प्रति घंटा वैधानिक न्यूनतम मजदूरी दर ही होगी।

मैं भारत और अमरीका की इस वैधानिक न्यूनतम मजदूरी के आधार क्रय शक्ति तुल्य विनिमय दर के आंकलन को एक उदाहरण के रूप में प्रस्तुत कर रहा हूँ।

भारत की उपर्युक्त न्यूनतम मजदूरी = अमरीका की न्यूनतम मजदूरी

अर्थात् रूपये 6 = 6 डॉलर

अतः निकृष्टतम दशा में भी एक भारतीय रूपये का मान एक अमरीकी डॉलर होना चाहिए। किन्तु भारतीय वित्त मंत्रालय और रिजर्व बैंक की कृपा से 46 रूपये या उससे अधिक का माल एक डॉलर के बदले निर्यात कर दिया जाता है। दूसरे शब्दों में भारतीय रूपये का 46 गुना अधेमूल्यन होता है। कोई आश्यर्च नहीं कि भारत की अर्थव्यवस्था कभी गुजारे लायक से अधिक नहीं पा सकती। उसे सारे विश्व व्यापार से अपना सही हक कभी नहीं मिल सकता।

सही तथ्यों और मुद्दों को आर्थिक शब्द जाल द्वारा छिपाने की कोशिश की जाती है। अर्थशास्त्री यही कहते है कि विनिमय दर का संसाधनों के अंतरण से कोई लेना देना नहीं होता। किन्तु विश्व विकास रिपोर्ट (2000-01, गरीबी पर प्रहार) में संकलित आंकड़े तो यही दिखा रहे हैं कि विपरीत विनिमय दरों और गरीबी तथा विषमता की पराकाष्ठा के बीच सदैव घनिष्ठता रहती है। इसी के आधार पर धनी और शक्तिशाली देशों को गरीबों के संसाधनों का विदोहन करने का अवसर मिलता है।

विदेशी विनिमय भंडार और प्रत्यक्ष विदेशी निवेश

हमारा मानना है कि भारतीय राष्ट्रीय हितों की दृष्टि से तो प्रत्यक्ष विदेशी निवेश केवल कागजी निवेश है। यहाँ आ रहे इस निवेश का लाभ

केवल विदेशियों को ही पहुँचता है। सैन्य शक्ति संपन्न विकसित देश भारत जैसे विकासशील देशों की लागत पर प्रत्यक्ष विदेशी निवेश के अधिकांश लाभों को हड़प जाते हैं। भारत में आ रहे विदेशी निवेश से कई गुना तो इसके अपने विदेशी मुद्रा भंडार हैं जबकि विकसित देश गरीब देशों के अंतर्राष्ट्रीय कोषों का प्रयोग कर लाभान्वित हो रहे हैं। ये तालिका इस बात को कुछ और स्पष्ट कर रही है।

उच्च अंतराष्ट्रीय सुरक्षित कोष और निम्न प्रत्यक्ष विदेशी निवेश: देशवासियों की गरीबी की गारंटी

देश	*सकल अंतर्राष्ट्रीय सुरक्षित कोष मिलियन डॉलर*	*प्र. विदेशी निवेश मिलियन डॉलर*	*(प्र.वि.निवेश ÷ अ.कोष) × 100*
भारत	32,667	2,635	8.06
इटली	22,425	2,635	11.70
जापान	2,86,916	3,268	1.14
			(अभी युद्ध क्षतिपूर्ति भर रहा है)
मलेशिया	30,568	5,000	16.36
पाकिस्तान	1,511	500	33.09
स्वीडन	15,015	19.413	129.3
स्विट्जरलैंड	36,321	5,488	15.11
इंग्लैंड	29,834	67,481	227.71
सं.रा.अमरीका	60,500	1,93,373	319.62

भारत के लिए एक सीधा सरल समाधान है: अंतर्राष्ट्रीय कोष का वही अनुपात रखे जो अति विकसित देशों में पाया जाता है। आयात निर्यात पर अधिक निर्भर रह कर विदेशी चालबाजियों का शिकार नहीं बने।

कई बार कहा जाता है कि एशियाई देशों को अधिक बड़े सुरक्षित कोष रखने चाहिए। अमरीका कभी से एशिया के सुरक्षित कोषों का उपभोग करता आ रहा है। अत: विश्व बैंक की इस रिपोर्ट से कोई हैरानी

नहीं होती कि अमरीका का विनिर्माण क्षेत्र सकल घरेलू आय के

170 प्रतिशत के समान राशियाँ बैंकों और वित्तीय संस्थानों से अग्रिम के रूप में पा जाता है। अल्प विकसित देशों में तो यह अनुपात बहुत ही निम्न रहता है। अमरीका तो विदेशी मुद्रा की अपरिमित राशियों को सहज ही पचा जाता है। उसके अंतर्राष्ट्रीय सुरक्षित कोष में कोई अंतर नहीं आता। किन्तु भारत में विदेशी मुद्रा में जरा सी वृद्धि के संकेत मिलते ही रिजर्व बैंक के प्रशासक और अर्थशास्त्री बौखला जाते हैं और ''दायित्वों में उछाल'' का राग अलापने लगते हैं। नब्बे के दशक के उत्तरार्द्ध से 2000 तक एशियाई अर्थव्यवस्थाएँ गंभीर आर्थिक संकट झेल रही थी। किन्तु फिर भी विशाल अंतर्राष्ट्रीय सुरक्षित कोष संचित करने का उनका उत्साह कुंठित नहीं हो पाया। एक मजेदार खबर (ई.टी., दिसम्बर 06, 2000) एशिया के विदेशी मुद्राकोषों में 29 प्रतिशत की वृद्धि। ये अब 1.85 ट्रिलियन हुए। डॉलर कमजोर होने के कारण वैश्विक बाजारों को इन सुरक्षित कोषों के अन्य मुद्राओं में बंट जाने की आशंका।

भारत के अर्थ प्रबंधक, स्पष्ट बात से मुँह चुरा रहे हैं और विदेशों में अपनी अर्थव्यवस्था की दुर्दशा के कारणों का अन्वेषण कर रहे है। कुछ विशेषज्ञ तो इसे 'आत्म निर्मित' समस्या का नाम दे रहे है (जबकि सेनाओं के शब्दकोष में 'आत्म हिंसा' होती है)। भारत की गरीबी को बनाए रखने के लिए उत्तरदायी मुख्य समष्टि स्तरीय आर्थिक कारक ये हैं: (क) भारतीय रूपये की निम्न बाह्य क्रय शक्ति, अर्थात् विश्व बैंक के अनुसार भी विश्व की सभी मुद्राओं की तुलना में भारतीय रूपये का अधैमूल्यन; (ख) भारतीय संसाधनों को बिना किसी तत् प्रति तत् के विदेश भेजना, अर्थात् भारतीय अंतर्राष्ट्रीय कोषों को विदेशी बैंकों में जमा रखना; (ग) भारत के अंतर्राष्ट्रीय कोषों की तुलना में प्रत्यक्ष विदेशी निवेश का बहुत कम आगमन; (घ) भारतीय निजी कंपनियों द्वारा बड़े स्तर पर विदेशों में प्रत्यक्ष निवेश; (च) भारतीय आयात निर्यात के दामों में कोई समतुल्यता नहीं होना, अर्थात् भारतीय आयात के लिए बहुत बड़ी कीमत चुकाते हैं किन्तु निर्यात के बहुत कम दाम पाते हैं (यह बात और

है कि इस प्रकार भारत के विदेशी व्यापार में लगे व्यक्ति भी भारी मुनाफा कमा जाते है); और (छ) राष्ट्रीय आय का विषम वितरण और अति प्रतिगामी कर एवं शुल्क व्यवस्था।

अध्याय - 4

राष्ट्रीय सुरक्षा का प्रबंधन

प्रतिरक्षा निमित आबंटित धन कहाँ जा रहा है?

यदि हम 1986-87 के बजट आबंटन को उदाहरण मान लें तो उस वर्ष 12512 करोड़ रूपये की राशि का प्रतिरक्षा के लिए प्रावधान किया गया था। यह राशि पिछले वर्ष (1985-86) के संशोधित अनुमान से 2318.5 करोड़ रूपये अधिक थी। इस भारी वृद्धि को लेकर सभी संबंद्ध पक्षों में बड़ी चिन्ता जताई गई थी। उस समय के एक मात्र राष्ट्रीय चैनल दूरदर्शन ने फरवरी 28, (बजट प्रस्तुति दिवस) को ही बजट पर एक मद-दर-मद टीका गोष्ठी का आयोजन भी किया था। जब प्रतिरक्षा प्रावधान सामने आए तो अन्य सभी टीकाकरों की प्रतिक्रियाएँ तो बहुत मंद स्वर में ही रहीं किन्तु एक विपणन विशेषज्ञ महिला ने प्रश्न उठाया: आखिर प्रतिरक्षा के लिए आबंटित धन कहाँ जाता है? किन्तु न तो उस गोष्ठी के संचालक और न ही भारत सरकार के आर्थिक परामर्शदाता ने उस प्रश्न पर ध्यान या उसका स्पष्टीकरण देने की कोई आवश्यकता समझी।

सैन्य संतुलन (Military Balance)—1986 नामक पुस्तक का अध्ययन करते समय मुझे एक बात बहुत ही विचित्र लगी: भारत का प्रतिरक्षा व्यय उस चीन से भी अधिक था जिसके सेना की संख्या भारत से दो गुना थी।

फिर संयुक्त राज्य अमरीका के साथ भी तुलना की गई थी। उस पुस्तक के विभिन्न प्राचलों पर प्रस्तुत आँकड़े बहुत ही चौंकाने वाले थे।

प्रतिरक्षा व्यय

विभिन्न देशों के ये तुलनात्मक आँकड़े अपने आप में बहुत ही 'रोचक' चित्र का चित्रण कर रहे हैं। जरा ध्यान दीजिए:

क्र. सं.	देश	यू.एस. मिलियन डॉलर			सकल घरेलू उत्पादकता प्रतिशत		सैनिक संख्या हजारों में		
		1981	1983	1984	1981	1984	1981	1983	1984
1.	भारत	5022	5683	6907	2.7	3.9	1104	1260	1260
2.	चीन	6000	6326	6455	1.7	1.6	4750	3900	2950
3.	सं.रा. अमरीका	169888	217198	237052	5.8	6.4	2049	2152	2144
4.	पाकिस्तान	1649	1871	1957	6.1	7.1	451	483	481
5.	हंगरी	2095	1942	2136	4.1	3.9	101	106	105

वर्ष 1984 में भारत का प्रतिरक्षा व्यय चीन से अधिक था। यह बात हैरानी की है क्योंकि भारत की प्रतिरक्षा और प्रहार सामग्री की खरीदारी चीन से काफी कम थी। आगे के विश्लेषण में और भी चौंकाने वाले तथ्य सामने आए हैं। सारी उपर्युक्त जानकारी 'द मिलिट्री बैलेंस-1986-87' से ही संकलित की गई है।

डॉलर प्रति सैनिक

तत्कालीन (1984 और 1985) में अधिकारिक विनिमय दर पर प्रति सैनिक अमरीकी डॉलर व्यय के आँकड़े सही स्थिति को नहीं दर्शा पाते क्योंकि इन पर विनिमय दर के उतार-चढ़ाव का प्रभाव रहता है। फिर भी, विभिन्न देशों के 1984 के ये आँकड़े इस प्रकार थे:

देश	सैन्य व्यय- डॉलर प्रति सैनिक, 1984
भारत	5482
चीन	1655
सं.रा. अमरीका	110154
पाकिस्तान	4052
हंगरी	20151

भारत का प्रति सैनिक व्यय चीन से तीन गुना से अधिक और पाकिस्तान से डेढ़ गुना से कुछ कम रहा। किन्तु भारत का व्यय अमरीकी व्यय के बीसवें अंश तक ही पहुँच पाया। हंगरी का तो मामला ही कुछ और है। वारसा संधि संगठन का यह सदस्य विश्व बैंक और अंतर्राष्ट्रीय मुद्रा कोष से भी ऋण आदि पाता रहता है। इसका अन्य वारसा संधि देशों की तुलना में पश्चिमी देशों के साथ अधिक घनिष्ठ संबंध है। इसका सैन्य सन्नद्धता स्तर भी बहुत उच्च है। ये विश्व में पांचवे क्रम पर है। सारे वारसा संगठन में तो इसका स्तर उच्चतम है ही। वैसे इस संधि समूह के देशों के आर्थिक स्तरों की तुलना सहज नहीं है पर यह मानना भी गलत नहीं होगा कि हंगरी उनमें से सर्वाधिक विकसित है।

प्रतिरक्षा व्यय का अधिकांश तो युद्ध सामग्री (वायुयान, युद्धपोत, पनडुब्बियों, विमान वाहक पोत, प्रक्षेपाणास्त्र, टैंक, सैन्यवाहक, यौद्धिक वाहन हथियार, रॉकेट, गोला बारूद, ईंधन आदि) के प्रापण और रख-रखाव में ही काम आ जाता है। केवल मुख्य मदों पर व्यय (अंतर्महाद्वीपीय प्रक्षेपाणास्त्र, वायुयान, युद्धपोत, टैंक और बड़े यौद्धिक वाहनों) की तुलना कुछ इस प्रकार है:

देश	*उपर्युक्त मारक वाहन आदि अनुमानित संख्या*
सं.रा. अमरीका	781,598
भारत	10,864
चीन	52,937

दूसरे शब्दों में अमरीका के पास मारक वाहकों की संख्या भारत से 72 गुना है तो चीन के पास भी हमसे 5 गुना ऐसे साधन विद्यमान है। हाँ एक बात हम स्पष्ट कर दें- इस विश्लेषण में हम मोटे-मोटे आँकड़ों का ही आकलन कर रहे थे। जहाँ अमरीका और चीन की उपर्युक्त संख्याओं में अंतर्महाद्वीपीय (प्रक्षेपणास्त्र, प्रक्षेपणास्त्र युक्त आण्विक पनडुब्बियाँ और पूर्व चेतावनी सक्षम उन्नत वायुयान आदि शामिल है। जिन्हें सैन्य शब्दकोष में शक्ति गुणक कहा जाता है) वहाँ भारत में इस प्रकार के विशेष अस्त्रों की संख्या शून्य से अधिक नहीं थी। हाँ इस सूची में तोपें

और लड़ाकू वाहन भी है। यदि इन विषमताओं पर भी ध्यान दिया जाए तो अमरीका की मारक क्षमता भारत से कम से कम 100 गुना और चीन की दस गुना आंकी जा सकती है।

इस गणना में वायु प्रतिरक्षा एवं अंतरिक्षीय रडार प्रणालियों, परमाणु अस्त्रों, कमान, नियंत्रण, संचार और संगणक आधारित प्रणालियों, अति विकसित बम, रॉकेट और गोलाबारूद को भी शामिल नहीं किया गया है। इन सभी के आंकलन को बाद तो अमरीका की घातक क्षमता भारत से 100 × 100 = 10,000 गुना और चीन की घात क्षमता 10 × 10 = 100 गुना हो जाती है। इन क्षमता अंतरों के हिसाब लगाने के बाद तो प्रति सैनिक डॉलर व्यय की गणना कुछ इस प्रकार होगी:

देश	*घात क्षमता आंकलन पूर्व प्रति सैनिक डॉलर व्यय*	*सैनिक डॉलर, घटा प्रति सैनिक व्यय (घात क्षमता आंकलन पश्चात्)*
भारत	5482	5482–1640 = 3842
चीन	1655	पूर्ववत मानकर 165.5
सं.रा. अमरीका	110154	110154–22949 = 87205

सैनिकों को भुगतान भारत की स्थल सेना में बहुत महत्वपूर्ण है, जबकि वायु एवं जल सेना में ये राशियाँ इतनी अधिक नहीं है। ये आंकड़े इस प्रकार हैं:

सेना	*व्यक्तियों पर खर्च सैन्य बजट का प्रतिशत अंश*
स्थल सेना	49.04
जल सेना	27.70
वायु सेना	17.50

उपर्युक्त आंकड़ों और उनकी आधरभूत मान्यताओं तथा हमारे अभिजात्य महापुरूषों के द्वारा प्राय: व्यक्त उद्गारों के बीच बहुत ही भीषण विरोधाभास विद्यमान है। मैं किन्हीं प्रतिष्ठित विद्वान अथवा अर्थशास्त्री की प्रतीक्षा कर रहा हूँ कि वे मेरे निष्कर्षों को झुठलाने के लिए उपर्युक्त आंकड़ों का प्रयोग करें। न जाने ये इंतजार कितना लंबा होने वाला है।

हमारा प्रतिरक्षा धन वर्तमान सरकार द्वारा बर्बाद किया जा रहा है- वह जैव पर्यातंत्र के प्रबंधन में भी पूरी तरह से लापरवाह ही सिद्ध हुई है। जब हम वैश्विक ऊष्णन के प्रश्न पर भारत सरकार की प्रतिक्रियाओं पर ध्यान देते हैं तो ये दोनों बातें स्पष्ट हो जाती है। भारत अपनी सशस्त्र सेनाओं के साथ कैसा सलूक कर रहा है? धीरे-धीरे यह भी आपको समझ आ ही जाएगा।

सशस्त्र सेनाएँ

सत्तासीन कुलीन तंत्र को भारत की सुरक्षा से कोई सरोकार नहीं लगता। ये बात तो गणतंत्र के राष्ट्रपतियों, प्रधानमंत्रियों, रक्षा मंत्रियों, केबिनेट मंत्रियों, सांसदों, सर्वोच्च न्यायालय के वकीलों, पत्रकारों, कार्गिल समीक्षा समिति के अध्यक्ष, तहलका आयोग, केन्द्रीय वेतन आयोगों कतिपय राजनीतिक दलों के सर्वेसर्वाओं और अन्य इसी भांति के महानुभावों के सार्वजनिक व्यवहार से बहुत अच्छी तरह प्रमाणित हो जाता है। हमें एक धुधंली सी आशा थी कि संभवत: कोई तो जागरूक व्यक्ति या संगठन होगा जो इन निर्णायक राष्ट्रीय प्रश्नों पर भी ध्यान देगा। सरकार और नौकरशाही तो निरंतर एक के बाद एक नयी योजनाएँ बनाकर सेनाओं को और पीछे धकेलने में जुटी है। ऐसी ही मनमानी एवं विचित्र एक योजना सेनाओं में पदोन्नति के लिए 'गहन-चयन' प्रणाली है, इसके अंतर्गत एक अधीनस्थ अधिकारी प्राय: कितने ही वरिष्ठ अधिकारियों का उल्लंघन कर उनसे उच्च पद पा जाता है। इस योजना ने एक झटके में सशस्त्र सेनाओं के कर्मचारियों के मनोबल, यौद्धिक क्षमता, वफादारी और दयानतदारी, आत्म बलिदान की भावना और भ्रातृभाव सभी को चूर-चूर कर डाला है। इस बारे में उच्चतम संवैधानिक अधिकारियों तक को अनेक पत्र लिखे गए हैं, पर किसी के कान पर जूँ नहीं रेंगती नजर आ रही।

इसी पुस्तक में हम आगे एक विवरण प्रस्तुत कर रहे हैं। हमने सत्तातंत्र को ब्रिटिश विकसित प्रशिक्षण जैट को भारतीय वायु सेना में

सम्मिलित करने के निर्णय पर पुन: विचार करने के लिए सहमत करने का भरसक प्रयास किया था। उस सत्ता तंत्र की इस प्रयास पर प्रतिक्रिया यह स्पष्ट कर देगी कि ये सभी आशंकाओं का सामना करने के लिए सशस्त्र सेनाओं की तैयारी और तत्परता के लिए उन्हें उपयुक्त शस्त्रास्त्रों से लैस करने के विषय में कितने सजग हैं। इस विषय में भी उच्चतम संवैधानिक स्तर तक लिखे गए पत्रों पर कोई कारवाई नहीं हुई है।

किसी भी देश में प्रतिरक्षा सामग्री का प्रापण राष्ट्रीय नीतियों का अविभाज्य अंग होता है। परन्तु भारत की ब्रिटिश शिक्षा दीक्षा के सांचे में ढली नौकरशाही का चिंतन आज विचित्र लगता है, वे तो किसी "केन्द्रीय सत्ता" के हित साधन को ही अपना दायित्व मानती है। पहले अंग्रेजों की दासता थी तो अब अमरीका की "मानसिक दासता" का धर्म निभाया जा रहा है। किसी एक स्रोत से समूची शस्त्र प्रणाली नहीं खरीदी जाती। क्या सरकार ये समझा सकती है कि 10 वर्ष बाद भी भारत में एस.यू-30 विमान प्रणाली पूरी तरह कार्य क्षम क्यों नहीं बन पाई है? भारत के महालेखा निरीक्षक की रिपोर्टों में ये भी प्रश्न उठाए गए हैं कि इस कार्य के लिए जिन भारतीय इकाईयों को कुछ कल पुर्जे उपलब्ध कराने थे, उसमें देरी क्यों हो रही है? प्रतिरक्षा शोध एवं विकास संगठन में 'भारतीयकरण' वस्तुत: रूसी उपकरणों और प्रणालियों का पश्चिमीकरण करने का एक आवरण मात्र है। इस प्रकार से राष्ट्रीय सुरक्षा के लिए महत्वपूर्ण आपूर्ति पक्ष को पश्चिम के मुनाफा प्रेरित तंत्र की हेराफेरियों पर आश्रित बनाने का षड्यंत्र भी चल रहा है।

हमें तो यही लगता है कि वित्त मंत्रालय, प्रतिरक्षा मंत्रालय को केवल उतनी धन राशि उपलब्ध कराता है जिससे सशस्त्र सेनाओं को देश में आन्तरिक सुरक्षा (पुलिस का कार्य) करने योग्य बनाए रखा जा सके और ये किसी भी प्रकार के रणनीतिक शक्ति प्रक्षेपण (प्रदर्शन) में कभी सक्षम नहीं हो सके। "शक्ति और संवृद्धि (अर्थात् समृद्धि) का उद्‌गम बन्दूक की नली से होता है" इस उक्ति को आवरण में छुपाए रखने के लिए ही वित्त मंत्रालय रूपयों के अभाव का रोना रोता रहता है।

हमारी प्रतिरक्षा सामग्री प्रापण नीतियाँ (अपनी नहीं) पाश्चात्य शक्तियों की रणनीतिक आवश्यकताओं के अनुरूप गढ़ी जाती है। प्रतिरक्षा और वित्त मंत्रालय की सांठ गांठ ये सुनिश्चित किए रहती है कि सैन्य बलों को कभी रणनीतिक शस्त्रास्त्र या क्षमताएँ सुलभ न हो जाएँ। सारे धन का प्रयोग इस प्रकार किया जाता है कि वायु सेना को, उदाहरणतया: स्वदेशी पुनः ईंधन भरायी, अग्रिम चेतावनी, क्रूज प्रक्षेपणास्त्र, लंबी दूरी की भूमि से हवा में मार करने वाली मिसाइलें, कार्यक्षम परमाणु अस्त्र, पर्याप्त संख्या में स्वदेशी लड़ाकू विमान या उपयुक्त मात्रा में युद्ध में क्षति का प्रावधान करने का भी अवसर नहीं मिल सके। जलसेना को भी परमाणु शक्ति चालित वाहनों और समुद्र से छोड़े जा सकने वाले परमाणु प्रक्षेपास्त्रों, समुद्र की सतह पर चलने वाले प्रक्षेपास्त्रों और पर्याप्त संख्या में स्वदेश निर्मित जलयानों से वंचित रखा जा रहा है। सशस्त्र सेनाओं के जवानों को वेतन, पेंशन और अन्य सुविधााएँ उस स्तर की दी जा रही है जो मध्य युगीन दासों से भी गई गुजरी है। उन्हें केवल अन्तिम और हारी हुई लड़ाई लड़ने 'योग्य' बनाए रखा जाता है।

केन्द्रीय सतर्कता आयोग; (एक नौकरशाही दफ्तर, जिसमें प्रायः निम्न बौद्धिक क्षमता के व्यक्तियों को ही चुन-चुन कर भरा जाता है) को पुराने प्रतिरक्षा सौदों की जाँच का काम सौंपा गया था। किन्तु इसी बीच वायु सेना ने पश्चिमी (ब्रिटिश) उन्नत जैट प्रशिक्षक खरीदने का निर्णय ले लिया (जबकि उसके 80 प्रतिशत से 90 प्रतिशत जहाज तो सोवियत संघ में बने हैं)। परिणाम स्वरूप पिछले वर्षों में मूल एवं माध्यमिक प्रशिक्षण यानों और सीम्यूलेटर सुविधाओं का प्रयोग निरंतर कम हो रहा है। साथ ही बहुत ही बढ़ाए चढ़ाए गए दामों पर मिराज-2000 यानों की खरीदारी की गई है। हालांकि पहले एस.यू-30 की तुलना में तकनीकी मूल्यांकन में घटिया सिद्ध हुए मिराज-2000 को लेने से वायु सेना ने इंकार कर दिया था।

जैसी आशंका रक्षा विशेषज्ञों ने व्यक्त की थी, वही हुआ है, उस ब्रिटिश "उन्नत और प्रशिक्षक" की कृपा से देश की पूरी सुरक्षा खतरे में

पड़ गई है। रूस का मिग डिजाइन ब्यूरो अमरीकी सुरक्षा एजेन्सियों के लिए एक सिर दर्द था, किन्तु भारत द्वारा अति उत्कृष्ट एस.यू.-27 (अपनी विशिष्ट परंपरागत और आयुद्ध प्रणालियों सहित) के स्थान पर उसी के घटिया और लचर प्रतिरूप एस.यू.-30 के आयात के निर्णय ने अमरीका वालों के लिए मिग ब्यूरो को अवमर्दित करना सहज बना दिया है। उस जैट प्रशिक्षक ने अमरीका की एक और चिन्ता का भी दीर्घकालिक समाधान कर दिया है: अब भारतीय वायु सेना के पास टी.यू.-22 जैसे परमाणु क्षमतावान बम वर्षक, ईंधन भराई विमान, AWACS, क्रूज मिसाइल और लम्बी दूरी (500 किलोमीटर) की जमीन से मार करने वाले प्रक्षेपास्त्र, परमाणु बमवाही प्रक्षेपास्त्र आदि पर खर्च करने के लिए धन ही नहीं बचेगा। शायद सभी को ध्यान रहेगा कि किस प्रकार कार्गिल युद्ध में भारतीय वायुसेना को एक मूक दर्शक की भूमिका निभानी पड़ी थी।

हमारे प्रतिरक्षा प्रतिष्ठानों में पश्चिमी सामग्री के लिए लगाव बहुत गहरा बसा है। यद्यपि अमरीकी दबाव में पहले ब्रिटिश सरकार हमें कल पुर्जों की आपूर्ति रोक कर हमारी क्षमताएँ कुंठित कर चुकी हैं। फिर भी हमने उसी से जैट प्रशिक्षक खरीदने का सौदा कर लिया है। देश की सुरक्षा को लेकर इससे अधिक गंभीर लापरवाही का और क्या प्रमाण होगा? अंग्रेजों ने इस आधार पर कि अमरीका से आने वाले कुछ पुर्जे वहाँ की सरकार द्वारा भारत पर लगाए (गैर कानूनी) प्रतिबंधों के कारण लगा पाना संभव नहीं है, भारत की नौसेना के लिए अनुबंधित वायुयानों और हैलीकॉप्टरों की आपूर्ति रोक दी थी। अब हमारी सरकार जाने क्यों फिर उन्हीं पर भरोसा कर उनसे प्रशिक्षण जेट मंगाने का सौदा कर रही है।

वर्ष 2000 में रूसी राष्ट्रपति पुतिन की भारत यात्रा के दौरान हस्ताक्षरित तथा कथित रणनीतिक समझौते के बाद भारत और रूस के बीच विशेष प्रतिरक्षा संबंध एक व्यापारिक रिश्ते में बदल गए है। लगता है रूस को समझा दिया गया है कि भारत का रक्षा बजट पश्चिम और रूस के बीच बराबर बंटा करेगा और जब तक रूस को उसका "हिस्सा" मिल

रहा है, उसे भारत की विशेष चिंता करने की जरूरत नहीं है। लगता है राष्ट्रीय हितों की अवहेलना कर किन्हीं 'कूटनीतिक पहलों' की मेज पर देश के रक्षा बजट को गिरवी रख दिया गया है।

कार्गिल (विजय) कारवाई और वायुसेना की अवहेलना

कार्गिल के 'ऑप्रेशन विजय' के तुरन्त बाद पुराने पड़ चुके ब्रिटिश हवाई जहाजों की 'उन्नत प्रशिक्षण जेट' के रूप में खरीदारी भारतीय वायु सेना की घात क्षमता को कुंठित करने की साजिश से जुड़ा हुआ एक कदम था। कार्गिल विजय में बड़े स्तर पर हमें जन हानि उठानी पड़ी थी, साथ ही कितने ही परिवारों को रोटी कमाने वालों से वंचित होना पड़ा था। कार्गिल समीक्षा रिपोर्ट के "कार्यपालिक सार" ने तो मेरे मन में अनेक प्रश्नों और संदेहों को जन्म दिया है।

यह स्पष्ट नहीं हो पा रहा कि क्या इस समीक्षा समिति को 'शोध एवं विश्लेषण प्रखंड' (रॉ) के प्रमुख के पद से सेवा निवृत हो तत्काल सिक्किम के राज्यपाल पद पर आसीन हो जाने वाले महानुभाव श्री.... से खुलकर बातचीत करने का अवसर भी मिल पाया था। भारत के सदा की तरह धोखे में रह जाने का सारा दायित्व रॉ की कारगुजारियों या अकर्मण्यता को ही मिलता है। अतः रॉ के प्रमुख से खुलकर जबाव तलबी की बहुत जरूरत थी।

यह भी स्पष्ट नहीं हो पाया कि क्या हमारी 'प्रवर्तन एजेन्सियों' ने सेनाओं के सर्वोच्च कमांडर (राष्ट्रपति), प्रधानमंत्री और रक्षामंत्री आदि को ऑप्रेशन कार्गिल काल में ही अमरीकी जनरल ज़िन्नी और वहाँ के विदेश विभाग के एक अधिकारी के पाकिस्तान दौरे के सभी निहित अर्थों की जानकारी प्रदान की थी या नहीं। वैसे उस ऑप्रेशन के दौरान ही अमरीकी सैंट्रल कमान के प्रमुख की अध्यक्षता मे एक प्रतिनिधि मंडल के पाक दौरे से हमारी प्रवर्तन एजेन्सियों के कान जरूर खड़े होने चाहिए थे।

सभी सत्तासीनों ने इस बात को महत्व देने से इंकार कर दिया कि जनरल जिन्नी का ये दौरा पाकिस्तान की मांग पर हो रहा था। हमारे सत्ताधीशों को ये ज्ञान होना चाहिए कि पाकिस्तान की अमरीका की सैन्ट्रल कमान के साथ एक संधि है और उसके अनुसार पाकिस्तान की अखंडता को संकट होने पर सैंट्रल कमान का पाकिस्तान के साथ विचार विमर्श करने और उस संकट को दूर करने का दायित्व बनता है।

लगता है कि जनरल जिन्नी और पाकिस्तान इस बात पर सहमत रहे कि पाकिस्तान परंपरागत खुले युद्ध में भारत का सामना नहीं कर पाएगा। उस समय पाकिस्तान ने अपनी कुछ सीधी सादी मांगे पेश कर दी। ये थी कि पाकिस्तानी वायुसेना भारतीय वायुसेना का सामना नहीं कर सकती और हवाई श्रेष्ठता के अभाव में पाकिस्तानी स्थल सेना टिक नहीं सकती, अतः

(क) भारत को अपनी वायुसेना की मारक क्षमता का प्रयोग करने से रोका जाए; और

(ख) यदि ये संभव नहीं हो तो अमरीका इस बात का इंतजाम करें कि पाकिस्तान द्वारा दिल्ली और मुम्बई पर परमाणु हमले पर भारत जबाव न दे पाए।

हालांकि जनरल जिन्नी को अमरीकी अधिकारी ये समझा चुके थे कि भारत के पास परमाणु अस्त्रों को गिरा पाने की अचूक क्षमता नहीं है और भारतीय सेनाओं ने कभी परमाणु तो क्या उन अस्त्रों की प्रतिकृतियों के साथ भी अभ्यास नहीं किया है। फिर भी ये जनरल महाशय पाकिस्तान को इतना समझा गए कि अमरीका अपने सागर स्थित बेड़ों से आक्रमण कर भारत में बड़े पैमाने पर विनाश करने में सक्षम होने के बावजूद अपनी सेनाएँ और आयुद्ध पाकिस्तानी धरती पर लाए बिना भारत द्वारा पाकिस्तान के प्रमुख शहरों और आबादी वाले इलाकों के विनाश को नहीं रोक पाएगा।

किन्तु अमरीकी सेनाएँ और आयुद्ध आने को भारत एक उत्तेजनात्मक कार्यवाही मान कर तुरन्त परमाणु हमला कर सकता है। अतः पाकिस्तान

को परमाणु विकल्प की बात दिमाग से निकाल केवल ऊँची ऊँची बातें करके सब्र कर लेना चाहिए।

इसी पृष्ठभूमि में वही विदेश विमाग अधिकारी भारत आया और यहाँ की सरकार को धमका गया कि यदि भारतीय वायुसेना का प्रयोग हुआ या नियंत्रण रेखा को पार किया गया तो पाकिस्तान परमाणु हमला कर देगा। लगता है इन हालात में वैज्ञानिकों-इंजिनियरों की बड़ी-बड़ी गर्वोक्तियों के बावजूद भारत सरकार को अपनी परमाणु तैयारी की लचर हालत का पता था और इसके सामने वायुसेना को केवल प्रशिक्षण और निरीक्षण की भूमिका में बांध देने तथा थल सेना को एक-एक इंच कर पहाड़ियों पर ऊपर चढ़कर शत्रु का सामना करने के आदेश देने को विवश होना पड़ा। इस प्रक्रिया में बहुत से बहादुरों को अपनी जानें गंवानी पड़ी। सत्ताधीशों को सारी असलियत का पता तो अवश्य रहा होगा।

यह भी लगता है कि भारतीय वायु सेना भी कार्गिल ऑप्रेशन से परे रखे जाने पर खुश ही रही होगी। रिपोर्टों के अनुसार 71 दिन की कारवाई में हमारे लड़ाकू यानों ने 1200 उड़ाने भरी। संचार और परिवहन की जरूरतों के लिए हैलीकॉप्टरों की उड़ाने इन से अलग थी। इसकी तुलना ईराक गें 41 दिन की कारवाई गें आगरीकी की राहायक वायु रोनाओं की कारगुजारी के साथ करें: इन्होंने कुल मिलाकर 1,96,800 उड़ाने भरीं, अर्थात् 4800 उड़ाने प्रतिदिन। लंदन के इंस्टीट्यूट ऑफ डिफेंस एंड स्ट्रेटेजिक स्टडीज के अनुसार उस समय भारत के पास 1200 लड़ाकू विमानों का बेड़ा था। यदि उन्हें प्रतिदिन एक उड़ान भर काम करने दिया जाता तो सीमा से विद्रोह को हवा देने और आतंकवाद की समस्याओं का स्थायी समाधान हो जाता।

पद की शपथ का उल्लंघन

पाठकों के लिए एक और बात भी विचारणीय है: क्या भारतीय वायुसेना और भारत सरकार को नियंत्रण रेखा का उल्लंघन नहीं करने का श्रेय लेना चाहिए, जबकि वास्तव में ये रेखा भारतीय संविधान की प्रथम

सूची के प्रथम अनुच्छेद में परिभाषित भारतीय भू क्षेत्र में ही अवस्थित है। कार्गिल समीक्षा समिति के अध्यक्ष (जो एक स्वनाम धन्य और सत्तासीन कुलीन तंत्र के नियुक्त रणनीति विशेषज्ञ रहे हैं) ने देश की क्षेत्रीय अखंडता और प्रभुसत्ता की रक्षा कर पाने में विफलता की तो बात ही नहीं की। इस आधार पर तो वायुसेनाध्यक्ष, सभी वायु सेना कमांडर, सारे संसद सदस्य और मंत्रीगण संविधानुसार ग्रहण की गई पद की शपथ को तोड़ने के दोषी सिद्ध हो जाते। तहलका आयोग के अध्यक्ष ने भी इसे एक मामूली बात मान कर इसे दर–किनार कर दिया और कार्गिल ऑप्रेशन में तत्कालीन रक्षा मंत्री को दोष मुक्त करार दे दिया।

भारत सोवियत/रूस संधियाँ

सभी समझदार व्यक्तियों को पता ही होगा कि भारत–रूस संधि का सबसे महत्वपूर्ण आयाम था कि जब भी भारत की सुरक्षा को लेकर कोई खतरा उठेगा, दोनों पक्ष तुरन्त सलाह मशविरा कर उसके प्रतिरोध के लिए आवश्यक कदम उठाएंगे। इसे अमरीका और चीन ने भारत का परमाणु कवच माना था और वे भारत के विरूद्ध किसी भी सैन्य कारवाई से कतराने लगे थे। हम इस विषय में अधिक आश्वस्त नहीं है कि क्या हमारे पाठकों को ये आभास भी है कि 2000 की नई भारत–रूस संधि ने रूस को 1971 से चले आ रहे भारत सुरक्षा के दायित्व से पूर्णतः मुक्त कर दिया है? इस प्रकार भारत पूर्णतः सुरक्षा विहीन होकर रह गया है, क्योंकि–

(क) रणयुक्तिक शक्ति (भारतीय वायु सेना) को भारत की रक्षा कर पाने में पूर्णतः आयोग्य बना दिया है;

(ख) स्वदेशी परमाणु प्रतिरोध क्षमता का कोई नामोनिशान नहीं है – अन्यथा कार्गिल ऑप्रेशन के दौरान पाकिस्तान की धमकी और अमरीकी दबाव के सामने झुकना नहीं पड़ता;

(ग) रूस द्वारा प्रदान अनौपचारिक परमाणु कवच भी अब उपलब्ध नहीं है; और

(घ) अमरीका द्वारा चीन के माध्यम से पहुँचाए गए बमों का पाकिस्तान द्वारा विस्फोट ये सिद्ध कर रहा है कि उसके पास एक प्रभावी परमाणु कवच विद्यमान है। हम तो यही आशा करते हैं कि हमारे सत्ताधारी अमरीका द्वारा मित्रता की चर्चा से व्यर्थ ही अभिभूत होकर (जबकि उन्होंने अभी तक हमारे विरूद्ध आर्थिक प्रतिबंध और तकनीकी आपूर्ति प्रतिबंध पूरे जोर शोर से लगाए हुए हैं) देश की सुरक्षा के प्रश्नों को अनदेखा नहीं कर देंगे।

कार्गिल ऑप्रेशन के दौरान विभिन्न एजेन्सियों की अकर्मण्यता

हमने सत्ताधीशों से निम्नांकित बातों पर स्पष्टीकरण माँगे थे, पर उन्होंने अपनी आदत के अनुसार हमें अनुग्रहित नहीं किया–

(क) भारत के भू-अनुवीक्षण उपग्रह द्वारा प्रेषित छाया चित्रों और विदेशों से करोड़ों डॉलर वार्षिक खर्च कर प्राप्त छाया चित्रों का प्रयोग कार्गिल और अन्य सीमा प्रांतों की देख-रेख के लिए क्यों नहीं किया गया?

(ख) वायु सेना का अतिउच्च प्रौद्योगिकीय (रणनीतिक) छाया टोही और संकेत प्रवर्तन यान, रॉ, भारतीय सर्वेक्षण आदि एजेन्सियाँ किस प्रकार कार्य कर रहीं थी कि उन्हें 1997 और 1998 में घुसपैठ के कोई संकेत नहीं मिल पाए?

(ग) अमरीका और इजरायल की भांति हमने कार्गिल में अपनी वायु सेना का प्रयोग क्यों नहीं किया? थल सेना के जवानों और अधिकारियों को मौत के मुँह में झोंकने से पहले वायु सेना को कारवाई करने का निर्देश क्यों नहीं दिया गया?

(घ) क्या दुनिया के किसी अन्य युद्ध में भी वायु सेना द्वारा शत्रु के ठिकाने धवस्त किए बिना ही थल सेना को पहाड़ी पर ऊपर चढ़ कर जीत के लिए भेजा गया है?

(च) क्या कोई अन्य परमाणु शक्ति भी किसी पड़ोसी से अघोषित युद्ध में अपने 500 सैनिकों को मरने और हजारों को अपंग होने देती?

(छ) क्या कोई अन्य परमाणु शक्ति भी सीमा पार से घुसपैठियों को सैन्य और नागरिकों की हत्याएँ करने वालों को उनके अड्डों तक मार करने से परहेज बरतती है?

(ज) क्या ये संभव है कि बड़े-बड़े दावों के बावजूद असलियत यही है कि भारत के पास अभी तक प्रयोगक्षम परमाणु अस्त्र नहीं है और इसी कारण उसे पाकिस्तानी धमकी तथा अमरीकी दबाव में झुकना पड़ा था?

मुझे ये भी हैरानी है कि क्या कार्गिल समीक्षा समिति के अध्यक्ष श्री के. सुब्रहमण्यम द्वारा मेरे चर्चा में किए गए उनके इस दावे में भी कोई सच्चाई है कि भारतीय वायु सेना के पास पहाड़ी क्षेत्रों में युद्ध करने में सक्षम न तो कोई वायुयान है और न ही प्रशिक्षण। उनका तो ये भी दावा था कि भारतीय थल एवं वायु सेना को भारत की सीमा की या संप्रभुता की अपने आप रक्षा करने का कोई स्थायी आदेश नहीं दिया गया है। यही कारण है कि थल सेना को युद्ध में साथ देने के लिए वायुसेना की खुशामदें करनी पड़ी थी। क्या ये भी सच है कि सशस्त्र सेनाओं को अपने प्रत्येक कार्य के लिए रक्षा मंत्री के नाम पर काम कर रहे नौकरशाहों की इजाजत लेनी पड़ती है? और, कई बार तो सरकार की इजाजत या इनकार की जानकारी सेनाओं को देने का काम बहुत ही कनिष्ठ स्तर के बाबुओं को दे दिया जाता है?

राष्ट्रीय सुरक्षा मामलों में सशस्त्र सेनाओं को दरकिनार करना

एक और बात विचित्र लग रही है: सुब्रहमण्यम समिति की अनुशंसाओं के बाद कई कार्य दल गठित किए गए, पर, राष्ट्रीय सुरक्षा व्यवस्था को सुदृढ़ बनाने को लेकर बनाए गए इन दलों में किसी का भी अध्यक्ष किसी

सेनाधिकारी को नहीं बनाया गया। यही, हमारी सभी आशंकाएँ उस समय सही सिद्ध हुई जब इन कार्य दलों ने अपना पूरा दम लगा कर ऐसी सिफारिशें कर दी जिन्होंने राष्ट्रीय इच्छा शक्ति की साधनभूत सशस्त्र सेनाओं को बाबू वर्ग की दासी बना कर छोड़ दिया। निम्नांकित शीर्षक तो भारत के राष्ट्रीय हितों के साथ विश्वासघात की कहानी को चरम सीमा तक पहुँचा देने की कथा सुना रहा है:

सितंबर 2008

चीखो मेरे प्यारे देश खूब दहाड़े भरो
प्रधान मंत्री मनमोहन सिंह स्वतंत्रता की आखिरी
खिड़की भी बंद करने पर उतारू!
अमरीका से परमाणु सहयोग संधि
भारतीय सेना का विनाश करने, गरबी को सत्वर
बनाने और देश को अमरीका पर निर्भर बना कर
इसकी स्वतंत्रता को समाप्त करने
का प्रयास (साजिश?) है!

अमरीका से तथाकथित नागरिक परमाणु सहयोग संधि पर भारत की जनता को अंधेरे में रखते हुए हस्ताक्षर कर लागू कर दिया जाएगा (ये कोई संतोष की बात नहीं है कि अंग्रेजों की तर्ज पर गढ़े गए संविधान में ऐसी किसी संधि को संसद के अनुमोदन की कोई व्यवस्था नहीं है)। ये कार्य यूपीए सरकार करे या इसकी कोई उत्तराधिकारी। हां, साम्यवादी अवश्य भारतीय जनता को मूर्ख बनाने के लिए अपने जाने पहचाने विरोध के राग अलापते रहेंगे। संभवत: पश्चिम बंगाल में कहीं कहीं बंद और विरोध मोर्चे भी हो सकते हैं, समाजवादियों के सभी गुट तो यही संदेश देना चाहते हैं कि ये महत्वहीन सा प्रश्न है और हिन्दूत्व की स्वनाम धन्य अग्रणी भारतीय जनता पार्टी तो घायल मासूमियत ओढ़े बैठी है। हमने भाजपा के

कुछ नेताओं को सुझाया था कि वे संसद के भीतर और बाहर स्पष्ट घोषणा करें कि यदि ऐसी संधि को संसद के दो तिहाई बहुमत से अनुमोदन नहीं मिला तो भविष्य में आने वाली भाजपा सरकार इससे अपने आपको बाध्य नहीं मानेगी। इस संधि प्रस्ताव की रचना ऐसी है कि भारतीय जन और राष्ट्र राष्ट्रीय स्वतंत्रता के हितार्थ कार्य करने की सारी स्वतंत्रता, राष्ट्रहित और संप्रभुता आदि के सभी दावों को खो बैठेंगे। जिस दिन गुपचुप तरीके से ये संधि हुई उसी दिन भारत एक बार फिर पश्चिम का उपनिवेश बन कर रह जाएगा। भारत विभाजन के बाद भारत राष्ट्र के विरूद्ध इससे अधिक जघन्य अपराध कोई हो ही नहीं सकता। इस घातक मानवता विरोधी एवं घृणा योग्य संधि की सबसे बड़ी विशेषता यही होगी कि इसे करने वालों को कोई दंड नहीं मिलेगा। साम्यवादियों ने बड़े बे-मन से इसे संसद से अनुमोदित कराने की बात उठाई है, पर मानी नहीं गई है। वर्तमान नेतृत्व के अधीन भाजपा कोई प्रभावी विरोध नहीं कर पाएगी। आखिर वाजपेई सरकार की कारगुजारियों ने ही तो यूपीए को इस प्रकार की राष्ट्र विरोधी संधि करने का हौसला दिया है। भारतीय हितों की बलि चढ़ाने की सारी कहानी उस समय स्पष्ट होगी, जब हम पोखरन-II और उसके बाद से सरकार के शर्मनाक व्यवहार की पूरी कहानी सुनाएंगे।

मई 11, 1998 वह दिन भी क्या दिन था। औसत भारतीय का कद यकायक बढ़ कर 20 फुट हो गया और सीना 100 इंच का। हमें लगा कि भारत ने भी अपने आपको सिद्ध कर दिया है और परमाणु कवच में अपना स्थान पा लिया है। किन्तु एक बार फिर वहीं पुरानी कहानी दोहराई गई है। चाहे स्वतंत्रता पूर्व के अंग्रेजी या देशी राजा नबाव रहे हो या फिर बाद के लोकप्रिय नेता, जहाँ किसी विरोधी शक्ति ने जरा सी घुड़की लगाई कि भारतीय नेताओं के छक्के छूट जाते हैं। मैंने भी उस दिन अटल बिहारी वाजपेई को भारत का महानतम सपूत और सूर्य कहा था। अफसोस-मैं कितना गलत था।

इतने लम्बे इंतजार के बाद परमाणु विस्फोट जैसा सही कदम उठाकर अटल बिहारी वाजपेई जैसा भारतीय प्रधानमंत्री ही अमरीकी राष्ट्रपति और

कुछ अन्य परमाणु शक्तियों को क्षमा याचना पत्र लिख सकता था। मई 14, 1998 आते-आते तो भारत सरकार पूरी तरह घुटने टेक चुकी थी और आगे अन्य विस्फोट "अनावश्यक" बताते हुए उन पर प्रतिबंध का अपना निर्णय सुना चुकी थी, वह भी उस समय जबकि पाकिस्तान अमरीका और चीन से मिले बमों को अपना बता कर विस्फोट करने जा रहा था तथा अमरीका भारत पर बड़े व्यापक स्तर के प्रतिबंध लगाने का इरादा घोषित कर चुका था। भारत ने कभी सारी दुनिया को स्पष्ट शब्दों में ये समझाने की कोशिश ही नहीं कि कि पाकिस्तान द्वारा फोड़े गए बम तो पूरी तरह तैयार हालत में अमरीका और चीन ने उसे भेजे थे। आज भी पाकिस्तान के पास परमाणु आयुद्ध बनाने की प्रौद्योगिक क्षमता का पूरा अभाव है। भारत के प्रशासकीय तंत्र की मनःस्थिति पर अमरीकी नाराजगी का भय छाया रहता है। यही कारण है कि भारत ने अमरीकी प्रतिबंधों के विरूद्ध कोई प्रतिक्रिया नहीं की। भारतीय नौकरशाही और राजनेता किसी भी भारत विरोधी कारवाई करने वाले देश पर कोई भी प्रतिबंध लगाने की बात पर भी थर्रा जाते हैं। भारत के विस्फोट के बाद मार्च 1999 तक अमरीका और रूस ने 6 बार परमाणु विस्फोट किए किन्तु हमारे मीडिया और नेतृत्व ने तो एक बार भी उनकी भर्त्सना करने का कष्ट नहीं उठाया। वैसे ये दोनों देश निरंतर संपूर्ण विस्फोट नियंत्रण संधि की भी दुहाई देते आ रहे हैं। क्या भारत के विद्वान बुद्धिजीवी इस बात से परिचित भी हैं कि अमरीकी विस्फोट के भुक्तभोगी जापानी नगर हिरोशिमा के महापौर प्रत्येक परमाणु विस्फोट करने वाले देश के राष्ट्राध्यक्ष को अपना विरोध पत्र भेजते आ रहे हैं। हिरोशिमा के नृसंहार संग्रहालय में वे सभी पत्र प्रदर्शित हैं। मई 1998 से मार्च 1999 की अवधि में ऐसे 4 पत्र अमरीका और 2 रूस को भेजे गए थे, किन्तु तथाकथित शान्तिवादियों, भारत सरकार या भारतीय बुद्धिजीवियों के मुँह से एक शब्द भी नहीं निकला। हमारे वर्तमान (2005 के) रक्षामंत्री जी उस अवधि में हिरोशिमा के उस नृसंहार संग्राहलय में गए थे, पर उनकी भी कोई प्रतिक्रिया नहीं आई। अब यह स्पष्ट हो रहा है कि 1998 के विस्फोट वस्तुतः पाकिस्तान को परमाणु शक्ति घोषित करने और साथ में भारतीय अर्थव्यवस्था को पंगु बनाने के इरादे से ऊपर के हुक्म

की पूर्ति के लिए किए गए थे। उस समय की और उसके बाद की सभी सरकारें इस साजिश में हिस्सेदार रही हैं और सभी इसकी दोषी हैं।

भारत ने एक बार फिर दुनिया को दिखा दिया कि ये एक अत्यधिक फूला हुआ, भारी भरकम किन्तु निरीह, व्यस्त प्राणी है। भारतीय राजनीतिक और व्यवसायिक नेतृत्व निरंतर कुछ एक विकसित देशों से छोटी-छोटी रियायतें पाने के लिए उनके सामने नाक रगड़ते रहते हैं।

हमने इस संधि के समर्थकों के सभी तर्कों पर विचार किया है (इन समर्थकों के गुट में केवल वही लोग शामिल है जिन्हें भारत पर अमरीका के वर्चस्व से फायदा होने की उम्मीद है)। ये सभी तर्क इस मान्यता पर आधारित हैं कि भारत तो सदा सर्वदा कुछ एक विकसित देशों का आश्रित बन कर रहेगा। संधि पर हस्ताक्षर के पक्ष के ये तर्क इतने छिछले और बेतुके हैं कि इन्हें विवेकपूर्ण सिद्ध करने के लिए ये मानकर चलना होगा कि सदैव अल्प विकसित, सैन्य दृष्टि से महत्वहीन और विश्व समुदाय में कभी भी अपना सही स्थान नहीं बना पाने वाले, आर्थिक दृष्टि से गरीब, देश बने रहना भारत की नियति है। भारत की रूस के साथ रणनीतिक सहयोग की संधि रही है। लेकिन जब गोर्बाचोव और येल्त्सिन के सुयोग्य नेतृत्व में रूस परमाणु बम समृद्धिकृत यूरेनियम और परमाणु प्रौद्योगिकी हर तरफ बांट रहा था उस समय हमारी सरकार ने ये सब पाने के लिए क्या प्रयास किए थे?

वर्तमान स्वरूप में इस संधि पर हस्ताक्षर करने का भारत के लिए कोई भी औचित्य नहीं था। ये संधि तो भारत के विरूद्ध जासूसी को कानूनी बना कर 'अप्रसार संधि' में निहित पक्षपात (भेदभाव) को चिर स्थायी बनाने का माध्यम मात्र ही है। इस अप्रसार संधि का प्रयोग कर 5 परमाणु शक्तियों का गुट सभी परमाणु क्षमता के कगार पर खड़े देशों पर दबाव डालने के लिए करता आ रहा है और भारत के विरूद्ध ये दबाव और अधिक व्यग्रता से बनाया जाएगा। मई 1998 के प्रत्यक्ष परमाणुकरण के बाद एशिया के दक्षिणी भागों और ऑस्ट्रेलिया तक के क्षेत्र में भारत और अमरीका के बीच की सैन्य विसंगतियाँ बहुत सीमा तक कम हो गई

है और अब भारत को बांध कर रखने का एक मात्र तरीका उसे किसी विषम संधि के पाश में जकड़ लेना ही बचा है (कोई भी भारतीय इस पाश में बंधकर नहीं रहना चाहता)। अन्य पश्चिमी शक्तियों को तो वैसे ही महत्वहीन माना जा सकता है। उनके सैन्य और कूटनीतिक पक्षों के सारे ही निर्णय अमरीका में होते हैं।

किसी भी ऐसी संधि पर हस्ताक्षर करने से पूर्व इस बात का ध्यान रखा जाना चाहिए था कि भारत के सुरक्षा हितों पर कोई आँच नहीं आएगी। अब तो ये स्पष्ट हो चुका है कि ये संधि भारत को सुरक्षा मामलों में अपनी स्वतंत्रता का परित्याग कर सऊदी अरब, ईराक, पाकिस्तान, अफगानिस्तान आदि की भांति अमरीका पर निर्भर होकर रह जाना पड़ेगा। यदि भारत संपूर्ण परीक्षण निषेध संधि पर हस्ताक्षर करने से पहले ही अमरीका की डांट के भय से शून्य विध्वंस वाले प्रयोगशाला स्तरीय परीक्षण करने से भी घबराता है (कांग्रेस पार्टी का स्वमेव परीक्षण से परहेज का वह विचार जिसके सबसे बड़े प्रशंसक साम्यवादी रहे हैं) तो फिर सहयोग संधि पर हस्ताक्षर के बाद सभी परमाणु शोध-प्रयोगों का क्या हाल होगा? वैसे हम ये बता दें कि संपूर्ण परीक्षण निषेध संधि भी शून्य विनाश या निम्न विनाश क्षमता के विस्फोट करने से मना नहीं करते, स्वयं अमरीका और रूस भी इस संपूर्ण निषेध के विचार की प्रशंसा करते हुए अनेक बार विस्फोट कर चुके हैं। फिर तो भारत सरकार, डॉ अब्दुल कलाम और वैज्ञानिक डॉ चिदंबरम् से पूछा ही जा सकता है कि भारत को निम्न विनाश स्तर के विस्फोट करने की भी कोई आवश्यकता क्यों नहीं रह गई है। वास्तविकता तो यही है कि भारत को अपनी परमाणु प्रौद्योगिकी में बहुत कुछ विकास करने की जरूरत है। भारत वास्तव में बहुत विलक्षण अधिकारी पैदा कर रहा है। वास्तव में हमारे ये वैज्ञानिक और इंजिनियर यही मान कर चल रहे हैं कि देश का राजनीतिक नेतृत्व कभी उनसे उन दावों को व्यवहारिक सिद्ध करने की बात नहीं करेगा और आम भारतीय कभी उन दावों की जाँच नहीं कर पाएगा।

निहित स्वार्थग्रस्त बुद्धिजीवियों और गैर वैज्ञानिक, गैर तकनीकी सरकारी कुलीनों द्वारा एक और बकवास बड़े जोर शोर से की जा रही है। भारत को दोहरे प्रयोगवाली प्रौद्योगिकी अमरीका से पाने के लिए कुछ न कुछ समझौते तो करने पड़ेगें। ये महान विद्वान भूल जाते हैं कि तकनीकी भीख मांगने वाला कोई देश कभी विकसित हो ही नहीं पाता। हमारा अनुभव बता रहा है कि वर्षो तक विदेशी लाइसेंस के अंतर्गत वायुयान और इंजनों का निर्माण करने के अनुभव के बावजूद हम अभी तक एक भी कारगर स्वदेशी सैन्य या नागरिक वायुयान बना पाने की क्षमता विकसित नहीं कर पाए हैं। दोहरे प्रयोग की प्रौद्योगिकी की आवश्यकता के झूठ का प्रचार भारत को स्थायी रूप से अमरीका पर निर्भर बनाने का एक षड्यंत्र नजर आता है। वैसे भी अमरीका को प्रौद्योगिकी का मूल उद्गम स्रोत तो नहीं माना जा सकता। वह स्वयं इतना आगे निकलने के लिए येन-केन-प्रकारेण कुशल वैज्ञानिकों, इंजिनियरों, प्रौद्योगिकी और परमाणु सामग्री को (भूतपूर्व सोवियत संघ के विघटन के समय) हस्तगत करने में सफल रहा है। भारत के सार्वजनिक उद्यमों को संसाधनों से हीन बनाकर उन्हें पंगु करने की जो साजिश इस समय चल रही है उसी का सफल प्रयोग पहले सोवियत संघ और बाद में रूसी महासंघ में भी हो चुका है।

एक और बात भी ध्यान रखनी चाहिए: संयुक्त राज्य अमरीका एक लड़ाकू सैनिक शक्ति है, ये अपने व्यवहार पर किसी तरह का बाहरी बंधन स्वीकार नहीं करता। अपने किसी भी क्षणिक राष्ट्रीय हित को सर्वाधिक महत्वपूर्ण मानकर ये किसी भी अंतर्राष्ट्रीय संधि, दायित्व या फिर अनौपचारिक सहमति से मुकर सकता है। अमरीका ये भी मानता है कि उसकी सारी रणनीतिक शक्ति का आधार उसकी सैन्य प्रबलता और उसी के कारण प्राप्त प्रौद्योगिकीय श्रेष्ठता है। अब तो भारत का रक्षक भगवान ही है। अमरीका चार और अन्य घोषित परमाणु शक्तियों और अपनी तीन अघोषित परमाणु पिट्ठू ताकतों की संगत में बहुत खुश था। वह धीरे-धीरे भारत को भी एक परमाणु क्षमता संपन्न देश मान लेता, किन्तु भारतीय वैज्ञानिकों के ऊँचे-ऊँचे दावों ने उसे हत्प्रभ सा कर दिया है, या

फिर वह चौंकने का नाटक कर इस प्रकार की उग्र प्रतिक्रिया दर्शा रहा है। उनकी समस्या यही है कि वे किसी अन्य देश को अभूतपूर्व प्रौद्योगिकीय सफलता का दावा करते सहन नहीं कर पाते। वे भारत को रोकने का प्रयास अवश्य करेंगे और इस महान कार्य में भारत के बुद्धिजीवी, शान्तिदूत और साम्यवादी उसके सहयोगी रहेंगे।

इस सहयोग संधि पर हस्ताक्षर करने से पूर्व भारत सरकार को ये स्पष्ट घोषणा करनी चाहिए कि अमरीका के प्रतिबंधों, प्रौद्योगिक अहस्तांतरण ओर नियंत्रणों के कारण क्या सचमुच भारत के हित, विशेष कर सुरक्षा हित, प्रभावित हुए हैं। किन्तु फिर सरकार को ये भी उत्तर देना होगा कि इस हित हानि के दोषी देशों को उन्हीं की बनाई विश्व व्यापार संगठन की व्यवस्थाओं में क्यों नहीं घसीटा गया? भारत ने इन देशों पर जवाबी प्रतिबंध लगा उनसे व्यापार बाधक व्यवस्थाएँ निरस्त करने को क्यों नहीं कहा? और, क्या इस सहयोग संधि में वे सभी प्रतिबंध और बाधाएँ पूरी तरह निरस्त करने की भी व्यवस्था है या नहीं?

हमारे ये विशेषज्ञ हमें यही विश्वास दिलाना चाहते हैं कि परमाणु विस्फोट केवल बमों के विकास के लिए किए जाते हैं। वे न समझ पाए हैं और न बताना चाहते हैं कि परमाणु विज्ञान की गुत्थियों को सुलझाने के लिए, शोध कार्य को आगे बढ़ाने के लिए, विस्फोट करके देखना आवश्यक हो जाता है। बस दबी जुबान उन्होंने यही रट लगा रखी है कि परमाणु विस्फोट तो आयुध निर्माण प्रक्रिया का हिस्सा है। जाने क्या हमारे इन विद्वान वैज्ञानिकों और विशेषज्ञों को क्यों लगता है कि परमाणु आयुध विकसित करने के लिए अमरीका को 1200, रूस को 700, इंग्लैंड को 25, फ्रांस को 350 और चीन को 60 के लगभग विस्फोट करने की जरूरत पड़ गई होगी। यदि ये सभी विस्फोट बम बनाने के लिए किए गए हैं तो फिर चीन को परमाणु बमों से लैस शक्ति मानना कठिन हो जाएगा। यही नहीं, यदि विस्फोटों की संख्या को ही परमाणु शक्ति होने की कसौटी मान लें तो भारत का दावा 'आधारहीन' बन जाएगा। भारत सरकार और उसके बुद्धिजीवियों को ये सत्य स्वीकार कर लेना चाहिए कि अधिकांश

परमाणु विस्फोट प्रौद्योगिकीय विकास के निमित्त हुए हैं- केवल बम बनाने के लिए नहीं।

यह भी सच हो सकता है कि हमारे नादान वैज्ञानिक और विचारक ये समझ ही नहीं पा रहे हों कि इतने अधिक विस्फोट बम बनाने नहीं बल्कि ज्ञान की सीमाओं के विस्तार के लिए भी हो सकते हैं। उनकी इस नादानी को भी अस्वीकार करना होगा कि भूगर्भीय विस्फोट खुले वातावरणीय विस्फोट की तुलना में कम प्रदूषणकारी होते हैं। भूगर्भीय विस्फोट तो कहीं अधिक खतरनाक हो सकते हैं। वास्तव में भूगर्भ का परीक्षण कोष्ठक एक संपूर्ण रूप से सज्जित प्रयोगशाला होती है जिसमें अल्प एवं दीर्घकालिक प्रयोग और परीक्षण होते हैं। आज वैज्ञानिक कई किलोमीटर व्यास के कण त्वरकों (Particle Acelerators) की बात क्वार्क और ग्लूओन्स के अध्ययन के लिए कर रहे हैं, पर वे इस बात को सार्वजनिक रूप से स्वीकार नहीं कर रहे कि ये विश्लेषण तो एक परमाणु विस्फोट के अन्तर्तल में भी हो सकता है। परमाणु विस्फोट के अन्तर्तल के निकट आधुनिक कण भौतिकी, रसायन शास्त्र और धातु परिशोधन से जुड़े ऊर्जा, तापमान, दबाव और थल घनत्व से जुड़ा बड़ा विस्तीर्ण पटल उपलब्ध रहता है। यही नहीं, अति उच्च गहनता के फोटोन परीक्षण तो केवल एक परमाणु विस्फोट के निकट ही संभव है। कितने भारतीय वैज्ञानिकों ने "क्रमिक", "दमित शिखर" और नियंत्रणीय विस्फोटों के बारे में सोचा भी है? क्या हमने ऊर्जा के 'एक दिश', निर्देशित या संक्रेंदित विस्फोटों के विषय में भी विचार किया है? हम प्लाज्मा लेजर (पेजर) के बारे में कब चर्चा आरंभ करेंगे? क्या भारतीय वैज्ञानिक ये विचार भी कर पाएँगे कि अति संवहनशीलता के परीक्षण भी परमाणु विस्फोट के वलय का ही अंग है? ये विस्फोट ही भूगर्भीय परीक्षण कोष्ठकों में उपयुक्त रूप से संसज्जा के बाद सेमी-कंडक्टरों और वीवीएलएसआई सर्किटों तथा जैवशास्त्रीय परिवर्तित स्वरूपों की उपलब्धि करा पाने में सफल हो सकते हैं। कितने भारतीय शोध संस्थान और विश्वविद्यालय अभी तक प्रयोगशाला स्तर के 'सूचिकाशिर' परमाणु विस्फोट कर पाने में सफल हो पाए हैं?

'स्टार वार' कार्यक्रमों का एक आवश्यक अंग ऊर्जा और अति ऊर्जित कणों के प्रयोग के लिए विभिन्न स्तरों के विस्फोट कर पाने की प्रौद्योगिकी विकसित करना है, क्योंकि इस कार्यक्रम के लिए वांछित स्तर पर ऊर्जा की किसी अन्य स्रोत से प्राप्ति सुनिश्चित कर पाना संभव नहीं है।

अमरीका और रूस के बीच परमाणु सहयोग भी ये समझ लेने के लिए पर्याप्त है कि अब परमाणु विस्फोट बमों के विकास से कहीं आगे निकल चुके हैं। यदि ऐसा नहीं होता तो उनके बीच सहयोग पर सहमति संभव नहीं हो पाती। भारत के संबंध में तो अमरीका का उद्देश्य भारत को पिंजरे में बंद कर देना है। भला एक दानी और दान पाने वाले भिछुक के बीच भी कोई 'सहयोग' होता है, या फिर शेर और मेमने में कोई 'सहमति' बनती है?

'कोई विस्फोट नहीं' के निर्णय पर स्थिर रहने का अर्थ होगा कि भारत न केवल एक दूसरी या तीसरी कोटि की परमाणु शक्ति बना रहेगा, बल्कि वह वैज्ञानिक दृष्टि से भी हीन रह जाएगा। वैज्ञानिक प्रगति के तकाजे जब तक पाकिस्तान और विस्फोट न करे या सुरक्षा की दृष्टि से आवश्यक नहीं हो जाने तक और विस्फोट नहीं करने के निर्णय का समर्थन नहीं कर पाते। आज वैज्ञानिक प्रगति के लिए परमाणु प्रयोगों की अनिवार्यता को देखते हुए तो भारत का ये निर्णय मूर्खतापूर्ण लगता है। दुर्भाग्यवश भारत के प्रधानमंत्रियों ने राष्ट्र के दीर्घकालिक हितों के संवर्धन में न दूर दृष्टि का परिचय दिया है न नैतिक क्षमता या संकल्प की दृढ़ता का।

हमें आशा थी कि राष्ट्रीय स्वयं सेवक संघ की पृष्ठ भूमि वाला वाजपेई इतना समझ पाने योग्य विवेकशील अवश्य होगा कि परमाणु विकल्प का अनुप्रयोग करने का सुअवसर हाथ से निकला जा रहा है और अधिक देर करने के बाद इस प्रयोग के विरूद्ध दबाव कम नहीं हो जाएंगे। किन्तु उसने भी पूरी तरह निराश ही किया है। वस्तुतः वी.पी. सिंह, नरसिंह राव, मनमोहन सिंह, चिदंबरम् आदि द्वारा जो उदारीकरण और बाजार की शक्तियों का भारतीय समाज पर आरोपण कर दिया है, उसके कारण भारत

सरकार के समक्ष विकल्पों के झरोखे निरंतर बंद होते जा रहे हैं। आने वाले समय में वैश्वीकरण (अमरीका) के दबाव अधिक परिष्कृत, विविध, विभाजनकारी, गहन और घातक होते जाएँगे। भारतीय नेता जाने क्यों लगातार ये बात भूलते रहते हैं कि दबंग (गुंडा) तत्व हमेशा कमजोर इच्छा शक्ति वालों को धमकाते और उन पर प्रहार करते रहते हैं।

भारत एक विशाल जनबल संपन्न बड़ा देश है। इसे विराट इच्छा शक्ति का प्रदर्शन भी करना चाहिए। परमाणु एवं प्रक्षेपास्त्रों के विकास के और बेहतर सुयोग संभव नहीं हो पाएँगे। हमें इस वास्तविकता को भी नहीं भूलना चाहिए कि जब चीन ने स्वतंत्र रूप से परमाणु शक्ति, प्रक्षेपास्त्र क्षमता और सैन्य शक्ति को विकसित करने का विकल्प चुना, उसकी दशा तो भारत की अपेक्षा बहुत ही दुर्बलता ग्रस्त थी।

भारत को पहले दौर में 100 के लगभग परीक्षण विस्फोट करने होंगे। इनमें से पहले 60–70 तो मुख्यतः आयुध विषयक होंगे, शेष मुख्यतः विज्ञान/अभियांत्रिक/प्रौद्योगिकी आदि को विकसित करने के उद्देश्य से होंगे। सौभाग्यवश इन विस्फोटों के लिए विदेशी धन की आवश्यकता नहीं होगी, वह मिलेगा भी नहीं। वास्तव में इन सभी वैज्ञानिक और अभियांत्रिक कार्यों से सकल घरेलू उत्पाद में ही पर्याप्त वृद्धि हो जाएगी। अभी भी देश में मुद्रा की आय लोच का मान एक इकाई से अधिक है, अतः समुचित मात्रा में रूपयों की व्यवस्था कठिन नहीं रहेगी। हमारे उदारीकृत अर्थशास्त्री भी हमारी इस बात को झुठला नहीं पायेंगे। सरकार का श्रम के लिए रोजगार स्तर सुधारने या "आम आदमी" की दशा सुधारने का वादा भी देश के अर्थतंत्र में परमाणु क्षमता के विकास के पुट के कारण सजीव रूप धारण कर लेगा।

हाँ, भारत और पाकिस्तान, दोनों में ही नादानियत का एक सकारात्मक पक्ष भी है। पाकिस्तान के परमाणु और प्रक्षेपास्त्र कार्यक्रम के जनक, ए.क्यू. खान (विश्व के महानतम नवप्रवर्तक और संगठनकर्ता, एडवर्ड टैल्लर जैसे लोग जिनके समक्ष कहीं नहीं टिक पाते) बहुत अच्छी तरह जानते हैं कि यदि पाकिस्तान ने दिल्ली पर बम गिराने की मूर्खता की तो

पाकिस्तान स्वयं भी उसकी धर्मिता से बच नहीं पाएगा। हवाओं के सहारे वह पाकिस्तान की भूमि तक जा पहुँचेगी। वर्ष के कुछ महीनों में तो ये निश्चित ही होगा। इसी प्रकार मुम्बई पर परमाणु हमले की कीमत कराची की तबाही के रूप में उसे भुगतनी पड़ेगी। यही बात भारत पर भी लागू होगी। लाहौर, इस्लामाबाद, यहाँ तक कि पेशावर पर गिराए गए बमों की धर्मिता वायु प्रवाहों के माध्यम से अपनी काली छाया पंजाब और दिल्ली तथा पाकिस्तान से लगते प्रायः सारे भू भागों तक फैला देगी।

हमारा विचार यही है कि पाकिस्तान द्वारा परमाणु बम से लैस होने, 'गौरी' प्रक्षेपास्त्र का परीक्षण करने और भविष्य में अधिक लंबी मार वाले अस्त्रों के परीक्षण के दावों ने भारत को एक अच्छा मौका दिया है और इसका फायदा उठा कर हमें अपने देश के परमाणुकरण एवं सैन्यीकरण का कार्य करना चाहिए। ये नहीं भूलना चाहिए कि अब तो बंदूक की नली से ही संवृद्धि प्रवाहित होती है। लेकिन जिस तेजी से भारत सरकार अमरीकीकृत हुई जा रही है उससे तो लगता है कि या तो वह अपनी ''चिरपरिचित नादानी'' दिखा रही है या फिर 'परमाणु कार्यक्रम को पूरी तरह बंद' कर उस विकल्प के खुले होने का भ्रामक दावा (मात्रा) कर रही है।

परमाणु विस्फोटों पर ऐच्छिक रोक तो एक बड़ा राजनयिक और कूटनीतिक अस्त्र है, इसे अस्त्र की भांति ही प्रयोग भी करना चाहिए। किन्तु भारत द्वारा इस ऐच्छिक रोक की घोषणा तो अमरीका और अन्य अनेक देशों को ऐसे प्रतिबंध लगाने से नहीं रोक पायी जिनका भारतीय हितों पर दुष्प्रभाव हो रहा है और अमरीकी हितों को कोई ठेस नहीं पहुँच रही। भारत को ये घोषणा करनी चाहिए कि यदि भारतीय अर्थव्यवस्था पर आघात करने वाले प्रतिबंध जारी रहे, भारत को मिलने वाले ऋणों की ब्याज दरें/शर्तें अधिक कड़ी होती रही और अमरीकी पश्चिमी एजेंसियों (मूड़ी, स्टैंडर्ड एंड पुअर आदि) द्वारा भारत की साख का अधैअंकन होता रहा तो हमें विवश होकर पुनः परीक्षण आरंभ करने होंगे। साथ ही भारतीय नेतृत्व को यह भी घोषित करना होगा कि प्रौद्योगिकीय विकास के लिए

विस्फोटों की संख्या उसी हिसाब से बढ़ती जाएगी जिस हिसाब से भारत को उन्नत प्रौद्योगिकी से वंचित रखा जाएगा। यही नहीं, हम दीर्घ काल तक परीक्षण नहीं करने का वचन तभी दे पाएँगे जबकि पाँचों परमाणु शक्तियाँ अभी तक उन द्वारा किए गए परीक्षणों से व्युत्पन्न सारी जानकारी तुरंत हमें प्रदान करें। यह एक बहुत बड़ी मांग है, किन्तु वैज्ञानिक, प्रौद्योगिकीय और तर्कशीलता की दृष्टि से नितांत आवश्यक मांग है। इसको लेकर बहुत, कदाचित कटुतापूर्ण, वाद-विवाद भी होगा। सभी लोग तथाकथित 'सहयोग' की बात को भूल ही जाएंगे।

हम तो यह समझ चुके हैं कि वर्तमान सरकार वैसे ही बचाव की मुद्रा में आयी हुई है। तथाकथित धर्म निरपेक्ष दलों और पशिचमी देशों के आक्रामक तेवरों ने वैसे ही इसके दमखम ढीले कर रखे हैं। हालात इस कद्र बिगड़ चुके हैं कि केवल वे बुद्धिजीवी, पूर्व अफसर, पूर्व सैन्याधिकारी और मुख्यतः सरकारी धन पर पलने वाले विचार समूह सरकारी और गैर सरकारी मीडिया में निरंतर परमाणु शक्ति विकास के नकारात्मक पक्षों पर ही चर्चा किए जा रहे हैं, वे सब मिलकर देश की मुख्य धारा के हितों की पूर्ण रूप से अनदेखी कर रहे हैं। यदि सत्तासीन दल भारत की मुख्य चिंतन धारा में अपना स्थायी स्थान बनाना चाहते हैं तो उन्हें इस विषय पर सकारात्मक दबाव बनाना होगा। इसके लिए उन्हें भारत के प्रौद्योगिकीय विकास और उसमें हिस्सेदारी के अविभाज्य एवं निर्बन्ध अधिकार पर आग्रह करना होगा। और, यदि पाँच महाशक्तियों को इस बात को समझाने के लिए आवश्यक हो जाए तो परीक्षणात्मक विस्फोट भी करने होंगे।

पहली राष्ट्रीय स्तर की भूल तो पंडित नेहरू ने की थी: चीन की शक्ति से भयभीत नेहरू जी ने संयुक्त राष्ट्र संघ की स्थायी सदस्यता अस्वीकार कर दी थी। और अब एक राष्ट्रीय स्तर की विशालकाय भूल एक अन्य कांग्रेसी प्रधानमंत्री ने की है। इस बार राष्ट्रीय सुरक्षा के दुर्बल से प्रयासों की पीठ में छुरी भोंकते हुए इन्होंने देश को अमरीका का सदैव आभारी बनाए रखने का मार्ग प्रशस्त कर दिया है। हमें ये पूरी आशा है कि जब तक कांग्रेसी या भाजपाई सरकार रहेंगी (और वास्तविक रूप से

राष्ट्रीय सरकार सत्ता नहीं संभाल लेगी) तब तक तो ये संधि चलती रहेगी। हमारे इन अधिकारिक महादानी नेताओं को ये समझ ही नहीं आ रहा कि इस संधि में इंगित स्थान पर हस्ताक्षर करते ही संयुक्त राष्ट्र की सुरक्षा परिषद की स्थायी सदस्यता के सभी दावे एक झटके में खारिज करके फैंक दिए जाएँगे। आप खैरात या भीख में शक्ति और विशेषाधिकार युक्त स्थायी सदस्यता नहीं पा सकते। यदि शक्ति का प्रदर्शन और प्रक्षेपण करने का साहस नहीं है तो फिर आपको शक्ति से संपन्न कौन करना चाहेगा? भारत को अंतर्राष्ट्रीय कूटनीति का मूलतंत्र सीखना होगा- "यदि कहीं घुसना है तो धमाके के साथ घुसो"। पूंजीवादी उत्पादन और वितरण की प्रणालियों के अंतर्गत निजी लाभ को बढ़ाने की नीयत से चल रही वैश्वीकरण और आर्थिक सुधार की नीतियों की विफलता के प्रमाण नित्य प्रति उभर कर आ रहे हैं- इनके कारण आर्थिक प्रगति के लिए नितांत आवश्यक सामाजिक समरसता, बिखरती जा रही है। गरीबों की भूख से मौत और कर्ज के बोझ तले दबे किसानों की आत्महत्या जैसी खबरों के साथ-साथ शेयर बाजार में सांड के तूफानी दौर की कहानी उस महान सामाजिक विभाजन की कहानी भी है जो पश्चिमी प्रतिमान के अनुसार विकास के नाम पर कानूनी रूप से रचा गया है। वंचना झेल रही मानवता को भी मुख्य धारा में सन्निहित करने की स्पर्धी राजनीति देश को एक ऐसी क्रान्ति के पथ पर अग्रसर कर रही है, जिसके सामने फ्रेंच या बोल्शेविक क्रांतियाँ तो बस उपवन में भ्रमण जैसी प्रतीत होगी। यदि एक अरब से अधिक अतिसंस्कृत, अति उत्पादन क्षम जन समुदाय (जिसे विश्व के भूक्षेत्र के मात्र 2 प्रतिशत में सीमा बद्ध कर दिया गया है, और निरंतर बहुत ही हीन अल्पसंख्यकों एवं उनके गुलामों के हाथों प्रताड़ना भोगने को विवश किया जा रहा), में जब भावनाओं का महाझंझावात उठेगा तो उसके संभावित आयामों को लेकर कोई इतिहासकार या दार्शनिक आज पूर्वानुमान नहीं लगा पाता। हमारे प्रधानमंत्री ये दम भरते रहते हैं कि वे शीशे के बर्तन में पाली गई सुनहरी मछलियाँ नहीं है। आज (वर्ष 2008) में शासन कर रही सुनहरी मछली अपने पूर्वावतार में

जनाक्रोश के तूफान से साफ बच निकली थी। ये अपनी कलाबाजियों के लिए वाहवाही बटोरती रही और बेचारे नरसिंह राव वक्त के थपेड़े झेलते रहे। प्रधानमंत्री को ये ध्यान रखना चाहिए कि वह शीशे के बर्तन की सुनहरी मछली मात्र है और इटली के माफिया और कोलंबिया के नशीली दवाओं के सौदागर तथा अमरीकी युद्ध लोलुप सरगने, सभी मिलकर भी उसे जनाक्रोश के सुदर्शन चक्र से नहीं बचा पाएंगे, क्योंकि उसकी गलतियों को सहन कर पाने की सीमा का अंत निकट आ रहा है।

ये परमाणु सौदा अमरीका और पश्चिमी देशों के लिए इतना लुभावना है कि इस आर्थिक सुधारों के जनक द्वारा देश के आत्म विश्वास को और अनेक बेड़ियों में जकड़ कर वे अमरीका में रद्द कर दी गई प्रौद्योगिकी के कुछ टुकड़े इसकी ओर फेंक देंगे। उन्हें विश्वास है कि उनके प्रति समर्पित ये महानुभाव किसी नई शर्त को स्वीकार करने में जरा भी हिचकिचाएंगे नहीं, क्योंकि अमरीका से सहयोग-संधि पर हस्ताक्षर कर ये पहले ही अपने सभी विकल्पों को तिलांजली दे चुके हैं।

अतः हे भारतवासियों, अभी भी हिम्मत नहीं हारो। यदि तुम आर्थिक और सैन्य दृष्टि से सशक्त हो तो कुछ भी कर सकते हो। किन्तु सावधान रहो, ये संवैधानिक अधिकारीगण भी बड़ी से बड़ी शरारत करने के अपने प्रयास शिथिल नहीं पड़ने देंगे।

केन्द्रीय वेतन आयोगों की नौटंकियां

जुलाई, 2007, छठे केन्द्रीय वेतन आयोग से सैन्य सेवाओं के कर्मचारियों के साथ भेदभाव समाप्ति का अनुरोध

मान्यवर न्यायमूर्ति जी,

हम सैन्य सेवाकर्मी, विशेष कर भूतपूर्व सैनिक, इस बात को लेकर बहुत उत्साहित हैं कि आप इस वेतन आयोग के अध्यक्ष है (वैसे आगे के अनुभव से यही सिद्ध हुआ कि सेनाकर्मियों को तो उनकी नियुक्ति से सबसे अधिक दुखी और सतर्क हो जाना चाहिए था)। आप जानते ही हैं

कि पाँचवे केन्द्रीय वेतन की रिपोर्ट तो सैन्यकर्मियों के लिए इस सीमा तक अहितकर थी कि सैन्य अधिकारी और सहगामी सेवाओं के सदस्य मिल कर उसके विरूद्ध सार्वजनिक विरोध प्रदर्शन तक के लिए विवश हो गए थे। किन्तु उस सरकार के गृहमंत्री एक जाने–माने साम्यवादी तो रक्षामंत्री "सोशलिस्ट इंटरनेशनल" के पूर्व सदस्य थे। अतः उस सरकार ने सैन्य कर्मियों के उस आंदोलन को निर्दयतापूर्वक कुचल डाला और न्यायपालिका, राष्ट्रीय मानवाधिकार आयोग और अन्य संवैधानिक अधिकारी असंबद्ध मूक दर्शकों की भूमिका निभाने में ही संतुष्ट रहे। छठे वेतन आयोग की रचना और इसे सौंपी गई कार्यसूची को देख कर तो ऐसा विश्वास नहीं हो पाता कि आपका ये आयोग सार्वजनिक सेवकों, विशेषकर सैन्य कर्मियों के साथ सही न्याय कर पाएगा। आपके आयोग के एक सदस्य तो विघटनशील पूंजीवाद और विषमता बनाए रखने के पक्ष में संघर्ष करने वाले 'अंतिम महायोद्धा' के रूप में ख्याति अर्जित कर चुके हैं। भारतीय प्रबंध संस्थान जैसी संस्थाओं में छात्रों से भारी रकमें फीस आदि के रूप में वसूलने की व्यवस्था में उन सज्जन का योगदान बहुत महत्वपूर्ण रहा है (इस व्यवस्था का उद्देश्य यही है कि गरीब परिवारों के बच्चे इन संस्थानों में घुस न पाएँ और यहाँ केवल धनाढ्य वर्ग के छात्रों को ही धनवादी संस्कृति के पाठ पढ़ाए जाते रहें)। ये श्री ढोलकिया भारत के वर्तमान स्तर की ओर तो देख ही नहीं पाते, यहाँ तक कि सर्वोच्च न्यायालय ने भी जिस न्यूनतम 'फीस' का निर्देश दिया है वह "शिकागो बिजनस स्कूल (अमरीका)" से भी ढाई गुना है। ज्ञातव्य है कि शिकागों के उस संस्थान के शिक्षण मंडल में अनेक नोबेल पुरस्कार विजेता है, तो कितने ही संकाय सदस्यों का उस पुरस्कार के लिए मनोनयन हो चुका है। पूंजीवाद और विषमता का तो गहरा नाता रहा है। अतः हम भी उस आयोग से अधिक न्याय की आशा नहीं कर पाते, जिसके एक सदस्य को समता जैसे किसी सिद्धांत पर कोई विश्वास नहीं है। (हमारा ये अविश्वास अक्षरशः सत्य सिद्ध हुआ, छठे वेतन आयोग का पंचाट सबसे अधिक शर्मनाक और विषमताकारी निकला)।

हम प्रो. अमर्त्य सेन से पूर्णतः सहमत है कि आधुनिक क्षेम अर्थशास्त्र उन्हीं प्रश्नों पर केन्द्रित होकर रह गया है जो आय के वितरण से साफ-साफ मुँह चुराते नजर आते है। हमारी वर्तमान सरकार भी इसी क्षेमवाद का अनुसरण करती है। हमारे नेता और न्यायवेत्ता भी वितरण में न्याय के विचार से बच कर निकलना ही श्रेयस्कर मानते है। हाँ, जहाँ कहीं उन्हें 'जी हुजूर' कहने वाले अभिजात्य कुलीन श्रोता मिल जाते हैं वहाँ वे समाहनकारी न्याय की चर्चा में अपना पूरा वाक् चातुर्य झोंक देते हैं।

आयोग की कार्य सूची में देश की आर्थिक दशाओं का उल्लेख वस्तुतः इस पर एक बंधन लागू करने का प्रयास है कि ये सरकारी कर्मचारियों को निजी क्षेत्र की अपेक्षा अलाभप्रद स्थिति में ही उलझाए रखे। आयोग को प्रधानमंत्री की हाल ही में की गई घोषणा ध्यान में रखकर काम करना चाहिए: "मैं निजी क्षेत्र के मुख्य कार्याधिकारियों के वेतनमान पर कोई सीमा लागू करने का पक्षधर नहीं हूँ।" इसी सरकार ने पहले प्रबंधकों के पारिश्रमिक की सीमाएँ निरस्त की थी। इस सरकार का यही विश्वास लगता है कि सारे देश के समस्त मौद्रिक एवं अन्य संसाधन केवल निजी क्षेत्र के लिए है और सरकारी एवं सार्वजनिक क्षेत्र तो केवल इस प्रयोग में जबरदस्ती घुसे हुए हैं। संभवतः अपनी रिपोर्ट को अन्तिम रूप देने से पूर्व आप प्रधानमंत्री से इन बातों के विषय में स्पष्टीकरण भी पाना चाहेंगे।

यदि आप ने ये स्पष्टीकरण पाए बिना ही अपना प्रतिवेदन प्रस्तुत कर दिया तो आपका सारा प्रयास एक काल्पनिक शून्य में किए गए विप्रयास जैसा ही सिद्ध होगा–

(क) क्या निजी क्षेत्र द्वारा किए गए कार्य सरकार/सार्वजनिक क्षेत्र के कार्यों की अपेक्षा राष्ट्रीय दृष्टि से अधिक उपयुक्त हैं जो उनके लिए अपेक्षाकृत अधिक पारिश्रमिक एवं क्षतिपूर्ति को उचित ठहरा सके?

(ख) क्या निजी क्षेत्र को अपने साधन किसी अलग राष्ट्रीय कोष से मिलते हैं?

(ग) राष्ट्रीय संसाधनों पर किस क्षेत्र का प्रथम अधिकार होना चाहिए?

(घ) निजी क्षेत्र तो बहुत अधिक विषमतापूर्ण है, जहाँ श्रम को कुल उत्पादित मूल्य का मात्र 4 प्रतिशत अंश मिलता है, वहीं प्रबंधक/मुख्य कार्याधिकारी 50 प्रतिशत से 80 प्रतिशत तक हजम कर जाते हैं। कोई लोकतान्त्रिक सरकार इतनी विषमता को किस प्रकार सहन कर रही है?

(च) न्यायपालिका को समता लागू करने के लिए उपयुक्त संवैधानिक व्यवस्थाएँ नजर नहीं आती पर क्या सरकार भी इस मामले में शांत रहना चाहती है? नोट : मान्यवर अध्यक्ष (छठा केन्द्रीय वेतन आयोग) महोदय इस विषय में भारत के (वर्तमान सहित) अनेक प्रधान न्यायाधीशों को एक पूर्व सेनाधिकारी द्वारा लिखे गए पत्र अनुत्तरित ही रहे हैं।

(छ) वेतन आयोग किसी विवेकशील नीति के अभाव या शून्य में सार्वजनिक कर्मचारियों के वेतनमान निर्धारित नहीं कर सकता। हमारी पारिश्रमिक, मजदूरी, क्षतिपूर्ति या फिर राष्ट्रीय आय के वितरण विषयक राष्ट्रीय नीति क्या है? क्या सार्वजनिक और निजी क्षेत्रों के लिए ये नीति अलग है? यदि हाँ तो क्यों?

(ज) क्या 'मुनाफाखोरी' या श्रम और उत्पादन अतिरेक का निजी लाभ के लिए विदोहन संवैधानिक या विधि संगत है? या लाभ तो राज्य या सरकार को प्राप्त होना चाहिए?

(झ) यदि लाभ की सही अधिकारी सरकार है तो इसका उत्पादन प्रक्रिया में भागीदार दोनों 'मानव' पक्षों– अर्थात् श्रम और उद्यम के बीच सम्यक बंटवारा होना चाहिए।

(ट) श्रम के फल का अधिकारी कौन है? श्रमिक या उसे भाड़े पर रखने वाला?

(ठ) क्या श्रमिक, जब जरूरी समझे, अपने श्रम के प्रयोग को रोकने का अधिकारी है? क्या ये श्रम प्रयोग रोकना संवैधानिक व्यवस्थाओं के विपरीत है?

(ड) क्या निजी निकायों को अन्य व्यक्तियों के अधिकारों को सीमित करने के लिए राज्य की सार्वभौम शक्तियाँ सौंपी जा सकती है? यदि हाँ तो किन संवैधानिक व्यवस्थाओं के अंतर्गत?

(ढ) बैंकों और वित्तीय संस्थानों में जमा धन का स्वामी कौन है? जमाकर्त्ता या उन जमाओं को उधार के रूप में लेने वाले?

(त) कुछ पूर्व सेना अधिकारियों का अनुमान है कि एक सर्वव्यापी, सरल और सहज रूप से लागू हो सकने वाली सामाजिक सुरक्षा व्यवस्था की लागत 7 लाख करोड़ रूपये होगी। क्या इस प्रकार की व्यवस्था की रचना बड़े व्यवसायियों को दी जा रही सहाय्य स्वरूप 35 लाख करोड़ रूपये की राशि में कुछ कटौती द्वारा नहीं हो सकती? या फिर इस कार्य के लिए विदेशी, विशेषकर अमरीकी बैंकों में जमा राष्ट्रीय धन को वापस लाकर प्रयोग में नहीं लाया जा सकता?

(थ) यदि सरकार सार्वजनिक सेवाकर्मियों को समतापूर्ण प्रतिदान दे पाने की स्थिति में नहीं है तो अपने बजट अनुमान के एक तिहाई के लगभग राशि 35 लाख करोड़ बड़े व्यवसायियों और अमीर लोगों को सहाय्य के नाम पर बांट क्यों देती है? निजी उद्यम के विशालकाय होते जा रहे लाभों के साथ-साथ केन्द्रीय एवं प्रांतीय कोषागारों को रिक्त करने वाले सहाय्य और करों में छूट आदि में वृद्धि क्यों हो रही है? भारत सरकार भारत के राष्ट्रीय अंतर्राष्ट्रीय मुद्रा भंडार को विदेशी बैंकों के पास भेजकर अंतर्राष्ट्रीय व्यवसायियों को उपलब्ध क्यों करा रही है और वह भी विकसित देशों की अपेक्षा कहीं अधिक बड़े स्तर पर? सरकार भारतीय कंपनियों को विदेशों में विदेशी विनिमय निवेश

करने और इस प्रकार देश में रोजगार के अवसर घटा भारतीयों को निरंतर गरीबी के पाश में जकड़ने में सहायक क्यों हो रही है?

(द) विदेशी निवेश के आगमन की अपेक्षा कहीं अधिक निवेश भारतीय कंपनियाँ विदेशों में क्यों कर रही है? ये काम उस समय से अधिक गति क्यों पकड़ गया जब से सरकार ने 'महान उद्यमी' श्री रतन टाटा को निवेश आयोग का अध्यक्ष बनाया है?

(ध) सरकार रूपये की डॉलर के साथ बहुत ही विपरीत विनिमय दर क्यों बनाए रख रही है? जबकि सही दर तो 1 रूपया= 1 डॉलर होनी चाहिए?

(प) क्या भारत सरकार केवल इसलिए विनिमय दर को भारत के अति विपरीत बनाए रखना चाहती है कि आयात निर्यात का धंधा करने वालों के आसमान छूते हुए लाभ कहीं कम न हो जाएं?

(फ) कुछ समय पहले जब बाजार की (हेराफेरी भरी) शक्तियों की कारगुजारियों के कारण रूपये की विनिमय दर में कुछ सुधार होने लगा तो तुरंत निर्यातकों ने हाय तौबा मचानी शुरू कर दी थी। पश्चिमी देशों के प्रधान एवं वित्त मंत्रियों की भांति हमारे देश के ये महानुभाव विनिमय दर में सुधार अर्थव्यवस्था की शक्ति में वृद्धि का प्रमाण क्यों नहीं मानते? लगता है, इस विषय में वे स्वतंत्र नहीं है। उन्हें तो विदेशों और देश में बसे अपने व्यवसायी महाप्रभुओं के निर्देशों का ही अनुपालन करना होता है।

द. इक्नॉमिक टाईम्स, नई दिल्ली, शनिवार जून 30, 2007 अर्थव्यवस्था खंड की रिपोर्ट, निर्यातकों के लिए सहायता आ रही है: वित्त मंत्री:

लंदन से सुदेशना सेन की रिपोर्ट: रूपये की विनिमय दर में वृद्धि के विरूद्ध निर्यातकों की हाय तौबा के सामने वित्त मंत्रालय झुक सकता है। चिदंबरम ने लंदन में कहा, जिन्हें हानि हो रही है उनकी सहायता के

लिए हम कुछ कदम उठा सकते हैं, किन्तु दीर्घकालिक विनिमय दर तो बाजार निर्धारित है और मेरा विश्वास है कि हमें पूंजी प्रवाहों का प्रबंधन सीखना होगा। रूपये की दर में वृद्धि से निर्यातक परेशान तो आयातक प्रसन्न है। मुद्दा ये नहीं है कि रूपया नहीं मिल रहा, हमने रिजर्व बैंक को विदेशी मुद्रा भंडार में से 5 बिलियन डॉलर के समतुल्य रूपये उधार देने को मना लिया है।

यहाँ कुछ महत्वपूर्ण प्रश्न उठते है: क्या अभी भी भारतीय रिजर्व बैंक, बैंक ऑफ इंग्लैंड की एक शाखा मात्र है? इसे सहमत करने की जरूरत क्यों पड़ी? क्या विदेशी मुद्राकोष हमारा राष्ट्रीय कोष नहीं है, इसे हम अर्थव्यवस्था की आवश्यकताओं के लिए प्रयोग क्यों नहीं कर सकते? इस कोष का रूपयों में मौद्रीकरण कर सामाजिक सुरक्षा व्यवस्था के लिए धन क्यों नहीं जुटाया जा सकता? हमारे लिए कितना विदेशी मुद्रा कोष देश से बाहर जमा करना अनिवार्य है? अमरीका और इंग्लैंड अपनी आयात जरूरतों की तुलना में इतने कम अंतर्राष्ट्रीय कोष के सहारे कैसे काम चला लेते हैं?

छठे केन्द्रीय वेतन आयोग के अध्यक्ष के लिए एक विशेष टिप्पणी: आप सहज ही ये देख सकते हैं कि किस प्रकार भारत की दौलत कुछ व्यापारियों के मजे के लिए लुटाई जा रही है और न्यायपालिका और सेवानिवृत्त न्यायाधीशों को ये कहा जा रहा है कि देश एक गंभीर वित्तीय संकट से गुजर रहा है और सेनाओं तथा नौकरशाही को तो इस हालत में कष्ट उठाने ही पड़ेंगे। लार्ड क्लाइव भी इस प्रकार के झूठ के सहारे प्रिवी कांउसिल के सामने पेश होने से नहीं बच पाया था।

हमारा विचार है कि उपर्युक्त प्रश्नों के उत्तरों की खोज और उन उत्तरों का उचित मूल्यांकन ही आपके इस वेतन आयोग को इस बड़े कार्य के साथ न्याय करने में सहायक होगा। परिशिष्ट 'क' में हम सैन्य सेनाओं के साथ अवैधानिक और असंवैधानिक रूप से निरंतर किए जा रहे घोर अन्यायों की एक संक्षिप्त सूची संलग्न कर रहे हैं। यदि छठा आयोग भी

इस भेदभाव को नहीं समझ पाया तो हमें आशंका है कि इसे व्यापक जनोद्वेग की सुनामी का सामना करना पड़ सकता है।

विश्व विकास रिपोर्ट 2000–01 और मानव विकास रिपोर्ट 2006 से स्पष्ट है कि अधिकतम 10 प्रतिशत आय वर्ग और न्यूनतम 10 प्रतिशत आय वर्ग के अनुपात पर आधारित 'गिनि' सूचक की कसौटी के अनुसारा हमारा देश समता की दृष्टि से ''गंभीरतम रूग्णावस्था'' से ग्रस्त लगता है। इस बात से हमें कोई संतोष नहीं हो सकता कि उक्त में आधार पर ही हमारी सरकार और संयुक्त प्रगतिशील गठबंधन के घटकों के आदर्श कहे जाने वाले अमरीका, चीन और रूस भी दक्षिण अमरीका, अफ्रीका और मध्य पूर्व के मुस्लिम बहुल देशों के साथ विफल राष्ट्रों की सूची की शोभा बढ़ाते दिखाई पड़ रहे हैं।

हम अपने इस ज्ञापन में उठाए गए मुद्दों पर आप जब चाहें सहायक जानकारी और आँकड़े प्रस्तुत करने को तैयार है। यदि आप चाहें तो हम आयोग या अन्यों (आप द्वारा निर्दिष्ट) के समक्ष अपना पक्ष प्रस्तुत करने को भी तैयार हैं।

सार्वजनिक जीवन के दीर्घ अनुभव के आधार पर आपको यह तो अवश्य ज्ञान है कि IQ (ज्ञान गुणाक) OLQ (अधिकारी के लिए वांछित गुण गुणांक) अर्थात् व्यापक दृष्टिकोण, नेतृत्व, देश सहयोगियों, देशवासियों, वरिष्ठ जनों एवं कनिष्ठ जनों के लिए बलिदान की भावना, देश और इसके जीवन मूल्यों के प्रति प्रेम एवं समर्पण, गंभीरतम परिस्थितियों में भी कर्तव्य निष्ठा, वफादारी तथा अन्य सभी श्रेष्ठ गुणों, (जो सैन्याधिकारियों को अन्य व्यक्तियों से अनूठा स्वरूप प्रदान करते हैं) के आधार तथा सामाजिक सजगता और अन्य शैक्षिक योग्यताओं और कार्यानुरूप योग्यताओं के आधार पर सैन्य सेवाओं में कार्यरत (व्यक्ति) सरकारी और निजी क्षेत्रों में कार्य कर रहे सभी व्यक्तियों से कई स्तर ऊँचे प्रतीत होते हैं। किन्तु राजनीतिक और अंग्रेजों के पट्टी पढ़ाए नौकरशाह सैनिकों को अर्थव्यवस्था पर प्ररिहार्य और अनावश्यक बोझ या फिर संभावी विद्रोही मानकर ही व्यवहार करते आ रहे हैं। ये व्यक्ति बिल्कुल भूल जाते हैं राष्ट्रीय संप्रभुता,

प्रादेशिक अखंडता और राष्ट्रहित में कार्य करने की स्वतंत्रता की रक्षा के लिए एक प्रभावशाली, सशक्त और विशाल सेना नितांत आवश्यक होती है। हम भारत के सत्तासीन अभिजात्यों को हर स्तर पर प्रत्येक मामले में समझौतावाद का अनुसरण करते देख रहे हैं। ये सत्ताधीश और बड़े व्यापारी तो सशस्त्र सेनाओं को एक सुविधा मात्र मानते हैं और इन्हें इस बात से कोई सरोकार नहीं होता कि ये और इनके परिवार कितनी कठिनाइयाँ भोगते हैं, निरंतर अपनी वैयक्तिक स्वतंत्र्य की हानि सहन करते हैं, बार–बार एक स्थान से दूसरे स्थान के प्रवास की कठिनाई उठाते हैं तथा निरंतर अपने और अपनों के तन और जीवन की हानि की आशंका में जीते हैं।

यदि ये आयोग भारतीय और अंतर्राष्ट्रीय वास्तविकताओं के प्रति जागरूक है तो इसे स्वीकार करना होगा कि सेवारत् और सेवानिवृत सैन्य कर्मियों का राष्ट्रीय संसाधनों पर पहला अधिकार बनता है। आयोग को ये घोषणा करनी चाहिए कि सैन्य कर्मियों को प्रत्येक सेवा वर्ष के लिए समतुल्य निजी और सरकारी गैर सैन्य कर्मियों की अपेक्षा कम से कम 10 प्रतिशत अधिक वेतन, भत्ते, सुविधाएँ और उन्नति के अवसर मिलेंगे। सैन्य कर्मियों को प्रगति के अवसर असैन्य कर्मियों से अधिक मिलने चाहिए। उदाहरणतः सैन्य कमिशन्ड अधिकारी को उस राजपत्रित ग्रेड 'ए' नागरिक अधिकारी से बेहतर सेवा शर्तें मिलनी चाहिए जो केवल अपने दफ्तर की एक मेज की कमान संभालता है। इसी प्रकार वारंट अधिकारी, गैर कमिशन्ड अधिकारी, सामान्य जवान भी राजपत्रित ग्रेड 'बी' और गैर राजपत्रित अधिकारियों से बेहतर वेतनमान और सेवा शर्तों के हकदार होंगे। यही सूत्र सेवानिवृत्त सैन्य कर्मियों के लिए भी मान्य होगा। आयोग को इस बात पर भी सतर्कता बरतनी होगी कि कहीं इसका अपना सचिवालय और सदस्य सचिव ही अफसरशाही हेराफेरियों में इसकी सिफारिशों की हत्या नहीं कर दें।

किन्तु हमें यही चिंता सता रही है कि ये वेतन आयोग भी अपने पूर्व आयोगों का अनुकरण करते हुए उन सैन्य एवं गैर सैन्य कर्मियों के प्रति

अन्याय नहीं कर गुजरे जिन्हें वर्तमान सत्ताधारियों एवं उनके पूर्वजों से बेइमानी से कमाई दौलत विरासत में नहीं मिली है। ये आयोग भी पहले वाले आयोगों की भांति ही अति-वीभत्स सिफारिशें कर सकता है और संभवत: सैन्य-असैन्य कर्मियों के पास अपना आक्रोश दबाए रह जाने के अतिरिक्त कोई विकल्प नहीं रहेगा। हम आयोग को एक बार फिर याद दिलाना चाहते हैं कि केवल सैन्य कर्मियों पर संविधान को अक्षुण्ण बनाए रखने का दायित्व होता है। शासन व्यवस्था के इस सर्वाधिक महत्वपूर्ण अवयव में असंतोष और असंतुष्टि की भावना का घर कर जाना देशहित में नहीं होता। हमें आशा है कि आपका ये आयोग जनता के श्राप की सलीब उठाए 'महा प्रस्थान' पथ पर अग्रसर नहीं होगा।

हम आपकी प्रतिक्रिया की प्रतीक्षा में है। यदि आप अपने हाथों और अन्तरात्मा को प्रधानमंत्री से हमारे उठाए प्रश्नों के उत्तर मांगने का कष्ट नहीं देना चाहते तो हमारे इस ज्ञापन के जितने आप उचित समझे उतने ही अंश प्रधानमंत्री को प्रेषित कर दें और उन्हें सूचित कर दें कि इस दिशा में उनसे पूर्ण एवं संतोषप्रद उत्तर मिलने के बाद ही आयोग अपना कार्य आगे बढ़ा पाएगा। इस बीच सार्वजनिक सेवा कर्मियों की अशांति को सीमित करने के लिए आयोग अपनी दिशा निर्देशों की परिधि में रहते हुए अन्तरिम सिफारिशें कर सकता है। किन्तु इनमें भी सार्वजनिक क्षेत्र के वेतनमान कम से कम दुगुने करने और निजी क्षेत्र के मुख्य कार्याधिकारियों के वेतन में 50 प्रतिशत की कटौती की व्यवस्था अवश्य होनी चाहिए। इस प्रकार देश में समग्र व्यय का संतुलन बना रहेगा और आयोग द्वारा होने वाले किसी अन्तिम निर्णय में भी संरोध उत्पन्न नहीं होगा। इस दिशा में आवश्यक वैधानिक प्रक्रियाएँ तुरंत प्रारंभ करने के निदेश केन्द्र और राज्य सरकारों को दिए जा सकते हैं। कृपया इस ज्ञापन की प्राप्ति की सूचना दें और हमारा मार्गदर्शन भी अवश्य करे।

सादर-साभार

....

....

छठे वेतन आयोग को प्रेषित सैन्यकर्मियों के हितों की अनदेखी और उनके विरूद्ध किए गए भेदभाव से जुड़े तथ्य

अधिकांश राजनैतिक नेता इस बात पर ध्यान ही नहीं देना चाहते कि सैन्यकर्मी सेवाकाल और उसके बाद स्वतंत्रता के बाद से ही किस प्रकार का जीवन व्यतीत करने के लिए बाध्य रहते हैं। उन्हें केवल इसी कारण हर प्रकार के अपमान और भेदभाव को सहन करना पड़ता है कि उन्होंने अपना जीवन बलिदान करके भी भारत की रक्षा की शपथ ली है। इस प्रकार की शपथ नागरिक प्रशासन में तो सर्वोच्च पदासीन व्यक्ति को भी नहीं करनी पड़ती। कृपया प्रतिरक्षा प्रबंधन के लिए वेतनमानों की अनुशंसा करते समय इन तथ्यों पर अवश्य ध्यान दीजिए।

असैन्य और सैन्य कर्मियों की तुलना

असैन्य	सैन्य
1. पेंशन में कोई कटौती नहीं	1. जून 1, 1953 से पेंशन दर मे भारी कटौती
2. पेंशन मान में जुलाई 1, 1959 से वृद्धि	2. पेंशन दर का संशोधन अप्रैल 1, 1996 से ही लागू किया गया।
3. अप्रैल 17, 1950 से ही डी.सी.आर.जी योजना लागू	3. डी.सी.आर.जी योजना अंततः सितंबर 9, 1970 से लागू, अफसरों की पेंशन दर में 16 प्रतिशत तथा अन्य कर्मियों की दरों में 11 प्रतिशत की कमी।
4. परिवार पेंशन प्रारंभ	4. केवल कनिष्ठ कमिशन्ड अधिकारी तथा अधिकारियों के लिए ही मान्य।
5. गैर सैन्याधिकारियों के वास्तविक सेवाकाल में कटौती नहीं	5. मई 1, 1953 के बाद से कनिष्ठ कमिशन्ड अधिकारियों/अन्य अधिकारियों का सेवाकाल 2 वर्ष कम कर दिया गया। सेवाकाल 23 वर्ष से कम था। इसका संशोधन अंततः मार्च 1, 1968 को ही किया गया।
6. पूरा महंगाई भत्ता मान्य। उसे 1959 में मूल वेतन से जोड़ दिया गया और गैर सैन्य कर्मचारियों को पेंशन भी उस जमा उपरान्त राशि के आधर पर मिलने लगी।	6. कनिष्ठ/ अन्य अधिकारियों को प्रारंभ 50 प्रतिशत और बाद में 80 प्रतिशत महंगाई भत्ता स्वीकृत किया गया। इसी निम्न महगाई दर को मूल वेतन में जोड़ कर उनकी पेंशन का निर्धारण हुआ। इस अन्याय को मार्च 1, 1968

	से कामत समिति ने समाप्त किया। किन्तु दिसम्बर 31, 1969 से ही पूरे महंगाई भत्ते को मूल वेतन में जोड़ना आरंभ किया गया।
7. नागरिक सेवाओं में न्यूनतम पेंशन मान्य रही है।	7. किन्तु सैन्य सेवाओं में जून 1, 1984 तक इसकी व्यवस्था नहीं थी।
8. अधिकारी वर्ग के लिए पेंशन के लिए 10 वर्ष न्यूनतम सेवा अनिवार्य है।	8. ये न्यूनतम सेवा अवधि 20 वर्ष है, अफसर स्तर से नीचे यह 15 वर्ष है।
9. बिना किसी रूकावट के 300 दिन की छुट्टियों के एवज में नकद भुगतान और 10 दिन की अर्जित छुट्टियाँ 9 (अ) गृह किराया भत्ता 1, 1997 से बढ़ाया गया।	9. ये नकद भुगतान सीमित है: (क) 17 वर्ष से कम सेवा पर 113 दिन (ख) 20 वर्ष से कम सेवा पर 132 दिन (ग) 22 वर्ष से कम सेवा पर 265 दिन 9 (अ) गृह किराया भत्ता मार्च 1999 से बढ़ाया गया।
10. रेलवे पुलिस, केन्द्रीय औद्योगिक सुरक्षा बल, केन्द्रीय अनुसंधान ब्यूरो आदि तो वर्ष में 13 महीने का वेतन मिलता है। यह सुविधा सीमा सुरक्षा बल, केन्द्रीय रिजर्व सुरक्षा बल, असम राइफल्स, भारत तिब्बत सीमा पुलिस ओर अर्द्धसैनिक दलों को भी दी गई।	10. सशस्त्र सेनाओं को इस प्रकार एक महीने के वेतन के समान बोनस नहीं मिलता।
11. पांचवे वेतन आयोन ने अवर सचित पद (जो प्रशिक्षण सहित 5 वर्षों में मिल जाता है) पर ही घर पर फोन सुविधा प्रदान कर दी थी	11. लै. कर्नल, (जहाँ सैन्याधिकारी 18-20 वर्ष बाद पहुँचते हैं), को ही पर पर सरकारी फोन सुविधा।
12. यात्रा विशेष भत्ता, दैनिक भत्ता और होटल में निवास भत्ते में भी अनुच्छेद (II) में उल्लेखित भेदभाव है।	
13. पांचवे वेतन आयोग द्वारा प्रदान जानकारी के अनुसार अपने कर्मचारियों पर इस प्रकार वेतन और भत्तों के रूप में खर्च करती है: (क) प्रतिरक्षा विभाग के अतिरिक्त गैर सैन्य कर्मियों पर 44,600 रूपये प्रतिकर्मी (ख) सैन्य कर्मियों पर 38,600 रूपये प्रतिकर्मी	

सेनाओं के वेतन, भत्ते और सुविधाएँ इतनी कम है कि आज देश के युवा वर्ग के रोजगार भविष्य के आंकलन में इनका स्थान निम्नतम रह गया है।

पिछले दो दशकों में तो दूसरे दर्जे के इंजिनियरिंग कॉलेजों के स्नातक भी भारतीय वायु सेना में सम्मिलित होने के इच्छुक नहीं रहे है, जबकि देश मे सर्वोत्कृष्ट तकनीकी उपकरण इसी संस्था में पाये जाते है। भारतीय प्रौद्योगिकी संस्थानों के स्नातक तो वायु सेना की तकनीकी प्रशाखा की ओर अब देखते तक नहीं है।

सरकार का असैन्यकर्मियों पर प्रति व्यक्ति व्यय सैन्य कर्मियों पर व्यय से 20 प्रतिशत अधिक है। केवल प्रतिरक्षा कर्मी ही ऐसे हैं जिन्हें सेवा निवृत्ति के बाद पूर्ण चिकित्सा सुविधाएँ भी नहीं मिलती। यदि केन्द्रीय स्वास्थ्य सेवाओं निहित भारी सहाय्यों की गणना न करें तो भी गैर सैन्य सेवा निवृत्त कर्मियों पर सरकार का प्रति व्यक्ति व्यय सैन्य कर्मियों की अपेक्षा 150 प्रतिशत अधिक है। हाँ, पिछले कुछ वर्षों में इस दिशा में कुछ सुधार हुए हैं, पर अभी भी सेवानिवृत्त प्रतिरक्षा कर्मी पूर्ण चिकित्सा और स्वास्थ्य सेवाओं से वंचित ही हैं। वर्ष 1955 की एक गणना के अनुसार अपेक्षाकृत सीमित सेवा काल के कारण औसतन सैन्य कर्मियों को असैन्य की तुलना में 18 लाख रूपये की हानि सहन करनी पड़ती है। आगे चलकर तो ये अंतर बहुत विशाल हो चला है।

सभी हित लाभ पहले गैर सैन्य सेवाओं को दिए जाते है। बहुत बाद में ये लाभ सैन्य सेवाओं में भी लागू होते है। पाँचवे वेतन आयोग और मृत्यु एवं निवृत्ति ग्रेच्युटी के बारे में भी यही हुआ था। स्वतंत्रता के समय 1947 में अधिमान क्रम (Warrant of Precedence) में सैन्य कमांडर का स्थान 16वां और भारत सरकार के सचिव का स्थान 26वां था। आज सैन्य कमांडरों का स्थान 23वां है और अनेक प्रकार के नए पद बना दिए गए हैं जिन पर सेवारत् और निवृत्त असैन्य अधिकारियों को नियुक्त कर उन्हें सैन्य कमांडरों से ऊपर बिठा दिया गया है।

आज यदि एक सेवारत् सेनाध्यक्ष थाने में जाते है तो ये आवश्यक नहीं कि थानेदार (पुलिस इंस्पेक्टर) उठकर खड़ा भी हो, जबकि स्वतंत्रतापूर्व तो एक लै. कर्नल के आने पर भी उसे गॉर्ड ऑफ ऑनर दिया जाना अनिवार्य था। भारतीय वायुसेना के तकनीकी कर्मी जो इस सेना का विशाल बहुमत हैं, वर्षों से चली आ रही उपेक्षा से इतने उद्वेलित हो चुके हैं कि वे अपनी व्यथा को सार्वजनिक अभिव्यक्ति प्रदान करने को विवश हो गए थे।

सशस्त्र सेवा कर्मी समस्त केन्द्रीय सरकारी कर्मियों के एक तिहाई हैं फिर भी:

1. पाँचवें वेतन आयोग ने अपने 72 मौके के मुआइनों में एक भी वायु सैनिक ठिकाने को स्थान नहीं दिया था। हाँ एक स्थान पर 'मारक शक्ति के प्रदर्शन' को देखने का मौका उसने जरूर निकाला था, एक बार जम्मू–कश्मीर में पैदल सेना डिविजन और एक रेगिस्तान अभ्यास को भी उस आयोग ने अपनी 'कृपा दृष्टि' से सम्मानित कर दिया था।

2. उस आयोग ने 14 कार्यदल विभिन्न विषयों का अध्ययन करने के लिए बनाए थे, पर सेनाओं के बारे में केवल दो दल गठित हुए। उनमें से भी एक तो 'राशन के पैमाने' का अध्ययन कर उसे यथासंभव घटाने के लिए ही बनाया गया था।

3. उक्त वेतन आयोग ने 547 संगठनों, 70 न्यायिक/सरकारी अफसरों और 25 प्रमुख व्यक्तियों से विचार विमर्श किया था। किन्तु, इनमें प्रतिरक्षा से जुड़े कर्मियों की संख्या नगण्य सी ही रही।

4. प्रतिरक्षा सेवाओं को कभी भी केन्द्रीय वेतन आयोग में स्थान नहीं दिया गया। इसमें तो भारतीय प्रशासनिक सेवा के लोग ही भरे रहते हैं और वे अपने मनचाहे फैसले/सिफारिशें करवा लेते हैं।

पाँचवे केन्द्रीय वेतन आयोग की सिफारिशों ने सभी सैन्य कर्मियों के मान-सम्मान और गौरव की भावना को गहरा धक्का पहुँचाया था। अब तो सेनाओं में उच्च मनोबल एक इतिहास की बात होकर रह गया है।

हमारे बहादुर जवानों को दिया जा रहा वेतनमान समकक्ष गैर सैन्य कर्मचारियों से कम हैं और गैर सैन्य क्षेत्र में सुनिश्चित प्रगति अभी तक गैर तथा कनिष्ठ कमिशन्ड अधिकारियों के लिए दुर्लभ बनी हुई है।

उनके छुट्टियों के एवज के भुगतान और शिक्षा भत्ते भी बहुत सीमित हैं। उन्हें बी.एस.एफ, सी.आर.पी आदि की भांति 13 महीने का वेतन भी नहीं मिलता।

जवानों की ही तरह अधिकारियों को भी सम्मानपूर्ण व्यवहार नहीं मिलता। केवल गैर सैन्य ग्रुप 'ए' के अधिकारियों को ''निश्चित वित्तीय तरक्की'' दी गई है किन्तु सैन्य अधिकारियों को पहले से चली आ रही तरक्की की सुविधाएँ भी कम की जा रही है। साथ ही 'आदर्श कैडर संरचना' 17 प्रतिशत सह सचिव और 3 प्रतिशत अतिरिक्त सचिव पदों की रचना कर देती है। सबसे छोटे कैडर में भी एक विशेष सचिव का प्रावधान है। किन्तु सशस्त्र सेनाओं में तो इनके समतुल्य पद 0.6 प्रतिशत और 0. 2 प्रतिशत मात्र है।

वेतन आयोग के संशोधन पूर्व आंकलन में लै. कर्नल से ब्रिगेडियर तक के अधिकारियों को ''वरिष्ठ कार्याधिकारी'' माना जाना चाहिए था, किन्तु ऐसा नहीं किया गया। इसके विपरीत लै.कर्नल से बहुत कम सेवाकाल वाले पुलिस के उप महानिरीक्षकों को 'वरिष्ठ कार्याधिकारी' मान लिया गया है।

जवानों और अफसरों के लिए यात्रा के दर्जे तो पाँचवे आयोग के वे शर्मनाक कारनामें हैं जिन्हें तुरंत संशोधन की जरूरत है। यही हालत दैनिक भत्ते, होटल व्यय और घर पर फोन की सुविधा की भी है।

पूर्वोत्तर और सिक्किम में तैनात असैन्य कर्मियों को वेतन से अतिरिक्त 2.5 प्रतिशत भत्ता भी मिलता है, पर ये भी सैन्य कर्मियों को नहीं दिया जाता।

औसतन गैर सैन्य कर्मी को सैन्य कर्मी से 20 प्रतिशत अधिक वेतन और भत्ते मिलते है।

यदि 1979-89 की अवधि का आकलन करें तो असैन्य कर्मचारियों की संख्या 12.4 प्रतिशत और उनके वेतन भत्ते 13.28 प्रतिशत बढ़े दिखाई देते है। इसी अवधि में सैन्य बलों में 14.6 प्रतिशत का विस्तार हुआ पर उनके वेतन और भत्तों में केवल 11.56 प्रतिशत का सुधार दिखाई पड़ता है।

आम भारतीय को अब लगने लगा है कि किसी सेवानिवृत्त न्यायमूर्ति से न्याय की उम्मीद लगाना भी एक अव्यवहारिक काम हो चला है।

अध्याय - 5

आर्थिक एवं प्रतिरक्षा समस्याओं का एकमात्र समाधान राष्ट्रीय सम्बद्धिकरण

प्रतिरक्षा संबंधी उपायों में ही राष्ट्रीय शक्ति की झलक दिखाई देती है। जिन देशों को अपनी शक्ति की जिम्मेदारियों का एहसास होता है वे उचित अनुचित राष्ट्र हित में सैन्य विकल्प का प्रयोग करने में कभी हिचकिचाते नहीं हैं। सभी सशक्त राष्ट्र क्लॉजविट्ज की इस उक्ति को 'ब्रह्म वाक्य' मानते हैं: युद्ध तो कूटनीति का विस्तार मात्र है। महाशक्तियाँ इस परिदृश्य को भली भांति समझती हैं और इसकी सहज प्रक्रियाएँ विभिन्न महाशक्तियों के बीच एक गत्यात्मक क्रमिकता का निर्धारण कर देती है। प्रथम महायुद्ध ने संयुक्त राष्ट्र अमरीका को पश्चिमी विश्व का सिरमौर बना दिया तो द्वितीय महायुद्ध ने इसे सारे विश्व भर में व्यवस्था बनाए रखने की शक्तियाँ सौंप दी। दूसरे विश्व युद्ध में जब यूरोप की मुख्यभूमि के सभी देशों द्वारा हर्मन आक्रमकमता के सम्मुख घुटने टेक दिए गए थे तो एकमात्र सोवियत संघ और ब्रिटेन ही उसके कब्जे में आने से बच रहे थे। महान नेता चर्चिल ने तो सारी पहल करने के अधिकार अमरीका को ही सौंप दिए थे। चर्चिल के उत्तराधिकारी तो बहुत ही क्षुद्र-से व्यक्ति थे। उन्होंने सारे ब्रिटिश और विदेशी हित भी अमरीका की सदैच्छा और सुविधा के अधीन कर दिए। किन्तु अमरीका ने अपनी सेनाएँ भेजकर विजित क्षेत्रों पर अधिकार जताने

का परंपरागत उपनिवेशी आचरण नहीं दोहराया (हाँ कहीं-कहीं बहुत भारी मुनाफा उठाने की दृष्टि से आवश्यक लगा तो इस विषय में परहेज भी नहीं रखा)। उसने अपने मानस पुत्रों, अर्थात् संयुक्त राष्ट्र संघ, विश्व बैंक, अंतर्राष्ट्रीय परमाणु ऊर्जा एजेंसी आदि अनेक संस्थाओं के माध्यम से लोकतंत्र, विचार विमर्श और आम सहमति का ढोंग रचाते हुए ऐसे वित्तीय और गैर वित्तीय सूत्रों की रचना कर ली कि सारा विश्व समुदाय उनके पाश में बंध कर रह गया। रेड क्रॉस जैसी संस्थाओं को भी अपने आदेशों का पालन करने को विवश कर दिया। कुछ देर के लिए सोवियत संद्य और चीन ने वैकल्पिक "शक्ति केन्द्रों" के रूप में काम करने का प्रयास तो किया पर वे विफल रहे। इसका मूल कारण मार्क्सवाद की चिरन्तन विषमताकारी और तानाशाही के माध्यम से समाज के संचलन की तर्कविहीन अवधारणाएँ रही।[xxi] तथाकथित साम्यवादी देशों में परिवर्तन के नाम गोर्बाचोव येल्त्सिन ने अपने देश (पहले सोवियत संघ, फिर रूसी गणराज्य) को कुछ-एक लाख डालर के बदले बहुत सस्ते में बेच डाला। कम से कम मॉस्को के टैक्सी चालकों का तो यही मानना है।[xxii] हम नहीं जानते कि देंग हि्सओ पिंग के विदेशी सूत्र संचालकों ने चीन को बेचने के लिए क्या दाम लगाए थे। हो सकता है माओत्से तुंग के प्रति नस-नस में बसी नफरत और चीन तथा उसकी परंपरागत विरासत के प्रति ना-पसंदगी ने उसे उसी प्रकार अपने देश को बेच डालने को प्रेरित कर दिया हो जैसे मनमोहन सिंह की हिन्दू भारत और उसके जीवन मूल्यों के प्रति जन्मजात अपमान और उपनिवेशवादी ब्रिटेन तथा अमरीका के प्रति अंध श्रद्धा भारत को गारत कर रही है।

भारत के व्यवसायी और सत्तासीन अभिजात्य वर्गों को जापान और चीन की भांति अपने आन्तरिक जनसमुदाय की कीमत पर भी बड़ी पश्चिमी महाशक्तियों एवं उनके पिछलग्गुओं की सेवा-श्रुषा पर आधारित "मृदुल महाशक्ति" बन विश्व विजय का दिवा स्वप्न बहुत रिझा गया है। इस विचार को देंग और उसके प्रतिबद्ध उत्तराधिकारियों ने चीन के लिए विकसित किया था। आज चीन के घटनाक्रम का अवलोकन-विश्लेषण

करने वाले विद्वान विश्व समाज में चीन के दबदबे को उसके 'मृदुल महाशक्ति' स्वरूप और अमरीका के साथ हित बंधन का ही परिणाम और प्रमाण बताने में जुटे हैं। इस सैन्य शक्ति विहीन राजसत्ता के प्रतिमान से भारत के आर्थिक सुधारों के जनक डॉ मनमोहन सिंह कुछ इस प्रकार अभिभूत हो चुके हैं कि वे सभी बातों को ताक पर रखकर इसी चीनी विचार के अनुसरण पर उतारू हैं। भारत के प्रचार माध्यमों की मुख्यधारा को भी यही चिंता खाए जा रही है कि भारत आज की मुख्य मृदुल महाशक्ति चीन की बराबरी पर कब पहुँचेगा या कब उससे आगे निकल पाएगा।

राष्ट्रीय प्रतिष्ठा और समतापूर्ण समाज के निर्माण के लिए राष्ट्रीय सन्नद्धता की अपरिहार्यता के महत्व के विश्लेषण के बाद हम परंपरागत और मृदुल महाशक्तियों के बीच मूलभूत अन्तरों पर भी चर्चा करेंगे।

राष्ट्रीय सन्नद्धता (लाभबंदी)

हम राष्ट्रीय सन्नद्धता या सन्नद्धि के स्तर या कोटि को इस प्रकार परिभाषित करते है:

$$\text{सक्रिय सन्नद्धि की कोटि} = \frac{\text{देश की कुल जनसंख्या}}{\text{सक्रिस सैन्य सेवाओं में लगी संख्या}}$$

इसी प्रकार

$$\text{सकल सन्नद्धि की कोटि} = \frac{\text{देश की कुल जनसंख्या}}{\text{सक्रिस रिजर्व और अर्द्ध सैनिक सेवाओं में लगी संख्या}}$$

इन दोनों मानों को....जनसंख्या के लिए 1 सैनिक द्वारा व्यक्त किया जाता है।

हमने राष्ट्रीय प्रतिरक्षा महाविद्यालय में भारत और मित्र देशों के नागरिक और सैन्य अधिकारियों के एक वर्ग को संबोधित करते हुए इसे 'सैन्यीकरण' का नाम दिया था। किन्तु उन अधिकारियों को इस विचार को

सक्रिय सन्नद्धि

क्र. सं.	देश	जनसंख्या	सक्रिय सैन्य सेवा में लगी संस्था	सक्रिय सन्नद्धि की कोटि प्रति जनसंख्या 1 सैनिक	क्रमांक
1.	इजराईल	4,400,000	149,000	30	2
2.	ईराक	15,400,000	845,000	18	1
3.	रूस	279,500,000	5,130,000	54	3
4.	ईरान	45,200,000	704,500	64	4
5.	हंगरी	10,789,000	105,000	103	5
6.	फ्रांस	55,502,000	557,493	100	6
7.	मिस्र	49,500,000	445,000	111	7
8.	अमरीका	240,900,000	2,143,955	112	8
9.	पं. जर्मनी	61,134,000	485,800	126	9
10.	ब्रिटेन	56,132,000	323,800	174	10
11.	पाकिस्तान	98,125,000	480,600	204	11
12.	चीन	1,052,700,000	2,950,000	357	12
13.	भारत	778,000,000	1,260,000	617	13

नोट : सभी आंकड़ों का स्रोत है द मिलिटरी बैलेंस, 1986–87, प्रकाशकः द. इंटरनेशनल इंस्टीट्यूट फॉर स्ट्रैटेजिक स्टडीज, 23 टेविस्टॉक स्ट्रीट, लंदन WC 2E7NQ।

सकल सन्नद्धि

क्र. सं.	देश	सकल सक्रिय सेवा + रिजर्व + अर्द्धसैनिक	सकल सन्नद्धि प्रति जनसंख्या सैनिक	सकल कोटी	सक्रिय कोटी
1.	इजराईल	707,500	6	1	2
2.	ईराक	1,499,800	10	3	1
3.	रूस	30,700,000	9	2	3
4.	ईरान	1,124,500	40	6	4
5.	हंगरी	316,000	34	5	5
6.	फ्रांस	1,034,201	54	10	6
7.	मिस्र	1,488,000	33	4	7
8.	अमरीका	4,533,708	53	9	8
9.	पं. जर्मनी	1,275,800	50	7	9
10.	ब्रिटेन	628,830	89	12	10
11.	पाकिस्तान	1,157,600	85	11	11
12.	चीन	20,327,000	51	8	12
13.	भारत	1,755,000	443	13 (अंतिम)	13 (अंतिम)

स्रोत : वही, मिलिटरी बैलेंस, 1986–87, लंदन

स्वीकार करने से झेंपते हुए पाया तो इसे अधिक स्वीकार्य 'सन्नद्धि' का नाम दे दिया।

राष्ट्रीय प्रतिरक्षा महाविद्यालय के पाठ्यक्रम के अनेक भागीदारों से सक्रिय और सकल सन्नद्धि के आँकड़ों की गणना करते समय व्यापक स्तर पर चर्चा हुई थी। सभी का पहला निष्कर्ष यही था कि चीन सबसे अधिक सन्नद्ध देश है। आइए इन तुलनात्मक आँकड़ों पर दृष्टि डाले ये तो कुछ और ही कहानी सुना रहे हैं।

हम इस सैनिक प्रति जनसंख्या को राष्ट्रीय सन्नद्धि का मापक मान रहे हैं। वैसे प्रति दस लाख जनसंख्या सैनिकों की संख्या को किसी देश के सैन्यीकरण का सूचक मानना अधिक प्रचलित है। किन्तु वे आँकड़े इतने बड़े-बड़े नजर आते हैं कि उनके आधार पर तुलना करना उचित नहीं लगता। किन्तु हमारा उपर्युक्त सन्नद्धि मापक किसी देश की सन्नद्धि का सहज ही अभिज्ञान करा देता है। इस मापक का मान जितना अधिक होगा वह देश उतना ही कम सन्नद्ध माना जाएगा। एक प्रकार से हमारे सूचक और सन्नद्धता के बीच विलोम संबंध है। हमारा ये मापक 'पैमाने' के प्रति संवेदनशील नहीं है और देश की जनसंख्या के आकार के प्रभाव से भी मुक्त है। इसके अनुसार जनसंख्या और क्षेत्रफल की दृष्टि से विश्व के छोटे माने जाने वाले देश ईराक और ईरान सबसे अधिक सन्नद्ध पाये गए, तीसरे स्थान पर संयुक्त राज्य अमरीका और सोवियत संघ संयुक्त रूप से अवस्थित थे। भारत का स्थान तो इन 13 देशों के क्रम में तेरहवां ही था। अर्थात् भारत विश्व का सबसे कम सन्नद्ध देश था और है।

रूसी महासंघ और भारत की अवस्था तो 1947 के बाद से खराब ही हुई है। राष्ट्रीय नीतियों और अंतर्राष्ट्रीय विवशताओं के मारे भारत की सेनाओं को (अधिकारी स्तर पर विशेषकर) जनशक्ति के अभाव का सामना करना पड़ रहा है। किन्तु यह एक अनुभव जन्य तथ्य है कि युद्ध जैसी राष्ट्रीय महत्व की घटनाओं के परिणाम तो राष्ट्रीय सन्नद्धता के स्तर पर ही निर्भर रहते हैं। भले ही उस समय के चीन के विषय में कोई मानक जानकारी सुलभ नहीं रही हो पर 1962 के भारत-चीन संघर्ष के भारतीय

दृष्टि से असंतोषजनक परिणाम का एक बड़ा कारण भारत की सैन्य सन्नद्धता में त्रुटियों में ही खोजा जा सकता है। अमरीका की वियतनाम में निर्णायक पराजय से कुछ ही पूर्व चीन और उत्तरी वियतनाम के बीच भी एक संघर्ष हुआ था जिसमें चीन को बुरी तरह से मुँह की खानी पड़ी थी। एक बार भारत यात्रा पर आए वियतनामी सेनापतियों ने दावा किया था कि वियतनाम वासियों को सबक सिखाने के लिए चीनी सेना वियतनाम की एक पर्वतीय घाटी में आने की मूर्खता कर बैठी और उसके 30,000 जवान वहीं ढेर कर दिए गए। जब 1987 में राष्ट्रीय प्रतिरक्षा कॉलेज के प्रतिनिधि मंडल में हम वियतनाम यात्रा पर गए तो वहाँ के सेनाध्यक्षों ने पहले नक्शे पर और फिर बाद में वास्तव में हमें वह घाटी दिखाई थी जहाँ उन्होंने चीन की सेनाओं को एक बड़ी हार का पाठ पढ़ाया था। यह केवल एक कारण से संभव हो पाया था: वियतनाम की जनसंख्या तो चीन से बहुत ही कम थी, किन्तु उस समय उसका सन्नद्धि स्तर बहुत ही बढ़ा चढ़ा था।

मध्यपूर्व में (अमरीका) ईराक युद्ध से पूर्व उससे तीन गुना जनसंख्या वाला ईरान वर्षों तक चले खून-खराबे के बाद भी ईराक को काबू नहीं कर पाया था। कारण एक ही था: दोनों की सन्नद्धता के स्तर समान प्राय: थे। भारत के अभी तक पाकिस्तान से चले संघर्षों में भारत को निर्णायक सफलताएँ नहीं मिल पायी है। इसका कारण भी भारत की सन्नद्धि के डावांडोल स्तर को ही माना जा सकता है। कहीं न कहीं (सैन्य कर्मियों में) असंतोष और राष्ट्रीय नीतियों के प्रति विरोध का भाव भी सन्नद्धता के स्तर की कमी का रूप धारण कर जाता है। इस सन्नद्धता हानि का निवारण बहुत कम लागत पर ही संभव है।

भारत को विश्व की दूसरी सबसे बड़ी जनसंख्या वाला देश होने का गौरव प्राप्त है। विश्व के भूक्षेत्र के मात्र 5 प्रतिशत पर विश्व जनसंख्या का 16 प्रतिशत अंश बसा है। अत: यहाँ की जन घनता बहुत अधिक है। भुवनेश्वर के धान शोध केन्द्र ने पाया है कि श्रम अभाव ग्रस्त जापान में भी धन की खेती में प्रति हेक्टेयर श्रमिकों की संख्या भारत से अधिक है। ये बात और है कि जापान की कृषि भारत की तुलना में 10 से

100 गुना तक कार्बनिक और अकार्बनिक पोषक तत्वों का भी प्रयोग होता है।

कई और कारण भी देश में उपलब्ध श्रम शक्ति के प्रभावी उपयोग में बाधक हो रहे है। उदाहरणतः भारतीय वायु सेना की सही ताकत तो इसके स्क्वेड्रन स्तर के उड़ाकू और इंजिनियर ही है किन्तु इन अफसरों को भी इतने अधिक रख-रखाव और प्रशासनिक कामों से लाद दिया गया है कि वे अपने कुल समय का बहुत अल्पांश ही उस विशेष काम में लगा पाते हैं, जिसे उनका मुख्य और सही काम माना जाता है।

मुख्य काम से ये जबरदस्ती (किन्तु भारतीय संदर्भ में आवश्यक) विस्थापन कुछ अन्य समस्याओं को भी जन्म दे रहा है। एक कार्यरत वायु सेना कमान ने 1989 में अपने सभी स्तरों के कर्मियो- सिपाहियों, गैर-कमिशन्ड और वरिष्ठ कमिशन्ड अधिकारियों, वारंट और मास्टर वारंट अधिकारियों के बीच आवश्यक तकनीकी, कार्यकारी और प्रशासनिक शक्तियों एवं दायित्वों का सर्वेक्षण किया था। इससे एक बड़ा चौंकाने वाला रहस्योद्घाटन हुआ: उनके पास आवश्यक एवं सामान्य जानकारियों का भी अभाव था। उपलब्ध तकनीकी एवं संवहन (Logistic) अधिकारियों के एक छोटे से प्रतिदर्श से स्पष्ट हुआ कि उनकी हालत अपने अधीनस्थ कर्मियों से अधिक अच्छी नहीं थी। उड़ाकूओं की जानकारियाँ भी अपर्याप्त ही रही। मिग-21 विमानों की दुर्घटनाओं में ये संदेह जताया जा रहा था कि संभवतः पायलट 'रिलाइट प्रक्रिया' को ठीक से नहीं कर पा रहे हैं। अतः कुछ उड़ाकुओं को मिग-सिम्युलेटर में यह प्रक्रिया करने को कहा गया। परिणामः छह में से केवल एक पायलट ये कार्य ठीक से कर पाया। इसी अध्ययन से यह भी पता चला कि जो कर्मी नवीनतम वायुयानों के चालन से जुड़े थे, वहीं सबसे अधिक जानकार और कुशल भी थे। इससे स्पष्ट होता है कि सारी वायुसेना के सबसे अच्छे अफसरों को केवल नवीनतम वायुयानों के उड्डयन केन्द्र में जमा कर दिया गया था। ये आवश्यक भी था, क्योंकि चयन करने के लिए उपलब्ध कुशल कर्मी 'कोष' ही सीमित था।

यद्यपि भारत में जन घनत्व विश्व में सबसे अधिक है, किन्तु विमान जैसे बड़े उपकरणों के साथ तो जनशक्ति अनुपात बहुत ही कम रह गया है। भारत का कर्मी प्रति विमान अनुपात विश्व की सभी वायुसेनाओं की तुलना में न्यूनतम है। यह भी जाना माना सत्य है कि जो देश अपने बनाए विमान और आयुध प्रणालियाँ प्रयोग करते हैं वहाँ कर्मी प्रति विमान अनुपात आयातित प्रणालियाँ प्रयोग करने वाले देशों से कम रहता है। इसी प्रकार स्वदेशी विमान प्रणाली प्रयोक्ता देशों में विमान दुर्घटना दर भी न्यूनतम रहती है। किन्तु भारत का विमान दुर्घटना रिकार्ड बहुत ही शर्मनाक है, कारण यही है कि इंजिनियरों को अपनी कार्यशालाओं से कहीं दूर गैर तकनीकी कामों में व्यस्त रखना एक सामान्य बात हो गई है। भारतीय वायु सेना का कर्मी (इंजिनियरिंग शाखा) प्रति विमान अनुपात बहुत कम हो गया है। वायुयान पर कार्य में सदैव शत प्रतिशत पर्यवेक्षण और पुनः जाँच की आवश्यकता रहती है, पर ये सारे काम अब अधिकारी स्तर से निम्नतर कर्मी कर रहे हैं। गौरतलब बात है कि 1988 और 1989 के इस अध्ययन के समय 1985-86 की जानकारी ही सुलभ थी। उससे पता चला था कि आगरीका की वायुसेना अफसरों की संख्या भारतीय वायुसेना की सकल कर्मी संख्या के समान थी। यही नहीं, अमरीका वुायसेना अफसरों का प्रशिक्षण और योग्यता स्तर भी भारत की अपेक्षा कहीं अधिक उच्चतर था।

अनेक स्नाकतोत्तर और पी.एच.डी. डिग्रीधारी अमरीकी वायुसेना में विद्यमान थे, जबकि भारतीय वायुसेना में तो इस स्तर की शैक्षणिक योग्यता इने गिने अधिकारियों में ही होती है। आइए अमरीकी और भारतीय वायुसेनाओं का तुलनात्मक विवरण देखें:

अमरीका और भारतीय वायुसेनाः एक तुलना

क्र. सं		*अमरीकी*	*भारतीय*	*अमरीकी/ भारतीय*

				अनुपात
	विमान संख्या (1888)			
1.	(क) नियमित वायुसेना	6724	1961	3.4 गुना
	(ख) राष्ट्रीय और वायुसेना रिजर्व	2235	शून्य	
	कुल	**8959**	**1961**	**4.6 गुना**
	कर्मी संख्या (1989)			
2.	(क) सैन्य	5,35,200	1,14,000	4.7 गुना
	(ख) असैन्य	2,48,875	30,760	8.1 गुना
	कुल	**7,84,075**	**1,44,760**	**5.4 गुना**
	अधिकारी			
3.	(क) जनरल	13	1	13 गुना
	(ख) लै. जनरल और कनिष्ठतर	1,03,684	10,007	10.3 गुना
	प्रतिरक्षा बजट प्रतिशत अंश	**1991**	**1990-91**	
	(क) स्थल सेना	26.5 प्रतिशत	56.1 प्रतिशत	
4.	(ख) जल सेना	33.8 प्रतिशत	12.7 प्रतिशत	
	(ग) वायुसेना	30.3 प्रतिशत	24.9 प्रतिशत	
	(घ) प्रतिरक्षा एजेंसियाँ	8.5 प्रतिशत	7.2 प्रतिशत	
	वायुसेना बजट	**1990**	**1989-90**	
	(क) बजट, स.घ.उत्पाद के प्रतिशत के रूप में	1.7 प्रतिशत	0.92 प्रतिशत	
	(ख) बजट प्रयोग	1990 (बिलियन डॉलर)	1989-90	
5.	I. कार्य और रखरखाव पर	21.75	0.446	
	II. कर्मियों पर	20.83	0.191	
	III. प्रापण पर	30.20	0.510	
	IV. अन्य मदों पर	27.62	0.803	
	कुल	**99.60**	**1.230**	**81 गुना**
6.	**अफसरों का प्रगति क्रमानुसार वितरण**			
	(क) विमान चालक	27,321	3,124	
	(ख) दिक् चालक	मूलत: मुख्य कार्य में	सभी कार्यों में	
	शिक्षा स्तर अफसर			
	(क) अस्नातक	0.1 प्रतिशत	19.7 प्रतिशत	
7.	(ख) स्नातक	54.9 प्रतिशत	62.9 प्रतिशत	
	(ग) स्नाकोत्तर	43.6 प्रतिशत	17.2 प्रतिशत	
	(घ) विशारद (पी.एच.डी.)	1.45 प्रतिशत	0.15 प्रतिशत	
	वायुसेना कर्मी			
	(क) कॉलेज में किसी स्तर तक	44.35 प्रतिशत	**जानकारी सुलभ नहीं है।**	
	(ख) स्नातक	3.1 प्रतिशत		
	(ग) स्नातकोत्तर	0.36 प्रतिशत		

	वायुयानों का विवरण			
	24 वर्ष से अधिक	29 प्रतिशत	8.3 प्रतिशत	
	21-24 वर्ष	12 प्रतिशत	5.3 प्रतिशत	
	18-21 वर्ष	13 प्रतिशत	6.6 प्रतिशत	
8.	15-18 वर्ष	5 प्रतिशत	10.6 प्रतिशत	
	12-15 वर्ष	5 प्रतिशत	9.9 प्रतिशत	
	9-12 वर्ष	6 प्रतिशत	14.3 प्रतिशत	
	6-9 वर्ष	9 प्रतिशत	15.8 प्रतिशत	
	3-6 वर्ष	10 प्रतिशत	18.5 प्रतिशत	
	0-3 वर्ष	11 प्रतिशत	10.5 प्रतिशत	

ये जानकारियाँ विभिन्न स्रोतों से संकलित/आंकलित की गई है।

भारतीय वायुसेना की हालत बहुत खस्ता है। यों तो इस वायुसेना के पास आधुनिकतम विमान और घातक आयुध प्रणालियाँ हैं, किंतु अपने निम्न वेतनमानों और प्रगति के अवसरों (के अभाव) के कारण पिछले तीन दशकों में ये सेना भारतीय प्रौद्योगिकी संस्थानों के एक भी स्नातक को भरती नहीं कर पायी है। इसे सामान्य इंजिनियरिंग कालेजों, यहाँ तक कि मोटी फीस लेकर डिग्रीयाँ देने वाले व्यापारिक दुकानों, से भी भरती करने को विवश होना पड़ा है। इसी के तनाव और दबाव अब व्यवस्था में उभरने लगे हैं। अनधिकृत रूप से भी सही भारतीय वायुसेना की उच्च दुर्घटना दर का एक बड़ा कारण इसी त्रुटि को माना जा रहा है। दूसरे दोनों सशस्त्र सेनाओं- थल सेना और नौ सेना में तो दशा और भी निकृष्ट है।

विश्व भर की सशस्त्र सेनाओं में अब जन शक्ति में प्रौद्योगिकी निष्ठता (प्रशिक्षित) बढ़ती जा रही है किन्तु खेद का विषय है कि भारतीय सशस्त्र सेनाओं में पिछले दशक में अधिकांश नियुक्तियाँ गैर-तकनीकी शाखाओं में ही हुई है।

कहा जाता है कि सेनाएँ अपने पेट के आधार पर कूच करती हैं, किन्तु वायु सेना तो उड़ान भरती है। वैसे सभी सेनाएँ उच्चतम प्रौद्योगिकी

वातावरण में ही काम करती है। सेनाएँ, विशेषकर वायुसेना, जिन उपकरणों का प्रयोग करती हैं, वे नवीनतम और उत्कृष्टतम होते हैं, तो उनके लिए बड़ी भारी लागत भी भरनी पड़ती है। अस्सी के दशक के मध्य में जहाँ अमरीकी वायुसेना का बजट 100 बिलियन डॉलर था वहाँ भारत का समस्त सशस्त्र सेना बजट ही मात्र 6 बिलियन डॉलर था। आज भी भारत विश्व में प्रति व्यक्ति आधार पर निम्नतम राशियाँ प्रतिरक्षा पर खर्च कर रहा है। ये बहुत ही छोटे से देश सिंगापुर से भी कम है। हमारी आर्थिक नीतियों का स्वरूप ही हमें राष्ट्रीय सुरक्षा पर अधिक खर्च करने की अनुमति ही नहीं देता। हम अपने राष्ट्रीय हितों की रक्षा के लिए कूटनीति पर निर्भर रह रहे हैं। हम मानकर चल रहें है कि अक्ल भैंस से बड़ी होती है। किन्तु संभवतः ईराक II और ईरान के साथ भड़क रहे संघर्ष तो किसी और ही दिशा में संकेत कर रहे हैं।

भले ही आर्थिक, शक्ति प्रक्षेपण, औद्योगिक, कृषि और सांस्कृतिक संवृद्धि के आयामों की दृष्टि से उपयुक्त स्तर पर राष्ट्रीय सन्नद्धता नितांत आवश्यक है, किन्तु भारत सरकार अपनी चाल और स्वरूप को बदलने वाली नहीं है। देश में सशस्त्र सेवाओं से निवृत कुशल जनशक्ति का विशाल भंडार विद्यमान है। इसे सेनाओं की ही सेवा में प्रयोग किया जा सकता है। अमरीकी सेनाएँ भी देशीय असैनिक निकायों को अनेक महत्वपूर्ण प्रकल्प सौंप रही है। साथ ही वह विदेशी बी.पी.ओ. क्षेत्र से भी अपने अनेक काम करवा रही है। यहाँ तक कि उन्हें विदेशी लड़ाकों का प्रयोग करने से भी परहेज नहीं रहता। वे केवल इसीलिए विदेशी कौशल और जनशक्ति को प्रयोग करने में सफल रहते हैं क्योंकि अमरीकी डॉलर को उन सभी देशों में बहुत 'मूल्यवान' मुद्रा माना जाता है। भारत को ये सुविधा सुलभ नहीं है, किन्तु इसके लिए वैकल्पिक प्रतिमान भी सुलभ है। भारतीय सेनाएँ अपने ही सेवा निवृत अधिकारियों के विशाल प्रतिभा भंडार को अनेक प्रकार के प्रक्रिया ज्ञान एवं कार्य संचालन का कार्य सौंप सकती है। भारतीय वायुसेना तो विशेष रूप से भंडार प्रणाली, उपकरण प्रबंधन, नियंत्रण एवं निर्गम, तीसरे और चौथे स्तर की सर्विस, विशिष्ट प्रयोगशालाओं,

परिवहन, असंवेदनशील सुरक्षा, वेतन लेखांकन एवं भुगतान, वायु यातायात नियंत्रण, अचल प्रतिष्ठानों में चिकित्सीय सेवाओं आदि के कार्य सहज ही सेवानिवृत अधिकारियों तथा उन द्वारा संचालित निकायों को सौंपने में अग्रणी भूमिका निभा सकती है। वायु एवं अन्य सभी सेनाओं को इस प्रकार संचालित असैन्य निकायों का 365 दिन चौबीसों घंटे काम करने में उपयुक्त दिशा-निर्देशन करने का अधिकार रहेगा। ये असैन्य निकाय अधिकृत सैन्य अधिकारियों के सभी निर्देशों का निःसंकोच प्रतिपालन करेंगे। यहाँ कार्य कर रहे असैन्य कर्मी धीरे काम, हड़ताल और 'नियमानुसार काम' जैसी श्रम संघीय हरकतें नहीं करेंगे। शुरू के कुछ वर्षों तक तो सैन्य प्रतिष्ठानों आदि में केवल पूर्व सैनिक ही काम करेंगे। सेनाओं की सामान्य मान-प्रणाली का अनुसरण होगा, किन्तु, सेवारत् सैन्यधिकारी अपेक्षाकृत वरिष्ठ सेवा निवृत अधिकारियों को भी निर्देश आदेश देने को अधिकृत होंगे। संबंद्ध और सन्नद्ध असैन्य निकाय सेनाओं के लिए महत्वपूर्ण मुद्दों पर अध्ययन और शोध करेंगे। भंडार व्यवस्था असैन्य व्यक्तियों को सौंपने के बाद भी वितरण, हस्तांतरण और विशेष वस्तुओं के भंडारण पर तो सेनाओं का ही नियंत्रण रहेगा। सभी सैन्य प्रतिष्ठानों के बीच परस्पर संपर्क बना रहेगा और सेवारत् अधिकारी प्रत्येक वस्तु की उपलब्धता (देश। और विदेश में भी) का आंकलन अपनी मेज पर रखे संगणक या अपने लैप टॉप पर भी कर सकेंगे।

सामान्य प्रशासकीय और घरेलू कार्यों के 'दायित्व' से मुक्त होकर सुरक्षाकर्मी अपने मुख्य काम पर केन्द्रित हो पाएंगे। फिर तो उन्हें निरीक्षण पर्यवेक्षण, निगरानी, यौद्धिक अभ्यास, युक्तिक क्रीड़ाओं, प्रबंधकीय युक्तियों आदि पर ध्यान देते हुए उपलब्ध उपकरणों और जनशक्ति के बेहतर से बेहतर प्रयोग और प्रयोजन की विधियाँ खोजने का समय भी मिल जाएगा। जन शक्ति ही सबसे बड़ा शक्ति गुणक होती है। समर्पित पूर्व सेवा कर्मियों का सहयोग पाकर हमारे वर्तमान सैन्यकर्मी अपने आयुधों, यंत्रों, उपकरणों की त्रुटियों को सुधारने के समय अंतराल में भारी कटौती करने में सफल हो जाएँगे। इस प्रकार उन्हें सैन्य अभ्यास आदि के लिए पहले से अधिक

अनुपात में संसाधन सुलभ हो जाएँगे। भारत में वायुसेना के प्रयोग में अधिक उत्सुकता नहीं दिखाई पड़ती। कहीं न कहीं 'जन शक्ति' की सुलभता का अभाव भी एक बड़ा संरोध हो सकता है। सशस्त्र सेनाएँ स्वयं बाजार से धन नहीं जुटा सकती। किन्तु उनके सहयोग में लगी निजी इकाइयों पर ऐसा कोई बंधन नहीं होगा। वे अन्य सभी व्यापारिक निकायों की ही भांति बाजार से धन जुटा सकेगी। जो पूंजीगत साधन उन्हें सेनाओं से मिलेंगे, उनका प्रयोग वे (फर्में) बिना भुगतान कर पाएँगी, किन्तु उन संसाधनों पर सेनाओं का ही स्वामित्व रहेगा। फर्मों पर तो कच्चे माल और तैयार माल के भंडार की वहन लागत तथा वितरण आबंटन की लागत का बोझ होगा। इस भंडारों को बैंकों के पास बांड के रूप में गिरवी रख कर भी वे धन जुटा पाएगी। इस प्रकार ये निकाय सरकार के बजट समर्थन पर निर्भर नहीं होगें। हाँ, अन्य व्यापारिक संगठनों को सुलभ कर छूट तथा अन्य रियायतें इन्हें भी मिलेंगी। इस प्रकार की व्यवस्था भारत के लिए 'हर हाल में जीत' बन सकती है, किन्तु हमारे उदारीकृत अर्थशास्त्रियों, प्रशासकों और राजनेताओं के मन में तो कुछ और ही समाया रहता है।

एक बात तो सभी जानते हैं, एक अतिविकसित देश की राजनीतिक विचारधारा और प्रशासकीय रचना कुछ भी हो, वह अपने देश को उच्च स्तर पर 'सन्नद्ध' अवश्य रखता है। उच्च राष्ट्रीय सन्नद्धता और विकास के बीच का ये रिश्ता अतिन्यून विकसित देशों को समझना पड़ेगा। सभी पाश्चात्य और कुछ मध्यवर्ती देश भी निरंतर जनाभाव की शिकायत करते रहते हैं, किन्तु फिर भी ये अभाव उन्हें विशाल सशस्त्र सेनाएँ एकत्र करने से नहीं रोक पाता। उच्च सैन्य सन्नद्धता और विकास के बीच कुछ गहरा रिश्ता है। 'विकास पहले होता है या सन्नद्धिकरण' ये बहस तो निरर्थक रहती है। सशस्त्र सेनाएँ या विकास की बहस परंपरागत 'अंडा या मुर्गी' वाली बहस ही होगी। विकास की प्रक्रिया बहुत कष्ट साध्य रहती है। प्रत्येक नीति का प्रयोजन और क्रियान्वयन अनेक उतार-चढ़ावों से भरपूर रहता है। राष्ट्रीय सन्नद्धि एक सुनिश्चित प्रक्रिया है और इसके परिणाम एवं प्रभावों का पूर्वाकलन संभव रहता है। इसके सामाजिक प्रभाव

समतापूर्ण होते हैं। कम से कम आज के विकसित देशों का अनुभव तो यही बता रहा है। हाँ राजनीतिक प्रभावों के विषय में सत्तासीन अभिजात्य वर्ग अपनी इच्छानुसार चाहे जैसा भी निरूपण कर लेते हैं। कम विकसित देश अपने सारे आकलन में इस तथ्य को अनदेखा कर जाते हैं कि विकसित देश बड़े विशाल सैन्य बलों के सहारे ही अच्छा निष्पादन कर पा रहे हैं। उन्होंने विकसित देशों ने सन्नद्धिकरण और सैन्यीकरण के राष्ट्रहितकारी प्रभावों की ठीक से समझ लिया है। कई बार ये तर्क भी सुनाई दे जाता है – विकसित देशों को अनेक अंतर्राष्ट्रीय दायित्व निभाने पड़ते है और इसीलिए उन्हें उच्चतर स्तर पर सन्नद्ध रहना पड़ता है। उन्होंने गरीब देशों को न्यूनतम 'सैन्यबल' की सलाह भी दी है। ये कभी स्पष्ट नहीं किया जाता कि उनकी समस्त अंतर्राष्ट्रीय शक्ति और प्रभावशीलता का सारा आधार विशाल सैन्य बल और सन्नद्धता ही है। इतिहास इसका एक संभावी साक्षी है। मैंने इस बारे में विशेष जानकारी का आकलन तो नहीं किया है पर यदि सिकंदर, तैमूरलंग, महमूद गजनवी, जूलियस सीजर और नेपोलियन आदि के शासन काल में उनके देशों की स्थिति की समीक्षा की जाए तो सबमें एक सांझा सूत्र अवश्य मिलेगा। वह है: उच्च स्तर की सन्नद्धता। कम से कम इतना अवश्य स्पष्ट हो जाएगा कि उनकी राष्ट्रीय सन्नद्धि का स्तर उन द्वारा पराजित देशों की अपेक्षा अवश्य बहुत बढ़ा चढ़ा था। आधुनिक इतिहास भी इसी के उदाहरणों से भरा है। दूसरे महायुद्ध से पूर्व हिटलर का जर्मनी, मुसोलिनी का इटली और तोजो का जापान, सभी उच्च सन्नद्धि से युक्त थे। सन्नद्धता के लिए कुछ और विवशताएँ या अपरिहार्य कारण भी है। ये बेरोजगारी की समस्या का भी काफी सीमा तक समाधान कर देती है। प्रत्यक्ष रोजगार तो मिलता ही है, प्रति सैनिक आधार पर गणना करें तो सैन्य सामग्री के निर्माण से जुड़े उद्योगों, गृह खंड निर्माण व रख-रखाव, भोजन व्यवस्था, चिकित्सा व्यवस्था आदि में कम से कम 20 और व्यक्तियों को रोजगार मिल जाता है। विकसित देशों में दिखाई देने वाली बेरोजगारी का स्वरूप गरीब देशों की तुलना में बहुत अलग है। अमीर देशों में तो लाभ प्रेरित अर्थतंत्र की गति बनाये रखने के लिए किसी न किसी क्षेत्र में बेरोजगारी का निर्माण

करने की तकनीकें अपनाई जाती हैं। इस समस्या को अन्य क्षेत्रों तक छा जाने से रोकने के लिए ही ये देश सर्वसुलभ बेरोजगारी भत्तों आदि की सामाजिक सुरक्षा व्यवस्था की रचना भी कर लेते है। वैसे भी इनका मशीनीकरण और श्रम की बचत करने वाली प्रौद्योगिकी पर आग्रह वस्तुतः सैन्य सन्नद्धिकरण के लिए श्रम जुटाने के लिए रचा गया आवरण ही है।

सन्नद्धिकरण से औद्योगिक विकास का मार्ग प्रशस्त होता है। सभी देशों और कालों में सैन्य बल संवृद्धि और आर्थिक उन्नति के दौर साथ-साथ चले हैं। ये एक सिद्ध सत्य है कि सभी विकसित देश उच्च स्तरीय सन्नद्धि और उसके अनुरूप औद्योगिक निवेश द्वारा सैन्य आपूर्ति का समृद्ध स्तर अपनाते हैं। प्रायः सभी विकसित देशों की सेनाएँ स्वदेश निर्मित आयुध प्रणालियों से लैस होती है। यहाँ भी, जिन देशों की आन्तरिक शस्त्रास्त्र निर्माण क्षमता अल्प विकसित रह जाती है, वे अपेक्षाकृत न्यून सन्नद्धि से ही संतुष्ट रहने को विवश हो जाते हैं। इस संदर्भ में इंग्लैंड की अमरीका या फिर इंग्लैंड की फ्रांस या जर्मनी से तुलना बहुत सार्थक रहती है। एक महान औपनिवेशिक महाशक्ति की अद्योगति के दर्शन यहीं होते हैं। ये भी एक विचारणीय प्रश्न हो सकता है कि इंग्लैंड की सैन्य सत्ता का पतन पहले आरंभ हुआ या उसकी आर्थिक क्षमता का ह्रास। यही विकसित बहुत जोरदार शब्दों में विकासशील देशों से सन्नद्धि स्तर न्यून रखने का आग्रह करते भी दिखाई दे जाते हैं। विश्व बैंक के निर्देशानुसार चल रही लैटिन अमरीकी और अफ्रीकी अर्थव्यवस्थाओं के कर्ज के भार से पिस कर रह जाने के बाद भी उन्हें उसी रास्ते पर चलने की सलाह दी जा रही है: सन्नद्धि नहीं, आन्तरिक आवश्यकताओं की पूर्ति के लिए भी स्वतंत्र औद्योगिक संरचना का निर्माण नहीं! परिणाम स्वरूप आर्थिक संवृद्धि भी नदारद रहती है। एक पत्रिका ने अमरीकी अर्थव्यवस्था में सन्नद्धि स्तर शून्य कर देने से पैदा होने वाले परिदृश्य की रचना कर पश्चिमी देशों के (अन्य देशों को दिए जा रहे) सन्नद्धि विरोधी उपदेशों की पोल कुछ इस प्रकार से खोली है?:

अधिकांश अमरीकियों का विश्वास है कि सैन्य बजट में बड़ी कटौती उनकी अर्थव्यवस्था को मंदी या भीषण मंदी में धकेल देगी।

ये भय निराधर नहीं है। आखिर सकल घरेलू उत्पाद का 8 से 9 प्रतिशत तो सीधे ही प्रतिरक्षा कार्यों पर व्यय हो रहा है। अतः अर्थव्यवस्था के औद्योगिक तंत्र के लिए सैन्य विनिर्माण छोड़कर नागरिक उत्पादन प्रारंभ करना इतना सहज नहीं होगा। इस प्रकार के प्रयास के क्या परिणाम हो सकते हैं? बस सोवियत संघ और रूसी महासंघ के घटनाक्रम पर एक विहंगम दृष्टिपात से ही ये सब कुछ समझ आ जाएगा।

विभिन्न देशों की सन्नद्धि अवस्थाओं की तुलना से भी बहुत रोचक तथ्य प्रकट होते है। अति सन्नद्ध देशों की अंतर्राष्ट्रीय स्तर पर शक्ति भी अधिक होती है। वे अपनी वरीयताएँ अन्य देशों पर थोपने में सफल रहते हैं। निम्न सन्नद्धि के कारण ही भारत विश्व स्तर पर अपने विशाल भू क्षेत्र और जन बल के अनुरूप सम्मान एवं प्रतिष्ठा पाने में विफल रह जाता है।

एशिया में भी एक महाशक्ति का सम्मान पाने के लिए भारत को अगले 3 से 5 वर्षों में (वर्तमान पंचवर्षीय योजना की अवधि में ही) जनसंख्या के 1 प्रतिशत के सैन्यीकरण का लक्ष्य बनाना होगा। साथ ही वर्तमान दशक (2010–2019) के दौरान ही 2 प्रतिशत जनसंख्या के सक्रिय सन्नद्धिकरण की बड़ी पहल करनी होगी। हमें आशंका नहीं बल्कि पूर्ण विश्वास है कि हमारे योजना विशेषज्ञ और अर्थशास्त्री इस सुझाव को गर्दन झटक कर नकार देंगे। उन्हें कभी भी भारतीय समस्याओं के भारतीय निदान और उपचार रूचिकर नहीं लगते।

लेकिन, इस परिदृश्य पर विचार कर देखिए: भारत के पास यदि एक से दो करोड़ का सैन्य बल हो–भले ही उसके पास श्रेष्ठतम शास्त्रास्त्र नहीं हो, फिर भी उसकी ओर आंख उठा कर देख पाना किसी भी शत्रु के लिए आसान नहीं होगा। उस सैन्य बल में से 30 से 50 लाख पश्चिमी और दक्षिण–पश्चिमी सीमा की रक्षा कर रहे हो, 20 से 50 लाख उत्तरी, इतने उत्तर पूर्वी तथा 30 से 50 लाख अगर दक्षिणी व दक्षिणी पूर्वी सीमा पर

तैनात हो, कुछ आसपास के देशों के शान्ति-सुरक्षा कार्यों के (भारतीय नियंत्रण किन्तु मेजबान देश या संयुक्त राष्ट्र के खर्च पर) नियुक्त हो तो क्या नजारा होगा? फिर अदन जैसी स्थिति होगी- महाशक्ति ब्रिटेन के प्रधानमंत्री ने जैसे अदन से पूर्व से वापसी का सिद्धांत गढ़ लिया था, शेष महाशक्तियाँ भी एशिया, आस्ट्रेलिया और अफ्रीका के नेतृत्व गुण क्षीण क्षेत्र का प्रबंधन भारत को सौंप कर अलग हो जायेगी। इस विशाल सेना की रचना, अर्थात थल, वायु, जल जलस्थलगामी, पूर्णतः जलगामी, विशेष दस्ते, अन्वेषण, आणविक, जैविक एवं रसायन युद्ध कौशल संपन्न एवं मानसिक युद्ध क्षमता सम्पन्न वाहिनियों का गठन विभिन्न प्रभाव एवं कार्य क्षेत्रों की/देशों की आवश्यकताओं, ऋतुचक्र, संस्कृति और युद्ध को टालने/शांति बनाए रखने आदि की परिस्थितियों के अनुरूप होगा। जरा सोच कर देखिए, ऐसी सेना के साथ टकराने की बात भी कोई सोच पाएगा? अब जिन तरह-तरह की आशंकाओं से हम घिरे रहते हैं, क्या वे कहीं दिखाई भी पड़ेगी? वास्तव में हमारे प्रतिद्वंद्वी स्वयं हीन भावना से ग्रस्त हो हमारा मुँह ताकते रहेंगे।

भारत की सदा से चली आ रही बेरोजगारी की समस्या का भी अंत हो जाएगा। एक से दो करोड़ की सेना के लिए अन्य सहायक सेवाएँ सुलभ कराने के लिए 20 से 40 करोड़ अन्य व्यक्तियों को विभिन्न उद्योग धंधें में रोजगार प्राप्त होगा। भारत में ही इतने उच्च स्तर पर रोजगार सृजन से यहाँ से जन एवं कौशल पलायन समाप्त हो जाएगा। वस्तुतः भारत प्रतिभा आकर्षण का केन्द्र बन जाएगा। भारत फिर तो प्रवासियों की अच्छी तरह छानबीन कर उन्हें कार्यानुमति देने की स्थिति में होगा। औद्योगिक विकास और सकल घरेलू उत्पाद संवृद्धि की दरें भी बहुगुणित हो जाएँगी। तभी सामान्य जन को समृद्धि के सुख की अनुभूतियाँ होगी। इस अर्थव्यवस्था में चीन के बारे में बार-बार उठाई जा रही व्युत्क्रम और विकृति की आशंकाएँ भी पैदा नहीं हो पाएगी। शर्त यही है कि हमारी इस पुस्तक में सुझाई गई समताकारी नीतियों पर अक्षरशः आचरण हो।

इससे एक ही झटके में भारतीय नियोजकों (1950 के दशक के सी.

सुब्रह्मण्यम जैसे विचारकों) द्वारा परिपोषित ''छोटेपन'' की समाप्ति भी हो जाएगी, जो अन्य देशों के लिए व्यवसाय की रचना पर आग्रह करता है। फिर तो 1 से 2 करोड़ की सेना के साज–समान के उत्पादन का काम और व्यवसाय भारत के अपने उद्योगों को प्राप्त होगा। कोई भी नियोजकर्ता इतने बड़े स्तर पर आयात करने का सुझाव नहीं दे पायेगा।

आइए भारत के वांछनीय स्तर पर सन्नद्धिकरण के लिए आवश्यक औद्योगिक और कृषिक विकास के विभिन्न आयामों पर भी कुछ विचार करें। एक सैनिक को प्रतिदिन 2 किलोग्राम खाद्य सामग्री चाहिए। अतः 2 करोड़ सैनिकों के लिए प्रतिदिन 4 करोड़ किलोग्राम या 40 हजार टन या दूसरे शब्दों में प्रतिवर्ष 1 करोड़ 46 लाख टन खाद्य सामग्री की आवश्यकता होगी। प्रतिरक्षा सेनाओं की सामग्रियों की आपूर्ति श्रृंखला बहुत ही विस्तीर्ण और विविधपूर्ण होती है। इसमें सरकारी, अर्द्ध सरकारी, सार्वजनिक और निजी क्षेत्र के उद्यमों और ईकाइयों का सम्मिश्रण होता है। हमारा अनुमान है कि इस विस्तीर्ण और दुरूह आपूर्ति श्रृंखला में किसी भी समय बिन्दु पर जितनी सामग्री की वास्तविक आवश्यकता सेनाओं को होगी उससे दो से पाँच गुना सामग्री विभिन्न बिन्दुओं पर संग्रहित एवं संचलित रहेगी। अर्थात राष्ट्रीय खाद्य भंडार में से उसे 7 करोड़ टन का हमें प्रतिवर्ष सेनाओं के लिए आबंटन करना होगा। ये देश के वर्तमान उत्पादन के 10 से 30 प्रतिशत के समान है। देश के सामान्य नागरिक की खाद्य आवश्यकता को भी सैनिकों के ही समान माने तो वर्ष 2007 में दैनिक आवश्यकता 2 सौ करोड़ किलोग्राम अथवा 20 लाख टन प्रतिदिन या 73 करोड़ टन प्रतिवर्ष बनती है। यदि केवल निजी मुनाफाखोरी की चिंता छोड़कर सरकार भारत के हित को सर्वोपरि मान कर प्रयास करे तो देश के कृषि उत्पादन को तीन गुना करना कोई बहुत कष्ट साध्य कार्य नहीं होगा। सामान्य भारतीय के लिए भी खाद्य आपूर्ति श्रृंखला कम दुरूह और विस्तीर्ण नहीं है। इसमें सरकारी व गैर सरकारी स्तर पर मुनाफाखोरी को प्रश्रय देने के उद्देश्य से जगह–जगह राष्ट्रद्रोही जखीरा खोरी चल रही है। अतः हमारी वास्तविक जरूरत वर्तमान 30 करोड़ टन की अपेक्षा 80 से

100 करोड़ टन के समान है। यदि सही विदेशी विनिमय दर का अनुसरण किया जाए तो इस युक्तियुक्त अन्न भंडार में आन्तरिक उत्पाद में कुछ कमी की भरपाई आयात से भी हो सकती है। इसी प्रकार लाखों मीटर अतिरिक्त कपड़ा सैनिकों की वर्दियों और जन सामान्य के तन को ढांपने के लिए भी चाहिए होगा।

अगला प्रश्न दो करोड़ सैनिकों और उनके परिवारों की आवास व्यवस्था का है। यहाँ इस समय सारे छावनी प्रतिष्ठानों के पास उपलब्ध भूमि से 20 गुना अधिक भू क्षेत्र की आवश्यकता होगी। वर्तमान में भी छावनियों, हवाई पट्टियों, फायरिंग रेंजों, अन्य सेवाओं एवं आवास ने राष्ट्रीय संसाधनों के एक महत्वपूर्ण अंश पर अधिकार किया हुआ है। अनेक उदारीकृत राष्ट्रवादियों और बड़े व्यापारिक हितों को इस बात को लेकर शिकायत भी बनी हुई है। वे समय-समय पर राष्ट्रीय प्रतिरक्षा उपक्रमों को अवैधानिक ठहरा कर सेनाओं को पर्याप्त स्थान से वंचित करने के प्रयास भी करते रहते है। भारत का बड़े पैमाने पर सन्नद्धिकरण इन व्यवसायिकों के हितों के विपरीत होगा (वास्तव में बात एक दम उलट है) और वे इसमें बाधा डालने के लिए किसी भी सीमा तक नीचे गिर सकते हैं। भारत की राजनीतिक व्यवस्था तो कभी से इन अदूरदर्शिता के शिकार व्यापारियों की हस्तक रही है। अतः पारंपरिक रूप से तो भारत को सशक्त एवं प्रभावशाली बनाने की ओर प्रगति संभव नहीं लगती।

सन्नद्धिकरण की प्रक्रिया के साथ-साथ हमें राष्ट्रीय भवन निर्माण नियमों को भी बदलना होगा। ऐतिहासिक, पुरा महत्व की और धार्मिक भवन रचनाओं के अतिरिक्त कम ऊँचाई के भवनों के निर्माण पर प्रतिबंध लगाया जाएगा। सभी भवन कम से कम 50 मंजिल के होंगे। इनमें से कम से कम चार तल भूमिगत अवश्य होंगे। छावनियाँ और सैन्य प्रतिष्ठान प्रायः गहरी भूमिगत रचनाओं में ही होंगे, केवल गैर निर्णायक (यौद्धिक दृष्टि से) सुविधाएँ ही गगन चुंबी भवनों में होगी।

हमारे बिना रीढ़ की हड्डी वाले अर्थशास्त्री और विद्वान प्रशासक बहुत ही मनोयोग से 2 करोड़ सेना के शान्ति कालिक अभ्यास संचलन और निर्वहन के लिए भूमि और आकाशीय क्षेत्र के नितांत अभाव का रोना भी रोयेंगे। हम स्वीकार करते है कि अभी तक चल रही फसल काटने के बाद खुल खेतों में अभ्यास की प्रक्रिया तो पर्याप्त नहीं रहेगी। किन्तु खुले महासागर, निर्जन द्वीपों एवं भूखंडों, मरूभूमि और हिन्द महासागर के तटवर्ती राज्यों में सहज ही सैन्य अभ्यास हो सकते है। हाँ, इस कार्य के लिए उन राज्यों की उपयुक्त अनुमति अवश्य लेनी होगी। वस्तुतः उनके साथ मिलकर संयुक्त अभ्यास की प्रक्रिया अमरीका से कहीं विशाल सैन्य बल वाले भारत को सहज ही मिल जाया करेगी। अफ्रीका, आस्ट्रेलिया, अरब प्रायद्वीप, मिस्त्र, ईरान, सुमात्र क्षेत्रीय देशों में (जिनसे हमारे मैत्रीपूर्ण संबंध है) इस प्रकार के अभ्यास एक सामान्य प्रक्रिया का रूप धारण कर सकते हैं। संभवतः शुरू में कुछ अमनस्यकता या विरोध भी सामने आए, किन्तु जब हम उन्हें अपनी मृदुल महाशक्ति की सदाशयता का विश्वास दिला देंगे तो फिर वे निश्चय ही खुले मन से हमारा स्वागत करेंगे। भारत इस प्रकार तिब्बत, चीन, एशियाई रूस सहित अफ्रीका और एशिया महाद्वीपों में अभ्यास कर सकेगा। जब हमारा सैन्य बल दो करोड़ होगा तो फिर दक्षिण अमरीका और यूरोप में भी अभ्यास में कोई अड़चन नहीं आएगी। उत्तरी अमरीका भी हमारी सद्भावना को स्वीकार करेगा। वस्तुतः सभी देश इसका स्वागत ही करेंगे, क्योंकि अभ्यास काल में वहाँ गई हमारी मेहमान सेनाएँ मेजबान देशों से प्राप्त सभी सेवाओं के लिए उन्हें समुचित भुगतान करेंगी। भारतीय सेनाओं का वहाँ आवागमन पर्यटन जैसी स्थायी प्रक्रिया का रूप धारण कर जाएगा। इसका एक परिणाम ये भी हो सकता है कि विभिन्न देश विश्व की भू-स्थैतिक समस्याओं की संभाल और समन्वय प्रक्रिया में भारत के सहयोग का अनुरोध भी करने लगें।

भारतीय अर्थशास्त्री ये मानते हैं कि सेनाओं पर व्यय से भारत के आर्थिक क्षेमहित का साधन नहीं होता। किन्तु इसका मुख्य कारण वे

अर्थशास्त्री बहुत पहले से जानते हैं जो उदारवादी लहर के साथ बह नहीं गए है। ये कारण है: हमारी अधिकांश प्रतिरक्षा बजट विदेशों से साज-सामान आयात करने पर खर्च हो जाता है। ये सामान मुख्यत: जल और वायु सेनाओं के लिए होता है। यहाँ चुप रहने के रहस्यमयी षड्यंत्र की गंध आ रही है। किसी ने भी निरंतर आयात पर निर्भरता को लेकर प्रश्न क्यों नहीं उठाए हैं? अभी तक राष्ट्र विरोधी तत्वों से भरी पिछली शताब्दी की सी. सुब्रह्मण्यम समिति की उस सिफारिश को भी रद्द नहीं किया गया है जिसके अनुसार भारत को गैर सैन्य उड्डयन विमानों के निर्माण की क्षमता का विकास भी अनावश्यक घोषित कर दिया गया था। यही कारण है कि आज भी हमारा उड्डयन निर्माण उद्योग पूरी तरह से मृत प्राय: ही पड़ा है और व्यापारी, नेता, नौकरशाह मिलकर मोटे कमीशन के आधार पर विदेशों से आयात के सौदों में मालामाल हो रहे हैं। हमारे अर्थविद् और बुद्धिजीवी भी अभी इस स्थापना पर गंभीरता से विचार नहीं कर रहे है कि अत्याधुनिक आयातित सामग्री की छोटी सी खेप पर आश्रित रहने की अपेक्षा कहीं अधिक प्रभावी तो अपेक्षतया कम उन्नत, किन्तु बड़े पैमाने पर देश में उत्पादित सामग्री और प्रणालियाँ ही सिद्ध होंगी। हमारे नियोजकों ने अपने सभी उपक्रमों में एक ऐतिहासिक तथ्य की नितांत अनदेखी की हुई है: कभी कोई देश आयातित उपकरणों और प्रौद्योगिकी के सहारे शक्तिशाली नहीं बन पाता। पश्चिमी देशों में ये अफवाहें बहुत फैलती रही है कि रूसी प्रौद्योगिकी पश्चिमी की अपेक्षा पिछड़ी हुई थी। किन्तु गोर्बाचोव के रूसी पटल पर अवतरण से पूर्व वहीं पिछड़ी हुई प्रौद्योगिकी विश्व पर वर्चस्व बनाने के सभी पश्चिमी मन्सूबों पर पानी फेरने में सफल रही थी। हमारे सरकारी और गैर सरकारी नियोजक बहुत जल्दी रसायन शास्त्र के विशाल पटल पर क्रिया के सिद्धांत को भूल जाते है।

अध्याय - 6

भारत के सन्नद्धिकरण के लिए राजनीति

स्वतंत्रता के बाद भारतीय जनतंत्र गांधी-नेहरू के ''कृपालुतापूर्ण'' मार्गदर्शन में चल रहा था। इन्हीं ने इस देश में ऐसे विकृत राजनैतिक, आर्थिक, विधिक और वैद्यानिक तंत्रों की रचना कर डाली जो देश की गरीबी के विरूद्ध कुछ भी कार्यवाही नहीं करने देते। हमारी मौद्रिक राजकोषीय और कर नीतियाँ इस प्रकार रची जाती हैं कि गरीबी एक स्तर विशेष पर तो जरूर बनी रहती है। हमारे कुलीन वर्ग तो इसे 'संरचनात्मक गरीबी' का नाम देने से भी नहीं हिचकिचाएंगे। जैसे कि पूंजीवादी अर्थव्यवस्थाएँ एक ''संरचनात्मक बेरोजगारी'' का विचार जन सामान्य के गले उतारने का प्रयास करती रहती हैं।

'महात्मा' ने तो इतिहास की सभी सीखों का भुला कर भारत का विभाजन करने और इसे आर्थिक, राजनीतिक, अद्योगति झेंलने के षड्यंत्र में भागीदारी की ही थी। नेहरू ने एक ऐसी शासन व्यवस्था गढ़ डाली जो पहले भारतीय नागरीक सेवा (ICS) और बाद में उन्हीं की पटरी पर अंग्रेजों की मानसिक दासता की शिकार भारतीय प्रशासनिक सेवा (IAS) पर केंद्रित थी और प्रशासन तथा सेनाओं के सिर पर सवार थी। अब तो ये बात निश्चित रूप से कही जा सकती है कि भारतीय जनतंत्र की सभी वर्तमान दुर्दशाओं के लिए ये गांधी-नेहरू की जोड़ी ही उत्तरदायी रही है।

कोई आर्थिक विश्लेषण इन दो "महानुभावों" द्वारा स्वतंत्र भारत के लिए निर्धारित पथ पर अवलोकन किए बिना संपूर्ण नहीं हो सकता।

इन दोनों ने मिल कर एक ऐसी प्रशासकीय संस्कृति का निर्माण कर डाला जिसके अंतर्गत अल्पसंख्यक सांप्रदायिकता, विघटन और भारत से अलग हो जाने को ही सारी गतिविधियों की मुख्यधारा की मान्यता प्राप्त हो गई और उन्हीं राज्यों को सरकारी धन खुले हाथों बांटा जाने लगा जहाँ इन गतिविधियों को बढ़ावा दिया जा रहा था। पिछले 50 वर्षों के जनांकीय अध्ययन दर्शा रहे हैं कि देश का बहुसंख्यक समाज (हिन्दू धर्मानुयायी) निरंतर घटता जा रहा है। स्वतंत्रता के बाद से सेमिटिक धर्मानुयायियों की संख्या में बड़ी तीव्र वृद्धि हुई है। यह संख्या वृद्धि की प्रवृत्ति इतनी तीव्र है कि यद्यपि आज हिन्दू धर्मानुयायी देश की जनसंख्या का 80 प्रतिशत हैं किन्तु अगले 50 वर्षों में इनके अल्पमत में चले जाने की गंभीर आशंका है। मुस्लिम और इसाई अपने पक्ष के सांप्रदायिक पहल के लिए अपनी संख्या के 51 प्रतिशत होने तक प्रतीक्षा नहीं करने वाले हैं। हमें तो भय है कि जहाँ इनकी संख्या ने 25–30 प्रतिशत का आंकड़ा पार किया, वहीं भारत के राजनीतिक नेतृत्व पर इन उग्र सांप्रदायिक शक्तियों का शिकंजा कस जाएगा और सभी भारतीयों के संकटों में बहुगुनित वृद्धि हो जाएगी। देश में दकियानूसी व तर्कविहीन राजनीति का दबदबा छा जाएगा। सारी विधिक व्यवस्था को भी अल्पसंख्यक सांप्रदायिकता को प्रश्रय देने को विवश होना पड़ेगा। ये प्रक्रिया आज भी असम, उत्तर-पूर्व, पश्चिमी बंगाल, केरल, आंध्र प्रदेश, उत्तर प्रदेश और जम्मू-कश्मीर के बहुत विशाल क्षेत्र में चल रही है। इस बदलाव का सबसे दु:खद और असह्य परिणाम यही होगा कि सारे देश में पिछड़ेपन और पतनवाद का वही घटनाक्रम दोहराया जाने लगेगा, जो अभी पश्चिमी बंगाल में चल रहा है। 'पर्दा' ही महिलाओं की राष्ट्रीय पोशाक बन जाएगी और हमारी फैशन परेडों में सारे बदन को ढकने वाले शानदार परिधानों की प्रदर्शनियाँ लगा करेंगी। भूख के मारे और जाने कितनों की जान जाएगी। कितने ही और किसान आत्महत्या को बाध्य होंगे और संविधान का दम भरने वाले कितने

ही अन्य लोगों से कानूनी विधि के अनुसार उनका सब कुछ छीन कर उन्हें मौत के मुँह में धकेल देंगे। हम डॉ जे.के. बजाज जैसे चिन्तातुर भारतीयों को ये समझाना चाहते हैं कि भारत की धर्माधरित जन रचना के ये बदलाव जैसा कि तथाकथित धर्मनिरपेक्ष और हिन्दूत्व का नारे लगाने वाले वरिष्ठ राजनेता द्वारा कहा जा रहा है, कोई छिट-पुट घटना नहीं है। ये तो एक सोची विचारी साजिश का परिणाम है, जिसकी रचना पूंजीवादियों और उनके पिटठू सुधारवादी, उदारीकरणकर्ता और अंग्रेजी लोकतंत्र के चाहने वालों ने की है। एक आर्थिक अध्ययन के अनुसार जहाँ उत्तर प्रदेश और पश्चिमी बंगाल जैसे बड़े राज्यों में रोजगार के स्तर में 4.6 प्रतिशत की गिरावट आई है, वहीं आतंकवादियों के चंगुल में फंसे नागालैंड, मणिपुर, अरूणाचल प्रदेश आदि राज्यों में रोजगार में 67 प्रतिशत की वृद्धि हुई है, जबकि इसी दशक में राष्ट्रीय स्तर पर औसत रोजगार स्तर में केवल 4.6 प्रतिशत की दर से वृद्धि हुई है। पश्चिमी बंगाल और उत्तर प्रदेश जैसे अभागे राज्यों की अपेक्षा जम्मू-कश्मीर जैसे संकटासन्न राज्य में रोजगार वृद्धि में केन्द्र का योगदान भारी रहा है। सभी स्वतंत्र अध्ययन बता रहे हैं कि उत्तर पूर्व में भारतद्रोह के विष वृक्ष को आरोपित करने में सफलता के बाद अब सेमेटिक धर्म गुरूओं ने पश्चिमी बंगाल, बिहार, ओडिशा और उत्तर प्रदेश को बड़े पैमाने पर धर्मान्तरण का निशाना बनाने का निर्णय लिया है। केन्द्रीय नौकरशाहों के निवेश निर्णय और आरक्षण नीतियों की तोड़-मरोड़ भी इसी ओर संकेत कर रहे हैं। नेहरू की जनित और पृष्ठपोषित नौकरशाही अब इतनी सुदृढ़ हो चुकी है कि केन्द्र या राज्यों में किसी की भी सरकार हो, उसका नौकरशाही द्वारा तय किए गए रास्तों पर कोई प्रभाव नहीं पड़ता और हमारे राजनीतिक तत्व तो पहले ही बिके हुए से लगते हैं।

जनसंख्या, रोजगार वृद्धि, वृद्धि का आबंटन और सरकार के निवेश की दिशाओं के नए रूझान बता रहे हैं कि यदि यही क्रम चलता रहा तो भारत भी शीघ्र ही सैमिटिक (अरब-यहूदी) संस्कृति में रंग जाएगा और तीसरी सहस्राब्दि में उसी प्रकार के संत्रास झेलने को विवश हो जाएगा जो

पिछली सहस्राब्दि में यूरोप (भारत, चीन, जापान और कोरिया को छोड़), अधिकांश एशिया और अफ्रीका ने झेले हैं। यही भविष्य की वह रूप रेखा है जिसे हिन्दूत्व के नारे लगाने वाले एक प्रधानमंत्री के शाही मेहमान पोप पॉल-II ने कुछ वर्ष पूर्व भारत में सार्वजनिक मंच पर प्रतिपादित किया था। इस तथाकथित हिन्दूत्ववादी प्रधानमंत्री ने राष्ट्रीय अर्थतंत्र, हिन्दूत्व, राष्ट्रीय सुरक्षा, संप्रभुता और क्षेत्रीय अखंडता के विरूद्ध अत्यंत ही निकृष्ट कोटी के अनेक अपराध किए थे। हम उनका कुछ विवरण आगे चलकर देंगे।

हमें इस भ्रम में नहीं रहना चाहिए कि हमारी उपर्युक्त आशंकाएँ ठीक हो गई तो भारत भी यूरोप की भांति विकसित हो जाएगा। वास्तव में हमारी दुर्दशा तो अफ्रीका और मध्यपूर्व और तथाकथित दक्षिण-पूर्वी एशियाई शेरों (जो अब भीगी बिल्ली बने हुए हैं) से भी बुरी होगी।

राजनेता कभी भी ये स्पष्ट नहीं करना चाहते कि सत्ता में आने के बाद वे क्या करेंगे। उन्हें ये भी अच्छी तरह पता होता है कि उदारीकरण, आर्थिक सुधार, श्रम सुधार, व्यापक निजिकरण के लिए अर्थतंत्र की पुनःरचना जैसे कदाचित् मूर्खतापूर्ण विचार अन्ततः मतदाताओं को उनसे दूर ले जाते हैं। कभी कभार ही वो अपने शब्द जाल से भरे घोषणा पत्रों में उनके बारे में कोई टिप्पणी करते हैं। जब सुधार की बात होती है तो हमारे सत्ताधीश देश के विधान, कानून और नियमों को पूरी तरह से तोड़-मरोड़ कर ऐसा कर डालते हैं कि उनके इस गैर कानूनी व्यवहार को कोई चुनौती न दी जा सके। यदि कोई चुनौती देता भी है तो हमारे न्यायाधीशों का समाज आर्थिक सुधारों/प्रशासकीय नीतियों की समीक्षा से दूर रहने के किसी आत्मरचित सिद्धांत की दुहाई देकर उससे किनारा कर जाता है। ऐसे ही बुद्धिहीन सुधारों के एक पक्ष को एक समाचार पत्र ने ठीक ही प्रमुखता दी थी: केवल एक मास पुराने विदेशी मुद्रा परिवर्तनीय बाँड का भी परिवर्तन-विदेशी उद्योगों की परिवर्तनशील बाँड के नाम खूब चांदी।

विश्व बैंक/कोष की रिपोर्टों में उपभोग और स्वास्थ्य के निम्न स्तरों पर खूब चिन्ता जताई जा रही है। होना तो यही चाहिए कि भारत के उत्पादन से भारतीयों की उदरपूर्ति पर पहले ध्यान दिया जाए और जो बच रहे उसी का निर्यात हो। हम पहले भी चर्चा कर चुके हैं कि निर्यात–आयात के मूल्यांकन में कोई समता नहीं है और इस व्यापार में हमें लगातार घाटा ही उठाना पड़ता है। उदारीकरण के नाम पर जो नीतियाँ अपनाई गई है उनसे अपने माल को सस्ते दामों में लुटाने और विदेशों से बहुत ऊँचे दामों पर माल मंगाकर देश में खपाने की एक दुर्भिसंधि चल रही है। भारतीय प्रशासक वर्ग किसी के सामने ये स्वीकार करने को तैयार नहीं है कि वह दुनिया के सबसे कम दक्षतापूर्ण उत्पादक देशों से आयात कर रहा है। ये पक्ष भी नवंबर 20, 2003 के द इक्नॉमिक टाईम्स, नई दिल्ली ने बहुत स्पष्ट रूप से उद्घटित किया है:

अब भारतीय कंपनियाँ स्वदेशी बाजार के उतार–चढ़ाव से मुक्त है। वर्ष 2000 से अब तक निर्यात संवृद्धि आन्तरिक विक्रय की वृद्धि से कहीं अधिक तेज है। पिछले तीन वर्षों में भारतीय कंपनी क्षेत्र के निर्यात आन्तरिक बिक्री से अधिक तेजी से बढ़े है।

भारत के प्रधानमंत्री सदैव बहुत महान राजनेता रहे हैं। उन्होंने इस साम्यवादी उक्ति को खूब अन्तःस्थ किया है: "गरीब सदैव हमारे साथ रहेंगे"। इसका एक निहित अर्थ भी है: गरीबों की संख्या का एक विशाल वोट बैंक बना रहना चाहिए। अतः सभी राजनीतिक दलों की कार्यसूची का एक सांझा सत्य है कि देश में गरीबी बनाए रखो। इसका एक प्रमाण तो साम्यवादियों द्वारा पश्चिम बंगाल को पिछली अर्द्धशती में देश के अग्रणी राज्य से पिछड़ों की श्रेणी में पहुँचा देने में ही मिल जाता है। इससे यही सिद्ध होता है कि भारत में तो बुरी अर्थनीति ही एक अच्छी राजनीति की कसौटी है। गरीबी हटाओ के नारे बहुत बुलंद आवाज में लगाए जाते हैं किन्तु इस दिशा में प्रयास सदैव ही नकारात्मक रहे हैं। पिछले (2006) के चुनाव में फिर साम्यवादियों की विजय ने डॉ भल्ला के उस सिद्धांत को (जिसे हम भी ठीक मानते रहे हैं) असत्य प्रमाणित कर दिया है कि

भारत में मतदान पर आर्थिक घटनाक्रम का प्रभाव रहता है। शायद ये शर्त लगा देना काफी होगा कि एक पक्ष को मतदाता के लिए अहम आर्थिक सवाल तो पूरे जोश के साथ उठाने चाहिए पर उसे स्पर्धात्मक राजनीति नहीं करनी चाहिए। हमने इसी पुस्तक के विषय प्रवेश में लिखा है कि तृणमूल कांग्रेस की सर्वसर्वा राजनीति की तो माहिर रही हैं किन्तु उन्हें पश्चिमी बंगाल की आर्थिक समस्याओं का ज्ञान नगण्य ही रहा है। चुनाव जीतने के उद्देश्य को किसी भी दल के लिए असामान्य नहीं कहा जाएगा, किन्तु मतदाताओं की सभी कराहटों को अनसुना करके भी उनकी वफादारी की आशा करना अवश्य असामान्य होगा। दिल्ली के निगम चुनाव, 2002 ने भी स्पष्ट किया है कि भारतवासी अपने पेट पर हाथ रखकर ही मतदान करते हैं। मतदाता को अर्थतंत्र और राष्ट्रीय सुरक्षा पर अभिमान है किन्तु केन्द्र में सत्तासीन गठबंधन ने उसे पूरी तरह निराश किया है। हमें 2000-01 की भांति ही 2007 में भी यही विश्वास है कि यदि सत्ताधीश अर्थतंत्र एवं राजनीति के प्रबंधन संचालन में वर्तमान नीतियाँ ही जारी रखेंगे तो अगले चुनाव के परिणाम वैसे ही होंगे जैसे 2004 के सत्तासीनों के सामने आए थे। इन्हें भी उसी तरह धूल चाटनी पड़ेगी जैसे अटल बिहारी वाजपेई की भाजपा और नरसिंह राव की कांग्रेस के हिस्से आयी थी। हम 2006 में भविष्यवाणी कर रहे हैं कि यदि ये सप्रंग पूरी अवधि चलता रहा और दुबारा चुना गया तो ये महान सुधारक भारतीय राष्ट्रीय कांग्रेस की नवीनतम सर्वसर्वा को धता बता देगा। यदि इन्होंने नई आर्थिक नीतियाँ नहीं बनाई तो जो कुछ राजनीति में पाया है उसे आर्थिक उत्कर्ष में खो बैठेंगे, जैसा कि 2001 में बंगाल में तृणमूल कांग्रेस के साथ हुआ था। सभी दलों को आर्थिक सुधारों के विधिहीन शासन में अपने लिए भारी मुनाफा कमाने के अवसर नजर आते हैं। इसलिए वे इन तथाकथित सुधारवादी नीतियों के स्वरूप को सुधार कर देश की आर्थिक समस्याओं का राजनीतिक समाधान नहीं करना चाहते। किन्तु वर्तमान सत्ताधीशों के दुर्भाग्यवश इस प्रकार की हेराफेरियों का अधिक मौका नहीं मिल पाएगा। हम तभी गलत साबित होंगे जबकि सभी दल आर्थिक और राष्ट्रीय सुरक्षा के मुद्दों को राजनीतिक विमर्श से बाहर रख किन्हीं बाह्य या जातिगत

अथवा सांप्रदायिक प्रश्नों पर ही केन्द्रीत करने की साजिश कर लें। यह बात भारतीय राजनीति के सभी प्रमुख पात्रों ने बखूबी की है। ये चार तो इसके खूब माहिर सिद्ध हुए हैं।

चार प्रधानमंत्री

पंडित जवाहरलाल नेहरू

यहाँ पंडित शब्द विद्वता नहीं बल्कि जाति सूचक है। कश्मीर के एक जाति विशेष के समुदाय से संबंधित जवाहरलाल नेहरू 1964 में प्राकृतिक कारणों से दिवंगत होने से पूर्व 6 दशकों से अधिक समय तक देश की राजनीति में सक्रिय रहे। इस लम्बी अवधि में 1947 से लेकर 17 वर्षों तक तो (मृत्यु द्वारा पद और विशेषाधिकारों के हरण तक) वे प्रधानमंत्री के पद पर निरंतर बने रहे। उन्हीं ने स्वतंत्रता के पथ पर अपने छोटे-छोटे पग बढ़ा रहे भारत का पूर्व उपनिवेशी महाप्रभुओं और उनके दुमछल्लों का प्रशासक, परामर्श, सहायता और भोजन की आशा में मुँह जोहने वाले गरीब, अभावग्रस्त, अभागे देश के रूप में निर्माण किया है।

उन्हीं ने महान् मोहनदास कर्मचन्द गांधी की सहमति और सहयोग के माध्यम से देश का सांप्रदायिक आधार पर विभाजन कराया, बड़े स्तर पर जन आदान-प्रदान का विचार तो बनाया (किन्तु प्रदान नहीं किया) और आधुनिक इतिहास काल की भीषणतम साम्प्रदायिक हिंसा को रोकने के लिए कोई प्रभावी कदम भी नहीं उठाया। यद्यपि उनकी समर्थक कांग्रेस पार्टी की तो सारे देश में बड़ी गहरी पैठ थी, किन्तु उन्हें देश के विभाजन और उसके कारणों तथा औचित्य को लेकर जन समुदाय की वितृष्णा, अविश्वास और असंतोष की जैसे भनक भी नहीं लगी। आम आदमी को ये कभी नहीं बताया गया कि अंग्रेजों ने भारत के विभाजन की साजिश रची और उन्हीं के इरादों में जनता के आदान-प्रदान के पूरी तरह अव्यवहारिक नीति भी शामिल थी। इन सभी वीभत्सतापूर्ण विचारों को दो महान पद् लोलुप और आत्म संवर्धन प्रेमी, नेहरू और जिन्ना, ने तुरन्त स्वीकार कर लिया। उन्होंने एक पल के लिए भी ये सोचने की तकलीफ

नहीं उठाई कि इस बंटवारे की भारतीय उपमहाद्वीप के जनमानस को कितनी भारी कीमत चुकानी पड़ेगी। ये सत्ता के भूखे भारत की दौलत पर कब्जा करने के लिए किसी भी हद तक जा सकते थे और इस काम के लिए भारत को टुकड़े-टुकड़े कर डालना तो उनके लिए मामूली सी बात थी। ये पदलोलुप बड़ी ऊँची-ऊँची बातें बोल कर जनता को उल्लू बनाना भी खूब जानते थे और सहज ही अपने-अपने कब्जे में आए क्षेत्र को पूरी तरह अपनी मुट्ठी में करने में सक्षम भी थे। पर जिन्ना को ऐसा सुयोग प्रकृति ने अधिक समय तक नहीं दिया तो 1962 में चीन ने टोह लेने के लिए किए हमले ने नेहरू के सठिया जाने और अंत की प्रवृति को भी तेजी प्रदान कर दी।

नेहरू ने अंग्रेजों की शासन व्यवस्था को ही बनाए रखा और स्वयं उनके उत्तराधिकारी की तरह व्यवहार करना शुरू कर दिया। इस बात को बिल्कुल भुला दिया कि देश की जनता ने बहुत संघर्षों और बलिदानों के बाद स्वतंत्रता पायी थी और अंग्रेजी नौकरशाही ही उनके दमन चक्र का सबसे घृणित चेहरा थी। लेकिन स्वतंत्रता संग्राम के दौरान इन दूरदर्शियों ने आम आदमी को अपने पैरों से रौंदने तथा बड़े नेताओं को पंचतारा सुविधाएँ प्रदान करने की जो नीति अपनायी थी उसी के ईनाम स्वरूप इन्हीं की बदले की भावना से भरपूर नौकरशाही को नेहरू और उनके साथियों ने 'स्वतंत्र भारत के राष्ट्रवाद' का सम्मान चिन्ह घोषित कर डाला।

ये महान पुरूष कभी किसी घटनाक्रम के लिए तैयार नहीं होते थे, बल्कि सदैव चकित रह जाने को तत्पर रहते थे। ये स्वतंत्रता के पूर्व एवं तुरन्त बाद के दंगों से भी हैरान रह गए थे और एक क्षण के लिए भी इनके मन में उन्हें रोकने के लिए कलकत्ता के फोर्ट विलियम में मौजूद अंग्रेजी सेना को इस्तेमाल करने का विचार नहीं आया। देश के अन्य भागों में भी सभी छावनियों में मौजूद फौजों का दंगा रोकने के लिए कोई प्रयोग नहीं किया गया। ये तो कभी पता नहीं चलेगा कि नेहरू को ब्रिटिश भारतीय सेना के प्रभाव प्रसार का कितना ज्ञान था। उसने 'भारत की खोज' पुस्तक के माध्यम से भले ही अपनी बेटी को इतिहास का ज्ञान देने की

कोशिश की थी, किन्तु इतिहास से कोई सबक स्वयं सीखने का कोई प्रमाण कभी नहीं दिया। न उसे राज्य की शक्तियों के तत्वों का ज्ञान था और न ही उन शक्तियों के प्रयोग के विषय में कोई जानकारी थी। अंग्रेजी गुलाम व्यापारियों की संस्थाओं में शिक्षित-दीक्षित नेहरू को तो ये पता होना चाहिए था कि सेना ही वह कुठाली है जिसके बिना राज्य की शक्ति की मार सत्ताधारी के अपने पैरों पर पड़ जाती है। उसका उदार शिक्षण उसे ये भी नहीं समझा-सिखा पाया जो रवीन्द्र नाथ टैगोर भी जानते थे: "सदैव तत्पर रहना ही सभ्यता का सत्त्व है"। जब 1962 में चीन ने उसे ये सबक सिखाना चाहा कि वह अपनी औकात भूल रहा है तो भी उसे हैरानी ही हुई थी। उस समय मैं स्वयं लेह में तैनात था और मैं ही नहीं अनेक अन्य सैनिक एवं असैनिक 16 अक्टूबर, 1962 को चीन द्वारा अपने सीमित लक्ष्य पाने के बाद एक तरफा युद्ध विराम की घोषणा के बाद जो भाषण नेहरू ने आकाशवाणी पर दिया था उसके शब्दों और लहजे पर शर्म से गड़कर रह गए थे।

यही व्यक्ति एक 'संश्लिष्ट' (या निर्लेप) लोकप्रिय नेता होने का उदाहरण बन गया और बाद में बने प्रधानमंत्रियों और उसके 'राजवंश' ने स्वयं को उसी की अनुकृति के रूप में ढालना आरंभ कर दिया। नेहरू ने पूरा ध्यान रखा कि उसकी थाती चलती रहे, इसीलिए उसने अपनी पुत्री को प्रशिक्षण दिया और गुरूमंत्र दिया कि भविष्य में धीरे-धीरे फिर एक बार सीधा विदेशी शासन इस देश पर छा जाए।

इसीलिए उसने अंग्रेजी को सरकारी भाषा बनाए रखा और नागरिकता के प्रावधान भी बहुत ढुलमुल रखे। बाद में यदि कुछ भारतीय चिंतन पनपा भी तो उसे अंग्रेजों की बनाई न्याय व्यवस्था ने अपने 'निर्णयों पर आधारित' कानून रचना अधिकार के निर्बाध प्रयोग द्वारा कुचल डाला और संविधान को भी जब चाहा संशोधित कर दिया गया।

भारतीय गणतंत्र के संविधान को अंग्रेजों के बनाए भारत सरकार अधिनियम, 1935 को आधार बना कर नेहरू ने दो वर्षों से भी कम समय में गढ़वा डाला। बस उसमें यही परिवर्तन जो करने थे कि स्वतंत्रतापूर्वक

विकास के सभी भारतीय प्रयास पूरी तरह गैर वैधानिक हो कर रह जाएँ। इस गैर भारतीय हृदय और व्यवहार वाले व्यक्ति ने संविधान रचना के काम में बहुआयामी व्यक्तित्व के धनी डॉ अम्बेडकर को लगा लिया था। डॉ अम्बेडकर ने उस संविधान में धर्मनिरपेक्षता को ही सर्वोपरि स्थान दिया था। किन्तु मूलतः मनोनीत संविधान सभा द्वारा उस संविधान के अनुमोदन के बाद नेहरू ने संविधान रचियता से झगड़ा कर लिया, जो तुरन्त देश के प्रमुख मानवतावादी धर्मों- हिन्दू धर्म और बौद्ध धर्म के बीच टकराव और विभाजन रेखा खींचने में जुट गए। आज भी सभी उपनिवेशवादी तत्व और बुद्धमत के या सैमेटिक मतों के किसी न किसी स्वरूप के अनुयायी देश आज भी भारतीय जीवन मूल्यों की अवमानना के लिए उन्हीं विभाजन रेखाओं का जमकर विदोहन कर रहे हैं। नेहरू के लिए तो ये विभाजकाएँ ईश्वरीय वरदान स्वरूप थी वह भी इन्हीं का प्रयोग कर अपने अंग्रेज स्वामियों से सीखी विभाजित करो और राज करो की नीति का प्रयोग कर देश के अधिकार वंचित बहुसंख्य समाज पर नियंत्रण करने में जुट गया।

नेहरू ने वहीं अंग्रेजी न्यायपालिका व्यवस्था ज्यों की त्यों अपना ली जिसकी रचना इंग्लैंड के अभिजात्य और संभ्रांत वर्गों के हितों की रक्षा के लिए की गई थी। आज भी न्यायपालिका में उसी मानसिकता से ग्रस्त व्यक्तियों को नियुक्त करने की विधिवत प्रक्रिया उसी रूप में चल रही है। इस संविधान ने सभी शोषणकारी अंग्रेजी कानूनों को वैधानिक करार दे दिया है। इस संविधान में सभी उपनिवेशों में प्रचलित जनविरोधी और जनघाती विशेषताएँ सन्निहित हैं। अंग्रेजों से प्रेरित ये संविधान देश के बहुमत के समानता के प्रत्येक दावे और समता न्यायता के प्रत्येक तकाजे को अस्वीकार कर देता है। हैरानी की बात यही है कि इतने दशकों से भारत की प्रत्येक सरकार इसी व्यवस्था को अपनाए जा रही है। पूर्ववर्ती शासक अत्यल्प वर्गों को संविधान में विशेष अधिकार प्रदान करने के इरादे से ही मूल अधिकारों की रचना कुछ इस प्रकार की गई है कि देशवासी धर्म, जातीयता और संप्रदाय के आधार पर बंटे रहे और भारत सदैव विघटन एवं अलगाववादी शक्तियों का अखाड़ा बना रहे। नेहरू ने अपने

शासनकाल में अलगाववादी शक्तियों को इतना बढ़ावा दिया कि कुछ उत्तर पूर्वी और उत्तरी राज्यों में सरकार की उदार सहायता के माध्यम और संविधान की गारंटी के आधार पर वहाँ जातीय सफाये की प्रक्रिया को चला कर सैमिटिक मतावलंबियों द्वारा मुख्य धर्मानुयायियों के धर्मान्तरण के साथ-साथ राष्ट्रद्रोही कार्यों का निरंतर पोषण होता रहा है। केवल हिन्दू धर्म के अनुयायी अन्य मतावलंबियों का धर्मान्तरण करने के प्रति वितृष्णा भाव रखते हैं। इसका कारण यही रहा है कि न तो नेहरू और न ही अन्य पश्चिमी देशों में शिक्षित हिन्दू बुद्धिजीवी हिन्दू मतों तथा सैमटिक मतों के व्यवहार की इस मूल विसंगति को समझ पाए हैं।

उसकी महान जीवन दृष्टि अपनी ओर निकट परिजनों एवं मित्रों की जेब भरने से आगे नहीं जा पाती थी। ये घोषित समाजवादी धन लोलुप बड़े व्यापारियों का भी सबसे बड़ा समर्थक था। उसकी कथनी और करनी के बीच की खाई सचमुच बहुत विशाल थी। इस धंधे में उसकी सफलता से उत्साहित हो उसकी संतान और उनकी संतति तथा मित्र मंडली भारतीय जन मानस की आकांक्षाओं को पद दलित करने में ही जुटी रही है। नेहरू की 'भारत की खोज' की जीवन दृष्टि में निहित 'इतिहास की यात्रा' की शक्तियों ने उसकी बेटी और एक दौहित्र को उनकी अपनी मूर्खताओं के कारण ही लील लिया है।

भले ही उसने अपनी बेटी को 'विश्व इतिहास की झलकियाँ' और 'भारत की खोज' के दर्शन कराएँ हों किन्तु इतिहास से कुछ भी न सीखने की तो जैसे नेहरू ने कसम खा रखी थी। यदि उसे इतिहास का जरा-सा भी ज्ञान होता तो उसे तुरन्त समझ आ जाता कि गरीब देश तो सदा पराश्रित रह जाते हैं और राष्ट्रीय शक्ति और समृद्धि का स्रोत तो राष्ट्रीय सन्नद्धता ही है। मानव इतिहास के एक महान राष्ट्रवादी आओत्सेतुंग ने ठीक ही कहा था कि ''शक्ति का प्रवाह तो तोप की नाल से होता है''। नेहरू तो पश्चिम की इनिगिनी समृद्धिपूर्णता की चमक से इतना अभिभूत था और प्राच्य जीवन दर्शन से इस प्रकार घृणा करता था कि उसे अपने समकालिक माओ की बात समझ ही नहीं आयी। पश्चिमी अवसरवादियों की तर्ज पर

वह माओ की महान सांस्कृतिक क्रांति की आलोचना में जुट गया। साथ ही महान लंबी छलांग और हजारों फूल खिलने दो (जिसने ग्राम्य क्षेत्रों में अप्रत्याशित स्तर पर संवेदनशील औद्योगिकरण का सूत्रपात किया था) और चतुर्दिश आधुनिकरण आदि सभी नीतिगत पहलों का विरोध और भर्त्सना तो उसका पश्चिम के प्रति बौद्धिक ऋण चुकाने जैसा ही था। वह ये समझ ही नहीं पाया कि माओ परंपरागत रूढ़ नौकरशाही और कुलीनतंत्र की जकड़न को तोड़कर आपने जन समुदाय को वास्तविक स्वतंत्रता का लाभ पहुँचाना चाहता था। ये कुछ और बात है कि पूंजीवाद प्रेरित आन्तरिक शक्तियाँ (देंग ह्सिआओ पिंग आदि) माओ की क्रान्तियों और आधुनिकरण के सत्त्व को हड़पने में सफल हो गयी। किन्तु माओ की मृत्यु के बाद भी उसके द्वारा संवर्धित सैन्य सन्नद्धि का दौर चलता रहा और आज चीन की सैन्य क्षमता का लोहा दुनिया मान रही है। हमारे महान युग दृष्टा नेहरू के जीवनकाल में भी माओ की जीवनदृष्टि के सकारात्मक प्रभाव स्पष्ट होने लगे थे, किन्तु नेहरू और उनके चाटुकार अपने विदेशी मालिकों के इशारों पर उस ओर से आँखें ही मूंदे रहे। इस पंडित और उसके चाटुकार और धर्म निरपेक्षतावादी तो केवल हिन्दूओं के अपने धर्म, संस्कृति और राष्ट्रीय संसाधनों पर नैसर्गिक अधिकार को गैर कानूनी सिद्ध करने में जुटे रहे। नेहरू के इसी चिन्तन को भारतीय साम्यवादी भी पूरी तरह आत्म सात् कर चुके हैं। इस प्रकार का आत्मघाती व्यवहार (मुख्यतः हिन्दू धर्मानुयायी साम्यवादियों द्वारा) बहुत विचित्र लगता है। साम्यवादी धारा के सभी दल आर्थिक और राष्ट्रीय सुरक्षा को लेकर अपने ही चिन्तन द्वारा दिग्भ्रमित लगते हैं। ये आल्पमत वर्ग के मन को भी स्पंदित कर पाने में विफल रहे हैं। सभी धर्मों को मानने वाला आम व्यक्ति गोर्वाचोव-येल्त्सिन की हरकतों से परिचित हैं और साम्यवादी मुख्यमंत्री (2007) और बुद्धदेव भट्टाचार्य के व्यक्तित्वों में उसी व्याधि के प्रस्फुटन को भी सभी जानते हैं। जनता को नोबेल विद्वान अमर्त्यसेन द्वारा पश्चिम बंगाल में साम्यवादी शासन की मूर्खतापूर्ण प्रशंसा से भी बचकर रहना चाहिए, क्योंकि ये शासन तो राज्य को सर्वश्रेष्ठ से निकृष्ट की ओर ले जाने वाली बर्बादी के श्रेय

का ही अधिकारी है।

नेहरू के मिश्रित अर्थव्यवस्था और फेबियन समाजवाद ने मिलकर इस स्तर की विषमता को पनपने का अवसर दिया है कि इस कसौटी के अनुसार तो भारत "अचिकित्सीय सीमा तक बीमार देश" होकर रह गया है। समता रहित मिश्रित अर्थव्यवस्था भारत के लिए एक स्थायी अभिशाप बन गई है और ये देश में निरंतर गरीबी तथा सन्नद्धिहीनता का कारण बन रही है। स्वतंत्रता की सुबह से ही उसने अंग्रेजों द्वारा गढ़ी गई प्रशासन व्यवस्था को अपनाकर उसे भारतीय सेना पर अपने मनमर्जी लादने का अधिकार सौंप दिया। सेना तो बस घिस पिटकर किन्हीं अवसरों अपनी 'पद संचलन' क्षमता दिखाने भर को रह गई। राष्ट्रद्रोही/विरोधी तत्वों के विरूद्ध प्रत्येक सैन्य कार्यवाही के दौरान/पश्चात् नेहरू और उसके उत्तराधिकारी सेना को निरंतर अपमानित करते आए हैं। इसी से कटे फटे भारत के धर्म, जाति और भाषा के आधार पर और टुकड़े करने की साजिशें रची जा रही हैं।

भारतीय उस पंककूप से बाहर निकलने को निरंतर छटपटा रहे हैं, जिसमें नेहरू की थाती ने उन्हें अनायास ही धकेल दिया है। ये तो "मंगेतर द्वारा बलात्कार के बाद वैश्यालय में बेच दिये जाने जैसा रहा है।"

डॉ मनमोहन सिंह

नेहरू के लगभग चार दशक बाद भारत के राजनीतिक पटल पर अर्थविद्वता का दिखावा करने वाले एक मृदुभाषी सरदार जी का उदय हुआ। डॉ मनमोहन सिंह आर्थिक/राजनीतिक स्तर पर सभी शीर्षस्थ पदों पर कार्य कर चुके हैं। ये भारतीय रिजर्व बैंक के गवर्नर, योजना आयोग के उपाध्यक्ष, केन्द्रीय वित्त मंत्री और अन्ततः प्रधानमंत्री पद पर आसीन रहे हैं (भारत सरकार के आर्थिक सलाहकार और उसके बाद भारत के वित्त सचिव भी रहे हैं)। ये दावा करके कि कुछ पूर्ववर्ती कांग्रेसी एवं अन्य दलों की सरकारों ने आम आदमी को हानि पहुँचाने वाली नीतियाँ बनाई थी, अतः आर्थिक सुधार आवश्यक है और इसी बहाने इन महाशय ने एक

बार फिर उपनिवेशी युग की भांति भारतीय अर्थव्यवस्था को आन्तरिक और विदेशी व्यापारी वर्गों द्वारा खुली लूट मचाने के लिए खोल कर सभी को सकते में डाल दिया था। आम आदमी को शीघ्र ही पता चल गया कि झूठ के नगाड़े पीट-पीट कर उसे और असहाय बनाने की ही साजिश हो रही थी। इस वातावरण में सारी युक्ति युक्तता और विवेकशीलता सुधार के कचरे मे दबकर रह गई। इन प्रश्नों पर गंभीर चर्चा से पूर्व हमें राष्ट्रीय समाचार पत्रों की कुछ समकालिक सुर्खियों से ये जानकारी भी ले लेनी चाहिए कि किस प्रकार भारतीय जन समुदाय पर राष्ट्रघाती और राष्ट्र विरोधी 'दुर्भाग्य' मनमोहन सिंह और उस जैसे व्यक्तियों की तथाकथित भारत सरकार थोंपती आ रही है।

डॉ मनमोहन सिंह ने भाप लिया था कि नेहरू ने भारत को जाति, समुदाय, धर्म, क्षेत्र भाषा और संस्कृति भेद की नई-नई विभाजन रेखाओं द्वारा बुरी तरह बांटने में सफलता पा ली थी। सारी अर्थव्यवस्था को एक बार फिर से उपनिवेशी नियंत्रण के अधीन करने का जो जरा सा काम बचा था उसे उसने एक विदेशी नेता के मार्ग दर्शन में पहले वित्त मंत्री और फिर प्रधानमंत्री के रूप में पूरा करने में कोई कसर नहीं छोड़ी। नेहरू और उसके बाद की सभी सरकारों ने इस कार्य में बाधा पहुँचा सकने वाली एक मात्र राष्ट्रीय शक्ति-सशस्त्र सेना- को पहले ही बहुत दुर्बल बना छोड़ा था। व्यापारीवेशी अमीर और विदेशी शोषकों के हित का पोषण करने वाले पुनःरचनाकारी सुधार, सार्वजनिक क्षेत्र की कमर तोड़ने वाले निजीकरण, रूपये का निरंतर अवमूल्यन, अधरणीय विराटकाय अंतराष्ट्रीय कोष (2008 में 400 बिलियन अमरीकी डॉलर) विदेशी बैंकों में जमा करना, (वह भी भारतीय उद्योगों का गला घोंटते हुए) स्वदेशी उपभोग को नजर अंदाज कर निर्यात पर आग्रह, ऊँची लागत पर आयात को बढ़ावा, आयात-निर्यात के सही मूल्यांकन की आवश्यकता को दरकिनार करना, समता और न्यायता के तकाजों को ठुकराना, चिरंतन वफादार को भी ठोकरे मारने वाली महाशक्ति के साथ परमाणु सहयोग की गुजारिशें करना आदि सभी कदम ऐसे हैं जो भारत को एक सशक्त और स्वतंत्र राष्ट्र बनने

से रोकने के लिए उठाए गए हैं। देश के राज सत्ताधारी मनमोहन सिंह की राष्ट्र विरोधी गतिविधियों को सफल बनाने में जुटे हुए हैं।

इस पुस्तक के अध्याय 2 और 3 में आप कांग्रेस पार्टी की राजनीति और डॉ मनमोहन सिंह की आर्थिक नीति ने भारतवासियों पर जिस प्रकार की दुर्बलताएँ थोंपी हैं, उनकी एक झलक देख ही चुके हैं। ये डॉ मनमोहन सिंह भी गोर्वाचोव और येल्त्सिन की भांति बहुत चतुर रहे हैं। अर्थव्यवस्था के प्रबंधकों द्वारा पैदा की गई दुर्बलताओं का बहाना बना कर इन्होंने भी अपनी नीतियाँ प्रारंभ कर दीं और उन्हीं प्रबंधकों को अर्थव्यवस्था का संचालन सौंप दिया। उसके सारे आर्थिक विचार उसके पश्चिमी महाप्रभुओं के अर्द्ध परिष्कृत सिद्धांतों पर ही आधारित थे। हमारे पाठक ये जान ही चुके हैं कि ये पश्चिमी शोषणपूर्ण विचार भारत और अन्य विकासशील देशों के लिए कितने सारहीन हैं। भले ही जन सामान्य को अब कुछ–कुछ समझ आ रहा हो, पर, हमारे 'आम आदमी' के प्रति अपने प्रेम का ढिंढोरा पीटने वाले 'संभ्रात' विशेषज्ञों को पश्चिम की अवधारणाओं में ही पूरी 'श्रद्धा' है। भले ही उन नीतियों से उसी आम आदमी का बेड़ा गर्क हो रहा हो।

हमारा अनुभव यही बताता है कि समझदारों को बेवकूफ बनाना बड़ा आसान होता है तो आम आदमी में भी ये भूल जाने की आदत होती है कि सभी शैतान अपनी ही तोप के दहाने से नहीं उड़ जाते। वे बहुत कुछ बहुत देर तक बर्दाश्त करते रहते हैं। वैसे भी किसी महाशक्तिशाली शैतान के पिछलग्गू शैतान का नाश करना इतना आसान नहीं होता। हिन्दू धर्म ये बताता है कि बुराईयों का जीवनकाल बड़ा लम्बा होता है। कुछ दिन पहले 'ए एक्स एन' ने एक फिल्म दिखाई थी। जिसमें विनाशित शैतान के शरीर से छोटे से भाग से ही पुनः शैतान खड़ा हो जाता था। मनमोहनार्थशास्त्र और सन्नद्धिकरण एवं जन क्षेम तो परस्पर विरोधी सिद्धांत हैं। मेरी चिंता यही है जब हम 'मनमोहनार्थशास्त्र' का समापन करेंगे तो कहीं भारतीय राजनीतिक व्यवस्था कोई इससे भी बड़ी शैतानी शक्ति की रचना न कर बैठे। उस आपदा से बचने के लिए हमें सत्तासीन संभ्रांत वर्ग को ये

समझाना होगा कि (इस पुस्तक में वर्णित) उपयुक्त स्तर पर भारत के सैन्य सन्नद्धिकरण और उससे जुड़े परिवर्तनों के अतिरिक्त देश के सामने कोई दूसरा विकल्प है ही नहीं।

मैंने इस महान सुधारक के भाषणों, पुस्तकों और इस पर लिखी गई पुस्तकों को पढ़कर इसके मस्तिष्क की कार्यविधि को समझने का प्रयास किया है। सच्चाई यही है कि मुझे कुछ भी बताने योग्य बात नहीं मिल पायी। तभी, अक्टूबर 25, 2007 को द इक्नॉमिक टाईम्स, नई दिल्ली का ये शीर्षक सामने आ गया:

"समता अदक्षता का बहाना नहीं होगी"

खुले स्पर्धी बाजार के सभी जोखिमों और अनिश्चितताओं भरे माहौल में काम करने के लिए फर्मों को दीर्घकालिक युक्तियुक्त चिन्तन और बदलाव के साथ बदलने वाली संगठनात्मक रचना का निर्माण करना होगा" –मनमोहन सिंह।

इस लेख के अंत में टिप्पणी थी: ये प्रधानमंत्री डॉ मनमोहन सिंह द्वारा नई दिल्ली में मकिन्जी के निर्देशकों की बैठक में दिए गए भाषण का संक्षिप्त स्वरूप है।

केवल (होडू परिभाषित) मस्तिष्क विहीन[xxx] प्रधानमंत्री या बंध्याकृत अर्थशास्त्री ही, (जो केवल पश्चिमी उपनिवेशवादियों को ही अपना मताधार मानता है) संदिग्ध सेवा संगठन (प्राय: सभी विदेशी सलाहकार मंडल इसी श्रेणी में आते हैं) के निर्देशकों के समक्ष इस प्रकार की बातें कर सकता है। प्रधानमंत्री मनमोहन सिंह जब बड़े व्यापारियों के प्रबंधकों (मेरा यहाँ इस शब्द से द्वि-अर्थी अभिप्राय: है) के समक्ष होते हैं तो इनका स्वर अत्यंत मुखर हो उठता है। एक और बात भी सामने आई है: ये महाशय 'लोकप्रिय' शब्दों का अपने भाषणों में यथा स्थान प्रयोग कर लेते हैं। इनका कोई अर्थ न आम आदमी की समझ में आता है और न ही सामान्य नौकरशाहों को। हाँ, उनसे प्रेरित होकर बड़े व्यापारी अवश्य अपनी शोषणकारी तरकीबों को और नई धार दे देते हैं। ये समाहनकारी संवृद्धि

की बात तो करते हैं पर इनका असली मकसद लोकलुभावन बातें करना और जन विरोधी काम करना ही रहता है। ये समता को दक्षता नाशक मानते हैं और दक्षता से इनका मतलब बिना रोकटोक की मुनाफाखोरी है। ये अर्थशास्त्र कहे जाने वाले "काले जादू" के 'अघोषित' परम विद्वान है। इनके दिल से केवल निजी लाभ कमाने वाले और अन्य शोषणकर्ताओं के लिए ही आह निकलती है। उनके उक्त लेख में कई उन कामों की चर्चा हुई है जो हो जाने चाहिए थे, किन्तु नहीं हो पाएँ और ये उन कामों को नहीं करने के लिए ही अपनी पीठ ठोंकते दिखाई पड़ते हैं। उनका विश्वास है कि बाह्य उदारीकरण द्वारा देश के विदेशी शोषणकर्ताओं की भरमार कर इन्होंने भारत के व्यवसायियों को अल्पाधिकारी और एकाधिकार पूर्ण प्रवृत्तियों से बचा लिया है। इन्हें अर्थशास्त्र के अंतर्राष्ट्रीय आयामों और वैश्वीकरण का बड़ा विद्वान माना जाता है। किन्तु इन्हें इस बात की कोई जानकारी नहीं लगती कि बाह्य और आन्तरिक शोषणकर्ताओं में 'स्पर्धापूर्ण सहयोग' का रिश्ता होता है। उनकी मान्यता है कि कोई साक्षर भारतीय और निजी संस्थाओं द्वारा प्रकाशित प्रसारित आँकड़ों को देखता भी नहीं और कि इसी पुस्तक में उद्धृत अनेक तालिकाओं और रेखा चित्रों का अस्तित्व ही नहीं है। बड़ा आश्चर्य होता है कि ऐसी मानसिकता वाले वित्त/प्रधानमंत्री की भारत के बुद्धिजीवी इतनी प्रशंसा करते दिखाई देते हैं। इस प्रकार के ओजहीन विद्वानों की तो आलोचना करना भी समय की बर्बादी ही है। डॉ मनमोहन सिंह ने आर्थव्यवस्था में एकाधिकारी/अल्पाधिकारी तंत्र के विकास में बाधक हो सकने वाली सभी विधयी, प्रशासकीय और संवैधानिक व्यवस्थाओं को धराशायी कर डाला है। ये बात शीर्षस्थ व्यापारी परिवारों की मीडिया में बताई जा रही संपत्ति वृद्धि के आँकड़ों से भी स्पष्ट हो रही है। भारतीय किसानों और अन्य अभाव पीड़ितों की आत्महत्याओं के आँकड़ों को देखें तो 2007 देश का एक बुरा वर्ष रहा है। किन्तु 'मेरा भारत महान' या 'दीप्तिमान भारत' के नारे लगाने वालों को उस सबसे कोई वास्ता नहीं है। हमें लगता है ये सारी दीप्ति लुटेरे व्यापारियों की दौलत और पूर्णतः उदारीकृत प्रधानमंत्री की छवि निखारने

में लगे प्रकाशकर्मियों की कला की चमक दमक ही है। हमारे सभी उदारीकृत बुद्धिजीवी मनमोहन सिंह की ईमानदारी का गुणगान करते नहीं थकते। किन्तु मनमोहन सिंह और उनके प्रशंसकों के इन सारे प्रयासों से मैं प्रभावित नहीं हो पाता। मुझे तो वो कहानी याद आ जाती है, जहाँ शत्रु सेनापति ने हमला कर संगीनों से गोदने वाले सिपाहियों को छोड़कर उनके साथ आए हुए ढोल बजाने वाले को सूली पर टांग दिया था। वह कहता रह गया कि वह तो आदेश के अनुसार ढोलक पर थाप मात्र दे रहा था और उसने किसी को कोई शारीरिक क्षति नहीं पहुँचाई थी। किन्तु उस सेनापति का तर्क था कि ढोल की आवाज से सैनिक की अंतर्आत्मा की आवाज दब गई और वे संगीनों का वीभत्स प्रयोग कर बैठे। डॉ मनमोहन सिंह भी अपने प्रबंध कौशल से न्यायधीशों की अंतर्आत्मा को भी चुप कर चुके हैं। अब उन्हें देश में चल रही प्रवृत्तियों में कुछ भी गलत नजर नहीं आता और लोगों के तर्क सुनाई भी नहीं देते। हम केवल यही अफसोस करते रह जाएँगे कि इस पृष्ठभूमि में भी इन आर्थिक सुधारों को कोई चुनौती और इनके मुख्य आरोपियों को दंडित करने के प्रयास देश के किसी न्यायालय में 'सुनवाई' भी नहीं पा सकेंगे।

मैं सोच रहा था कि क्या इन सज्जन की जातीयता, स्थानिकता, सांस्कृतिक निष्ठाओं और पालन पोषण का इनके मस्तिष्क के विकास पर कुछ प्रभाव पड़ा होगा। इनका जन्म पंजाब में हुआ था, जो पाँच नदियों की भूमि ही नहीं संस्कृतियों के मिलन और भारतीय मैदानी क्षेत्रों की दौलत की राह भी है। पर्वतीय अफगानिस्तान और अविभाजित पंजाब के मैदानों (पश्चिम पंजाब के अधिक) को प्रत्येक उस हमलावर के पैरों ने रौंदा है जो भारत की दौलत और इसकी बहन बेटियों की इज्जत को लूटने के इरादे से आया है। ये चंड अशोक के उत्तराधिकारियों द्वारा सशक्त विशाल सेना के महत्व को भुला देने के बाद से निरंतर चलता रहा है। (यही चंड अशोक कलिंग युद्ध के बाद सुधार कर महान अशोक जो हो गए थे)। आक्रमणकारियों के बार-बार आगमन ने (सीमांत क्षेत्र में अधिक), इस सारे क्षेत्र में अपने पित्रौक (जीन) छोड़े हैं। इनमें रची बसी विशेषताएँ है

क्रूरता, कामक्रूरता, परपीड़क कामुकता, अत्याचार, दासता, उपेक्षावाद और विध्वंसक व्यवहार। जब सभी भारतीयों के पित्रौक मानचित्रों के स्वरूपों विशेषकर सत्तासीन कुलीनों के पित्रौक चित्रण का कार्य पूरा हो जाएगा तो एक बात निश्चित रूप से स्पष्ट होगी: सीमांत क्षेत्र के लोगों में राष्ट्र विरोधी गुणों का आधिक्य है। मुझे लगता है मनमोहन सिंह उसी पित्रौक चित्र का निकृष्टतम उदाहरण होगा। जब कहीं बेहतर व्यवहार संभव हो वहाँ भी उसका व्यवहार ठीक नहीं हो पाता। उसे समझाने का एकमात्र तरीका उसके सामने उसे अभिभूत कर देने वाली मर्दानगी का प्रदर्शन ही है और वह मर्दानगी उसके मन्सूबों को गहरी मात देने में ही निहित है।

मुझे विश्वास है कि अभी भी देश में अनेक व्यक्ति और कॉल सेन्टरों की संस्कृति से पथभ्रष्ट होने से बचे युवा मौजूद है जो आधुनिक उदार अर्थव्यवस्था और उदार प्रशासकीय व्यवहार द्वारा गढ़े जा रहे संरोधें को लेकर त्रस्त है। वे किसी उग्र प्रतिक्रिया को विकल्प मान रहे होंगे, किन्तु उन्हें घिसे पिटे नक्सलवाद के विवेक शून्य हत्या आंदोलन के रास्ते पर चलने से रोकना होगा। राजनीतिक हत्याओं का विरोध करने का मेरा एक ही कारण है: एक बुराई के मूर्त स्वरूप की हत्या से कहीं अधिक बड़ी बुराइयों के पनपने की आशंका होती है। भारत में भी राजनीतिक हत्याओं का ऐसा ही विकृत इतिहास रहा है। गांधी की हत्या से नेहरू को एक छत्र सत्ताधिकार मिल गया था और इन्दिरा गांधी एवं राजीव गांधी की हत्याओं ने हमें मनमोहन सिंह दिया है। पाकिस्तान ने हत्या के रास्ते अपने जुल्मी आकाओं से छुटकारा पाना चाहा किन्तु, वह भी राजनीतिक दलदल से बाहर नहीं निकल पाया। प्रत्येक उत्तराधिकारी, भारत की ही तरह पहले वाले अत्याचारी से भी अधिक वीभत्स सिद्ध हुआ है।

जागो हे भारतवासी! अनेक विकल्प सुलभ हैं। बस उठो और सौद्देश्य अंग संचलन होने दो।

अटल बिहारी वाजपेयी

नेहरू वंश या कांग्रेस पार्टी से बाहर के एकमात्र महत्वपूर्ण प्रधानमंत्री रहे अटल बिहारी वाजपेयी को अपने नैतिक गुरू पंडित जवाहर लाल नेहरू की ही तरह भारत को पूरी तरह निराश करने का श्रेय भी जाता है। वह स्वयं और उसके छवि निर्माता बार-बार उसे नेहरू का एक बड़ा प्रशंसक घोषित करते रहे हैं। अपने आदर्श की ही भांति वह भी 'देश का चाहे कुछ हो, मुझे निरंकुश सत्ताधिकार प्राप्त हो' की नीति पर आचरण करता रहा। भारतीय प्रधानमंत्रियों की महान परंपरा का अनुसरण करते हुए वह भी अपने संक्षिप्त से कार्यकाल में जहाँ संभव हो सका भारत के राष्ट्रहितों की कुर्बानी देने में जुटा रहा। 'अटल' – 'चिरस्थायी', न टलने या न हिलने वाला एक विश्व रिकार्ड भी बना गया। यह एक गठबंधन सरकार को 13 दिन ही चला पाया था। साथ ही तीन बार इसने गठबंधन सरकारों का महानिर्वाचन में नेतृत्व भी किया। प्रधानमंत्री के रूप में इसका कार्यकाल रहा चार वर्ष तेरह महीने तेरह दिन। एक परीकथा का अंश सा लगता है। इसी पुस्तक में हम अन्यत्र ये चर्चा तो कर ही चुके हैं कि ये क्यों समय से पूर्व 2004 में महानिर्वाचन करा अपनी पार्टी की लुटिया डुबोने को विवश हो गया था (मातृ संस्था, राष्ट्रीय स्वयं सेवक संघ भी उसके प्रभावों से अछूता नहीं रह पाया था। वैसे ये सज्जन संघ के किसी भी आदर्श पर आचरण किए बिना केवल लफ्फजी के सहारे उस संस्था को दशकों तक इस्तेमाल कर चुके हैं। वह तो छद्मवेश धारण करने का बेजोड़ कलाकार था। पलभर में वह प्रचंड राष्ट्रवादी से आधुनिक उदारमना कांग्रेसी या फिर एक स्वयंसेवक – एक श्रद्धालु राष्ट्रीय स्वयंसेवक संघ कार्यकर्ता या हालात का तकाजा होने पर विश्व बंधुत्व का प्रतिरूप भी बन जाता था।

इसके कार्यकाल में ही जम्मू-कश्मीर में हिन्दूओं का भीषणतम नरसंहार हुआ, नियंत्रण रेखा के पार से सबसे अधिक घुसपैठ हुई (भारत की धरती पर उसके गुरू नेहरू द्वारा खींची गई रेखा जिसने भारत-भूमि के एक बड़े हिस्से को विवादित क्षेत्र बना रखा है)। साथ ही अंतर्राष्ट्रीय सीमा/नियंत्रण रेखा पर ही जम्मू कश्मीर प्रांत में ही भारतीय सेना को विशालतम जन हानि भी झेलनी पड़ी। उसका गृहमंत्री (बाद में उपप्रधानमंत्री)

भी एक बहुत ही विचित्र व्यक्तित्व का धनी था जो अपने चेहरे के हाव भाव, तने हुए मुक्के आदि का प्रयोग कर अपने छविकारों को एक लौह पुरूष का चित्रांकन करने को प्रेरित करता फिरता था और कहता था कि वह तो आंतकवाद को बिल्कुल सहन नहीं करेगा, किन्तु अगले नरसंहार तक अपनी इस सहनशीलता को और व्यापक बना लेने तथा इसकी नौटंकी को दोहराने में उस कोई झिझक नहीं होती थी। जम्मू–कश्मीर के हिन्दूओं ने कुछ समय तक तो उसे झेला पर बाद में अपने रोष प्रदर्शन द्वारा उसे दिल्ली में बैठ वहीं सत्ता की राजनीति में लिप्त रहने को विवश कर दिया था। प्रधानमंत्री बनने के लगभग डेढ़ महीने में ही अटल ने अपनी केबीनेट से सलाह किए बिना और बिना किसी प्रकार के लागत हितलाभ विश्लेषण एवं तकनीकी आवश्यकता का मूल्यांकन किए ही भारतीय वैज्ञानिकों को "बड़ा धमाका" करने की बहादुरी दिखाने को विवश कर दिया। सैन्य उच्चाधिकारियों और प्रशासन के उच्चस्थ स्तर पर भी इस विषय में कोई चर्चा या परामर्श नहीं किया गया। हमारे तब तक अनजाने रहे वैज्ञानिकों/इंजिनियरों को भी सुर्खियों में आने का ये एक स्वर्णिम अवसर मिला था। उन्होंने तुरन्त 6 आंशिक रूप से सफल धमाके कर डाले और यहाँ तक शत्रु शक्तियों के संभावी कदमों का सामना कर पाने की क्षमता को पूरी तरह प्रयोग में झौंक कर समाप्त कर डाला। वाजपेयी की इस बहादुरी के परिणाम स्वरूप पाकिस्तान ने भी उधार में पायी शक्ति का प्रदर्शन करने के लिए 6 धमाके किए। उसके प्रबल समर्थक अमरीका आदि ने तुरन्त ही भारत के विरूद्ध कमरतोड़ आर्थिक/तकनीकी प्रतिबंधों की घोषण कर डाली। भारत की रणनीतिक क्षमता की परीक्षा करने के लिए ही पाकिस्तान ने कार्गिल क्षेत्र में बड़े स्तर पर घुसपैठ कर वाजपेयी की बहादुरी की पोल खोल डाली। यही नहीं, जैसा कि बाद में उसके राष्ट्रपति मुशर्रफ ने पुष्टि भी की है, उसने परमाणु बमों का प्रयोग करने की धमकी भी दी थी। बाजपेयी को ही कार्गिल संघर्ष के दौरान अमरीकी–पाकिस्तानी घुड़कियों के सामने झुकना पड़ा। देश के सामरिक हितों के प्रति सम्मान का पूर्ण अभाव तो उसकी संपूर्ण आणविक निषेध

संधि पर हस्ताक्षर करने की तत्परता और अमरीका की ईराक को हराने में सहायता करने को सेनाएँ भेजने की तैयारी से भी स्पष्ट हो जाता है। अमरीकी प्रशासन के बदलाव ने ही भारत को उसका पिछलग्गू बनने के अपमान से बचा लिया। इसी से भारतीय सैनिकों को ईराक में शर्मनाक मौत के मुंह में झौंकने का वाजपेयी का इरादा भी नाकाम हो गया। एक स्वयंसेवक के रूप में उससे राष्ट्रीय सन्नद्धिकरण के महत्व को समझने की अपेक्षा की जा रही थी किन्तु उसने भी सशस्त्र सेनाओं को अवैधानिक बनाने में कोई कसर नहीं उठा रखी। सेनाओं के हितों पर आघात करने वाले पाँचवें वेतन आयोग की बेतुकी सिफारिशें लागू कर उसने पहली ऐसी सरकार के मुखिया होने का श्रेय भी अर्जित कर लिया जिसकी वायुसेना के सेवारत् अधिकारियों को भी सार्वजनिक रूप से अपने असंतोष का प्रदर्शन करने को विवश होना पड़ा था। नौकरशाही फार्मूले पर चलते हुए उसने असंतोष नहीं असंतोष व्यक्त करने वालों को ही कुचलने का रास्ता अपनाया। ये पहला प्रधानमंत्री था जिसने नौसेनाध्यक्ष और तत्कालीन संयुक्त कमान के मुखिया को गैर कानूनी बिना किसी सुनवाई के नौकरी से निकाल दिया था। एक साल तक सेनाओं के मनोबल और युद्ध क्षमता को पहुँची क्षति की चर्चा तो हम पहले ही कर चुके हैं। इससे सेनाओं पर नागरिक नियंत्रण का कसाव भी ढीला पड़ गया था। सैनिकों को अब ये पता है कि नागरिक नेतृत्व बहादुरी नहीं केवल बहादुरी का दिखावा करना चाहता है। इससे सैन्य तत्परता में बहुत तेजी से गिरावट आ रही है।

वाजपेयी ने विदेशी नीति और राष्ट्रीय सुरक्षा से जो खिलवाड़ किये हैं उनसे तो जाने आगे कोई प्रधानमंत्री प्रत्येक मंच और दृष्टि से भारत की किस स्तर की अवमानना का दुस्साहस कर बैठेगा। राष्ट्र को अपेक्षा थी कि वाजपेयी नेहरू/कांग्रेस खानदान की राह पर नहीं चलेगा किन्तु उसने देश को पूरी तरह निराश ही किया है। उसे ये समझ ही नहीं आया कि किसी कांग्रेसी मानसिकता के व्यक्ति को ही चुनना चाहता तो भारत उसकी पार्टी को अपना वोट नहीं देता। संभवत: जनता को आशंका थी कि वह उसकी अपेक्षाओं पर खरा नहीं उतरेगा और उसने भी जनता को धोखा

देकर उन आशंकाओं को सत्य सिद्ध कर दिखाया। चाहे अर्थव्यवस्था हो या राष्ट्रीय सुरक्षा या सामरिक विकल्प या देश के भूमिहीन किसान, गरीब, असहाय अभावग्रस्त नागरिकों की अवस्था, उसने अपने शासन काल में कहीं भी प्रगति नहीं होने दी। उसने कांग्रेस द्वारा अर्थतंत्र को विकृत करने की नीति को ही आगे बढ़ाया और विषमता को और गंभीर होने दिया (गिनि सूचक इसी को प्रमाणित कर रहा है)। वाजपेयी और उसके उत्तराधिकारी की विवेक शून्यता के कारण गिनि सूचक इस स्तर पर पहुँच गया है कि अब भारत भी मरणासन्न बीमार राष्ट्रों की श्रेणी की शोभा बढ़ाने लगा है। वह और उसके मंत्रीगण निरंतर कांग्रेस विशेषकर मनमोहन सिंह, के रास्ते पर नहीं चलने की राष्ट्रीय स्वयंसेवक संघ की मांग को अनसुना करते रहे और इसी का परिणाम उसकी पार्टी और सहयोगी राष्ट्रीय लोकतांत्रिक गठबंधन की 2004 के महानिर्वाचन में दुर्गति के रूप में सामने आया। जनता मनमोनार्थशास्त्र से इस तरह तंग आ चुकी है कि 2009 में (या उससे पहले) चुनाव होने पर उसका दुबारा जीत पाना कठिन ही लगता है। अभी तक (2008) तो ऐसे आसार लग रहे हैं कि शायद राष्ट्रीय लोकतांत्रिक गठबंधन को फिर मौका मिल जाए, किन्तु वह भी उतना ही बर्बादीपूर्ण होगा। भाजपा और रालोग (राष्ट्रीय लोकतांत्रिक गठबंधन) के सभी जाने माने चेहरे वर्तमान दुर्दशा से देश को निकालने का एकमात्र मार्ग मनमोहन सिंह की आर्थिक नीतियों को ही माने बैठे हैं। हमें लगता है कि आने वाले अनेक वर्षों तक बुरा वक्त ही झेलता होगा। किन्तु 2009 के निर्वाचन में एक बार फिर मनमोहन सिंह ही विजयी रहा। संभवतः देश ने बुराई को ही चुनना बेहतर माना है, उसकी प्रतिकृति को नहीं। अब भगवान ही भारत का रक्षक है। मुझे बहुत अफसोस है कि भारत का आम मतदाता पूंजीवादियों के मिथ्या प्रचार "कि अच्छे दिन आने वाले हैं" के नशे का शिकार हो गया है।

श्रीमती इन्दिरा नेहरू गांधी

जवाहर लाल और कमला नेहरू की एकमात्र संतान (नेहरू के बाद)

भारत की दूसरी प्रभावी प्रधानमंत्री रही। नेहरू के निधन के तुरन्त बाद कुछ समय तक लाल बहादुर शास्त्री भी इस पद पर रहे थे। इन्दिरा के नाम के साथ गांधी शब्द उसके पति के नाम से आया है। अनेक यूरोपवासियों को ये मिथ्या भ्रम है कि वह मोहनदास कर्मचन्द गांधी की भतीजी थी। वैसे शास्त्री भी नेहरू का ही श्रद्धालू शिष्य था। उसने भारत को पाकिस्तान के साथ युद्ध में झोंका और फिर अमरीकी–रूसी मार्गदर्शन में पाकिस्तानी प्रधानमंत्री के साथ ताशकंद समझौता भी कर लिया। सभी प्रधानमंत्रियों की परंपरा के अनुसार शास्त्री ने भी भारतीय भूक्षेत्र बेच कर पाकिस्तान के साथ शांति की खरीदारी की थी। इस बार तो सामरिक दृष्टि से महत्वपूर्ण पीरपंजाल का क्षेत्र दे दिया गया और भारत पर वास्तविक नियंत्रण रेखा नामक एक नई सीमा भी लाद दी गई। श्रीमती गांधी के समय से अमरीकी दबाव में भारत इस नियंत्रण रेखा को अपराक्राम्य मान रहा है जबकि पाकिस्तान पर ऐसा कोई बंधन नहीं रहा। वह निरंतर इस रेखा के पार आक्रमक घुसपैठिए भेज रहा है। हमारे सभी प्रधानमंत्री इसके प्रमाण दिखा–दिखा कर अमरीका से रेखा के पार पाकिस्तानी आतंकवादी शिविरों पर कार्यवाई करने की अनुमति की भीख मांगते नजर आते हैं। जब किसी प्रधानमंत्री से पूछा जाता है कि वह राष्ट्र रक्षा के अपने परम कर्त्तव्य को निभाने के लिए अमरीकी सहमति के मोहताज क्यों हैं तो पहले वह इस प्रश्न को अनसुना करने की कोशिश करते हैं और बाद में सभी नपुंसकों का आवरण ओढ़ कर किन्हीं अंतर्राष्ट्रीय कूटनीति की वास्तविकताओं के विषय में कुछ बुदबुदा कर रह जाते हैं।

श्रीमती इन्दिरा गांधी ने भी जिन दो आदर्शों के पारिवारिक नाम ओढ़े हुए थे उन्हीं की राष्ट्रहित विरोधी विरासत पर आचरण किया। यों तो वह बार–बार विभिन्न हिन्दू मन्दिरों में जाती दिखाई देती थी, किन्तु धर्मान्ध सैमीटिकों की भांति ही उदारता रहित व्यवहार करती थी (चुनाव हारने पर राष्ट्रीय आपात घोषित कर वह तब तक सत्ता से चिपकी रही जब तक कि एक दिग्भ्रमित राष्ट्रवादी ने उसे गोली का निशाना नहीं बना दिया)। वह राष्ट्रभक्त इतना दिग्भ्रमित था कि भारतीय जनमानस एक नारी की हत्या

की जघन्यता को स्वीकार नहीं कर पाया। भले ही वह नारी स्वयं कितनी बुराई की जड़ रही हो। यही नहीं, अगले ही महानिर्वाचन ने उसी महिला के एक मात्र जीवित पुत्र, जो बौद्धिक एवं मानसिक दृष्टि से अपरिपक्व नागरिक विमान चालक था और माफिया अपराध संगठनों की भूमि की विदेशी महिला से विवाह कर चुका था, को देश की बागडोर भारी बहुमत के साथ सौंप दी। इस उदार प्रधानमंत्री ने उसी अमरीका के सामने (जिसे उसकी अपनी मां कम से कम ऊपर से तो कोसती ही रहती थी) एक भिखारी की तरह भारत को खड़ा कर दिया।

इन्दिरा के मन में तो भारत का हित था किन्तु वह अपनी सत्ता लोलुपता और बादशाही अंदाज पर नियंत्रण नहीं रख पाती थी। इसीलिए वह इस बात पर भी ध्यान नहीं देती थी कि क्या रास्ता अपना रही है। अपने पिता के शासन काल में भी वह काफी अरसे तक पार्टी और सरकार के तंत्र का पर्दे के पीछे रहकर संचालन कर चुकी थी। सारे अनुयायियों को नियंत्रित रखने के सभी हथकंडे वह बखूबी जानती थी। सरकार के सभी विभागों के मुखियाओं, नौकरशाहों, सुरक्षा एजेन्सियों एवं निजी संस्थानों आदि की कमजोरियों और विशेषताओं को वह अच्छी तरह जान चुकी थी। अपने इसी निकट से जान पहचान द्वारा अर्जित ज्ञान और अन्तस्थ गुणों के कारण वह अपनी पार्टी के लिए अपरिहार्य थी। इस बात को पार्टी के शीर्ष नेताओं के गुट सिंडीकेट ने इन्दिरा के साथ अपने लम्बे आत्मघाती संघर्ष के बाद ही जाना था। उस संघर्ष में पूरी तरह विजयी इन्दिरा देश के आम आदमी को गरीबी हटाओ, बैंक, कोयला राष्ट्रीयकरण आदि के कदमों और 'समाजवादी' नारेबाजी से लुभाने में भी सफल रही। ये बात और है कि उस जमाने में उसके मुख्य आर्थिक सलाहकार और बाद में प्रधानमंत्री बने डॉ मनमोहन सिंह सहित उसके सभी उत्तराधिकारी उस द्वारा समाजवाद के नाम पर उठाए गए सभी कदमों को वापस खींचने के काम में पूरे मनोयोग से जुटे हुए दिखाई दिए हैं।

प्रवर्तनवादी प्रयास

भारतीय आर्थिक परिदृश्य का निष्पक्ष विश्लेषण सिद्ध कर देगा कि अर्थव्यवस्था का संचालन प्रबंधन भारत हित में नहीं बल्कि विदेशियों और देश में मौजूद उनके सहगामियों (आयात-निर्यात कर्ताओं) के हित में हो रहा है। 'महाशक्ति' और उसके पिछलग्गू इस परिदृश्य में परिवर्तन का सहज विरोध करेंगे।

प्रवर्तनकारी बदलाव का एक स्वरूप ये हो सकता है : नियंत्रण रेखा के पार से भेजे गए आतंकवादियों द्वारा भारत के किसी भी भाग में किसी भी छोटी से छोटी शरारत के जवाब में भारतीय सेनाओं, विशेषकर वायुसेना को उस रेखा का पार कर पाक अधिकृत कश्मीर में बड़े पैमाने पर शत्रु ठिकानों पर कार्यवाई का अधिकार दिया जाए। हमें कश्मीर के उस भाग को पाकिस्तान के लिए असैन्यीकृत और उड्डयन अधिकार से वंचित क्षेत्र घोषित कर देना चाहिए। उसे ये भी बता देना चाहिए कि भारत के साथ उसकी अपनी सीमा के 20 किमी के भीतर भी उसके सैन्य विमानों की उड़ान पर प्रतिबंध रहेगा। मुशर्रफ जैसे लोगों को सत्ता में रहने देने का उन्हें ये ईनाम तो मिलना ही चाहिए। किन्तु ये तभी हो पाएगा जब भारत के पास विशाल सैन्य शक्ति होगी। तभी इस बात का निश्चय होगा कि नेहरू के जमाने से चली आ रही भारत को मूर्ख बनाने की महान परंपरा भंग होगी। देश के सैन्यीकरण के प्रभावी एवं स्पष्ट प्रयास ही गंभीर निश्चय का संकेत दे पाएंगे। भारत को पूर्णतः तर्कविहीन आणविक अप्रसार संधि के प्रथम अनुच्छेद में परिभाषित परमाणु शक्तियों के विरूद्ध प्रतिबंधों की (उनकी संभव प्रतिक्रिया के रूप में) घोषणा कर देनी चाहिए। भारत के विरूद्ध व्यापारिक प्रतिबंध लगाने वालों को उन्हीं द्वारा गढ़ी गई विश्व व्यापार संगठन की विवाद निपटान व्यवस्था के समीप घसीटा जाना चाहिए। हम जानते हैं कि वह व्यवस्था महाशक्तियों के विरूद्ध निर्णय नहीं दे पाएगी, किन्तु फिर भारत भी धड़ल्ले से उनके विरूद्ध जवाबी प्रतिबंध लगा सकेगा। भारत भी उन 5-महाशक्तियों को ट्रिम्स और ट्रिप्स के अंतर्गत मिलने वाली पेटेंट सुरक्षाओं से वंचित कर सकेगा। किन्तु हम जानते हैं कि आज (2008) का पूरी तरह से बिका

हुआ हमारा अपना शासकवर्ग ऐसी कोई कार्यवाही नहीं करेगा। उन महाशक्तियों के सामने गिड़गिड़ाते रहना उसे कहीं अधिक सुविधाजनक लगता है।

अर्थ प्रबंधकों और मंत्रियों को, विश्व विकास रिपोर्टों में बताई गई भारत की उन अन्तर्निहित क्षमताओं का ज्ञान तो होना ही चाहिए जिनका अभी तक प्रयोग नहीं हो पाया है। ये भगवान की इच्छा नहीं है कि भारत गरीब ही रहे। ये तो हमारे सत्ताधीशों की नादानी या साजिश का परिणाम है कि हम गरीब है। आतंकवाद के प्रभावी निराकरण की आवश्यकता का प्रयोग कर भारत को अपने अर्थतंत्र को भी एक संक्षोम चिकित्सा देनी चाहिए।

संक्षोम चिकित्सा की रूप रेखा

सभी अंतर्राष्ट्रीय लेनदेन क्रय शक्ति तुल्य विनिमय दर पर हों। ये दर ब्रेटेन-वुड्स समझौता आधारित हो सकती है या फिर उससे भी अधिक तर्कसंगत सूत्र का प्रयोग कर सकते हैं। ये सूत्र हैं:

- भारतीय रूपयों में भारतीय श्रम की वैधानिक न्यूनतम प्रति घंटा मजदूरी
- अन्य संबद्ध देश की मुद्रा में वहाँ के श्रमिक की प्रतिघंटा न्यूनतम वैधानिक मजदूरी।

आम जनता की क्रय शक्ति बढ़ाइए: अर्थव्यवस्था को उच्चतर स्तर की ओर ले जाने का सबसे अच्छा तरीका है आम जनता की क्रय क्षमता में वृद्धि। आयकर केवल 5 लाख रूपये से अधिक की वार्षिक आय पर लगे। सभी उच्च आय वालों को कर जाल में लाया जाए। एक लाख से कम उत्पादन शुल्क देयता वाले सभी उत्पादकों को उत्पादन शुल्क मुक्त रखा जाए। इस प्रकार कर संग्रह पर व्यय काफी कम होगा और प्रयोज्य कर राजस्व में वृद्धि होगी। किसी भी आयात पर सीमा शुल्क की दर समरूप पदार्थों पर उत्पादन शुल्क/सेवाकर से कम नहीं

होगी।

विनिवेश और ऐच्छिक सेवा निवृत्ति पर रोकः परंपरागत अर्थशास्त्र का आग्रह है कि जब अर्थव्यवस्था में अवनति हो तो निवेश वृद्धि द्वारा रोजगार बढ़ाना चाहिए। अतः विनिवेश और ऐच्छिक सेवा निवृत्ति को बंद किया जाए। साथ ही विनिवेश मंत्रालय का नाम बदलकर उसे निवेश मंत्रालय बनाया जाए।

सीमा शुल्क संग्रह को अंतर्राष्ट्रीय स्तर पर ले जाएँः भारत प्रति व्यक्ति आधार पर बहुत कम सीमा शुल्क एकत्र करता है। वापस 1995 से पूर्व की सीमा शुल्क दरों को अपनाओ। विश्व व्यापार संगठन के प्रशंसकों को अपने राग अलापते रहने दो।

पूंजी उपभोग करः भारत में पूंजी की काफी कमी नजर आती है। अतः 10 लाख रूपये से अधिक निकाल कर खर्च करने वाले व्यक्तियों/व्यवसायियों पर कर लगाया जाए।

पूंजी क्षमता करः पूंजी प्रयोग की दक्षता की ये आर्थिक कसौटियाँ हो सकती है – (क) मुद्रा की आय परिचलन दर, (ख) पूंजी उत्पाद अनुपात, (ग) पूंजी श्रम अनुपात और (घ) श्रम उत्पाद अनुपात। सभी उद्योगों व्यवसायों/व्यापारिक निकायों आदि पर 2 प्रतिशत से 10 प्रतिशत तक एक प्रगतिशील कर लगाया जाए जिसका आधार उसमें प्रयुक्त पूंजी की दक्षता की अंतर्राष्ट्रीय औसत भारतीय दक्षता से कमी हो। इन करों को वस्तु की कीमत में जोड़कर ग्राहक से वसूलना मना हो। सभी वस्तुओं के उपभोक्ता दाम सरकार/व्यवसाय द्वारा निर्धारित सभी करों और अधिभारों से मुक्त रहें।

समृद्ध भारत निर्माण में बाधक संवैधानिक संरोध

यहाँ हम उन संविधान संशोधनों की रूप रेखा दे रहे हैं जो एक समतापूर्ण सन्नद्ध राष्ट्र के निर्माण के लिए आवश्यक हैं। आम आदमी के हितार्थ प्रतिबद्ध वास्तविक लोकतांत्रिक राजव्यवस्था चाहने वाले प्रत्येक

व्यक्ति को इन संशोधनों का उद्देश्य सहज ही समझ आ जाएगा। संविधान में अन्य संशोधनों का ध्येय भारत उत्थान के लिए पुस्तक में स्पष्ट किया गया है।

संविधान संशोधन

संशोधन संख्या-1

ये व्यक्ति उच्च पदों पर आसीन हो सकते है:

अनुच्छेद 11 के साथ जोड़ा जाए अनुच्छेद 11 (क):

अनुच्छेद 11 (क): भारत में सामान्यत: जन्मे या जिनके माता-पिता दोनों भारत में सामान्यतया जन्मे हो, वही व्यक्ति देश की संसद के दोनों सदनों/विधान मंडलों में निर्वाचित होने या उच्च वैधानिक/संवैधानिक पदों पर नियुक्ति के पात्र होंगे।

संशोधन संख्या-2

कानूनी समानता:

उप-अनुच्छेद 14(क) इस प्रकार हो:

अनुच्छेद 14 (क): प्रत्येक प्राकृतिक भारत गें जन्में व्यक्ति को भारत की सीमाओं और भारत नियंत्रित क्षेत्र में विद्यमान भूमि, प्राकृतिक एवं अन्य संसाधनों और पर्यातन्त्र पर अपरिहार्य और समान अधिकार होगा।

संशोधन संख्या-3

अनुच्छेद 15 में तीन शब्द जोड़े जाएँ:

संशोधित अनुच्छेद 15: धर्म, प्रजाति, जाति, लिंग, जन्म स्थान और सामाजिक आर्थिक आधार पर भेदभाव पर प्रतिबंध है।

संशोधन संख्या-4

अनुच्छेद 16 के बाद तीन नए अनुच्छेद जोड़े जाएँ और अनुच्छेदों की क्रम संख्या उचित रूप से परिवर्तित हो।

संशोधन संख्या-5

अनुच्छेद 17: समता का अधिकार

(क) समाज में आय का विभाजन इस प्रकार हो कि गिनि गुणांक का मान 10 प्रतिशत से कम रहे।

(ख) उच्चतम 10 प्रतिशत आय वर्ग की आय का निम्नतम 10 प्रतिशत वर्ग की आय से अनुपात 3 से अधिक नहीं हो।

(ग) समष्टि स्तर पर किसी व्यक्ति की आय किसी अन्य की आय के 15 गुना से अधिक नहीं हो। इनमें देशी-विदेशी सभी सम्मिलित हैं।

संशोधन संख्या-6

अनुच्छेद 18: आय और संपत्ति के विवेकपूर्ण विभाजन का अधिकार: राष्ट्रीय स्तर पर आय और संपत्ति के वितरण इन मानकों के अनुसार होगें:

(क) **प्राथमिक क्षेत्र:** इसमें सम्मिलित हैं सभी कृषक, मछुआरे, ग्रामीण दस्तकार, प्रत्यक्ष प्राथमिक कर्मचारी, स्वच्छता कर्मी, दाईयां, सैनिक, केन्द्रीय एवं प्रांतीय मंत्री, सर्वोच्च से लेकर निम्न स्तर तक न्यायपालिका, मान्य सृजनात्मक कलाकार, इंजिनियर, चिकित्सा कर्मी, शिक्षक, प्राध्यापक, सभी विषयों के पी.एच.डी. उपाधि प्राप्त आदि। इस वर्ग में न्यूनतम आय अकुशल कर्मियों की वैधानिक न्यूनतम मजदूरी से पाँच गुना और अधिकतम 15 गुना होगी।

(ख) **द्वितीय क्षेत्र:** इस वर्ग में होंगे निर्माण एवं विनिर्माण कर्मी, सचिव आदि सरकारी (केन्द्रीय एवं राज्य स्तर के) अधिकारी, स्थानीय स्वशासी संस्थानों के कर्मी, न्यायिक व्यवस्था के सहकर्मी, निजी/सार्वजनिक उपक्रमों और सेवाओं के कर्मी। यहाँ न्यूनतम आय उसी न्यूनतम वैधानिक मजदूरी के 4 गुना

और अधिकतम 13 गुना होगी।

(ग) **तृतीयक क्षेत्रः** इसमें प्रायः सेवा क्षेत्र ही होगा। निजी सार्वजनिक सेवा उपक्रम, गैर विनिर्माण उपक्रम, चार्टर्ड लेखाकार और उनके सहायक, और अन्य वे सभी कर्मी जो पूर्ववती (क) या (ख) वर्ग में नहीं है। यहाँ न्यूनतम आय वैधानिक न्यूनतम मजदूरी का 3 गुना और अधिकतम 10 गुना होगी।

संशोधन संख्या-7

नया अनुच्छेद- 19

सामाजिक सुरक्षाः प्रत्येक निम्न आय व्यक्ति (राष्ट्रीय आय के निम्नतम 40 प्रतिशत वर्ग में आने वाले) 18 वर्ष तक के युवक और 20 वर्ष तक की युवती को प्रति मास बिना भागदौड़ और कागजी कार्यवाही के केन्द्रीय राजकोष या रिजर्व बैंक से अकुशल कर्मियों के वैधानिक न्यूनतम मासिक वेतन जितनी राशियाँ सामाजिक सुरक्षा अनुदान स्वरूप प्राप्त होगी।

संशोधन संख्या-8

अनुच्छेद 31(क): संपदा अधिग्रहण विषयक कानूनों की रक्षाः ये पद जोड़ देंः अवैध माना जाएगा यदि इसके कारण अनुच्छेद 14 या अनुच्छेद 19 में प्रदान किए गए किसी अधिकार का हनन होता है। और, यदि यह अनुच्छेद 14(क) का विरोधी नहीं है।

संशोधन संख्या-9

अनुच्छेद 300 (क): इसे इस प्रकार संशोधित करें:

संशोधित 300 क का पाठ होगाः किसी को कानून प्रक्रिया के बिना संपत्ति से वंचित नहीं किया जाएगा-

(1) अगस्त 15, 1947 को किसी व्यक्ति द्वारा वैधानिक प्रक्रियाओं के अनुसार प्राप्त की गई कोई संपत्ति उससे छीनी नहीं जाएगी। हाँ कानूनी अधिकार द्वारा ही उसे संपदा से वंचित किया जा सकता है।

(2) अनुच्छेद 14(क) की व्यवस्था के आधार पर किसी भी व्यक्ति के पास इस व्यवस्था में इंगित सीमा से अधिक संपत्ति का अधिग्रहण हो सकता है।

संशोधन संख्या-10

इस बात को स्वीकार करते हुए कि 'मुनाफाखोरी' शोषण का बहुत चिन्ताजनक स्वरूप है और इस शोषण का आधार अपने निजी स्वार्थ के लिए अन्य व्यक्तियों की मेहनत के फल का/उत्पाद अतिरेक का अपहरण है, संविधान के "शोषण के विरूद्ध अधिकार" भाग में एक नया अनुच्छेद 25 जोड़कर आगे के अनुच्छेदों का पुनः क्रम निर्धारण हो।

नया अनुच्छेद 25: मुनाफाखोरी पर प्रतिबंध: निजी लाभ के लिए किसी के श्रम या उत्पाद अतिरेक का प्रयोग प्रतिबंधित होगा। श्रम सृजित समग्र उत्पाद अतिरेक पर राज्य या सरकार का अधिकार होगा।

भारत संघ की सशस्त्र सेनाएँ

संशोधन संख्या-11

अनुच्छेद 53 (2क) में 'सुरक्षा सेनाएँ' के स्थान पर लिखा जाए "सशस्त्र सेनाएँ"

अभी तक हमारा संविधान सशस्त्र सेनाओं के गठन, नियंत्रण, वित्तीयन, इसके उपयोग, कर्तव्य, विशेषाधिकारों और इन्हें प्राप्य संरक्षण के विषय में चुप रहा है। यह संविधान के माथे पर लगे कलंक जैसा ही है।

संशोधन संख्या-12

तीन नए अनुच्छेद 76, 77 और 78 शामिल करो - अन्य अनुच्छेदों की क्रम संख्या में उपयुक्त परिवर्तन करें।

संशोधन संख्या-13

नया अनुच्छेद 76: सशस्त्र सेनाओं के कमांड/नियंत्रण/रख-रखाव/सुसज्जितकर के लिए एक सेना आयोग गठित हो। यही आयोग गुप्तचर/प्रतिगुप्तचर सेवाओं, अर्द्धसैनिक बलों एवं सहायक बलों तथा समय-समय पर सरकार द्वारा निर्दिष्ट अन्य सशस्त्र बलों के लिए भी उत्तरदायी रहेगा। इसमें सम्मिलित होंगे:

(क) राष्ट्रपति

(ख) प्रधानमंत्री

(ग) रक्षामंत्री

(घ) थल, जल और वायु सेना के सर्वोच्च कमांडर

व्याख्या: सर्वोच्च कमांडरों की नियुक्ति तक इन सेनाओं के सेनाध्यक्ष ही उनके काम संभालते रहेंगे।

संशोधन-14

संघीय सशस्त्र सेनाएँ:

(1) तीन संघीय सेनाएँ होंगी-थल, जल और वायु सेना। इनके अपने-अपने सर्वोच्च कमांडर होंगे और ये सेना आयोग के माध्यम से राष्ट्रपति के प्रति उत्तरदायी होंगी। संसद आवश्यक होने पर अन्य सशस्त्र सेनाओं का गठन करने के कानून भी बना सकती है।

(2) सशस्त्र सेनाओं की अन्य संरचनाएँ इस प्रकार होंगी:

(क) संख्या-थल, जल और वायु सेना प्रत्येक में लगभग 30 लाख अधिकारी एवं निम्न स्तरीय कर्मी होगे- जल और वायु सेनाओं में इन कर्मियों की संख्या अपेक्षाकृत

कम होगी (अधिकारी अधिक होंगे)। देश के सन्नद्धि स्तर के अनुरूप इन तीनों सेनाओं के कई समूह हो सकते हैं।

(ख) संख्या-थल, जल एवं वायुसेना, प्रत्येक में 10-10 लाख अधिकारी एवं निम्न स्तरीय कर्मी हों। जल एवं वायु सेनाओं में अधिकारियों का अनुपात अधिक रहे। देश के सन्नद्धि स्तर के अनुसार ऐसी कई थल, जल और वायु सेनाएँ हो सकती हैं।

(ग) अन्य निम्न स्तरीय संरचनाएँ इस संविधान संशोधन से पूर्व स्तर पर ही बनी रहेगी।

(3) सेना आयोग की कमांड में काम करने वाली ये सशस्त्र सेनाएँ देश की अखंडता और प्रभुसत्ता की रक्षा करेंगी। आवश्यक होने पर मंत्री परिषद/संसद इन्हें देश के किसी भी भाग में आंतरिक सुरक्षा का दायित्व भी दे सकती है।

(4) प्रत्येक सशस्त्र सेना के मुख्यालय के प्रमुख स्टाफ अफसर, ग्रुप कमांडर और सर्वोच्च कमांडर को केबीनेट मंत्री का दर्जा दिया जाएगा और वे तीसरी सूची में संघ के मंत्रियों के लिए नियत शपथ ही ग्रहण करेंगे। जल, थल, वायुसेना कमांडर, जनरल ऑफिसर कमांडर इन चीफ और प्रमुख स्टॉफ ऑफिसर थल सेना मुख्यालय तथा उनके समतुल्य जल एवं वायुसेना अधिकारियों को संघ के राज्यमंत्री का दर्जा दिया जाएगा और ये उनके लिए नियत शपथ ग्रहण करेंगे।

(5) तीनों सेनाओं के सर्वोच्च एवं ग्रुप कमांडर तथा मुख्यालय के प्रमुख स्टॉफ ऑफिसर लोकसभा के पदेन सदस्य होंगे और अपने मुख्य दायित्वों को बाधित किए बिना यथा संभव सदन की बैठकों में भी भाग लेंगे। प्रत्येक कमांडर को केन्द्र/राज्य के

सदन में बोलने एवं चर्चाओं में भाग लेने का अधिकार होगा। वे दोनों सदनों के संयुक्त अधिवेशनों में भी भाग लेंगे तथा संसदीय समितियों के सदस्य भी बन पाएँगे, किन्तु उन्हें सदन या उसकी समितियों में मतदान का अधिकार नहीं होगा।

(क) लोकसभा अध्यक्ष/राज्यसभा के सभापति निर्दिष्ट दिनों पर इन सैन्य कमांडरों को सदन में उपस्थित रह कर किसी राजकीय गोपनीय तथ्य को प्रकट किए बिना और राष्ट्रीय हितों/अखंडता/संप्रभुता को आपदा में डाले बिना सदस्यों के राष्ट्रीय सुरक्षा विषयक प्रश्नों के उत्तर देने का निर्देश भी दे सकते हैं।

(ख) तीनों सेनाओं के उल्लिखित स्तर के अधिकारी संघ के उन राज्यों के विधान मंडलों के पदैन सदस्य होंगे जहाँ-जहाँ उनके मुख्यालय हैं। वे अपने दायित्वों को निभाते हुए यथासंभव विधान सभा के अधिवेशनों में उपस्थित रहेंगे। उन्हें सदन में बोलने, चर्चाओं में भाग लेने, संयुक्त अधिवेशनों में भाग लेने और विधानमंडलीय समितियों में सम्मिलित होने के अधिकार होंगे, किन्तु उन्हें मतदान का अधिकार नहीं होगा।

सैन्य कर्मी भारत के नागरिक हैं और ये किसी विद्रोह का सूत्रपात करने वाले या उनमें संभावी भागीदार नहीं हैं।

विद्रोह या सेनाओं द्वारा सत्ता हथियाने की किसी भी आशंका का निवारण करने के लिए ये आवश्यक है कि सेनाओं को देश के प्रशासन और विधायी मुख्य धारा में सम्मिलित कर लिया जाए। यह एक सत्य है कि 10 लाख से विशाल सैन्य शक्ति वाले ऐसे बड़े देशों में जहाँ सेनाएँ देश के विधायी एवं प्रशासकीय तंत्रों का अंग है, कभी भी सैन्य विद्रोह नहीं हो पाए हैं। स्वतंत्रता के बाद अंग्रेजों द्वार प्रशिक्षित नौकरशाही और उन्हीं के इशारों पर चलने वाले राजनेताओं ने मिलकर सशस्त्र सेनाओं को

अलग-अलग कर प्रशासकीय गर्त में धकेल दिया है जहाँ उन्हें संविधान में निहित सामान्य संरक्षण, सामान्य वेतनमान/उन्नति/आवश्यक सुविधाएँ और विशेषाधिकारों से पूरी तरह वंचित रखा जाता है। यद्यपि स्पष्ट रूप से तो नहीं कहा गया किन्तु संविधान में निहित रूप से सशस्त्र सेनाओं को संसदीय नियंत्रण में रखा जाना था। किन्तु हमारे होशियार नौकरशाहों ने ऐसी प्रशासकीय प्रविधियाँ बनाई हैं और संविधान की ऐसी व्याख्याएँ की हैं कि संसद को सशस्त्र सेनाओं की सेवा विषयक जानकारी भी नहीं मिल पाती। वर्तमान में विधयिका का सशस्त्र सेनाओं पर कोई नियंत्रण नहीं है।

सैन्याधिकारियों की सदन में उपस्थिति से विधयिका को राष्ट्रीय सुरक्षा परिदृश्य की अधिक सटीक समीक्षा का अवसर मिलेगा और नौकरशाह/मंत्री मिलकर उसे गुमराह नहीं कर पाएंगे। वे जन प्रतिनिधियों को झूठ और अर्द्ध सत्यों के सहारे धोखा नहीं दे पाएंगे।

अब समय आ गया है कि सत्ताधीश इस बात को समझ लें कि सशस्त्र सेनाएँ ही देश का हृदय, आत्मा और फौलादी मुक्का भी है। उन्हें ये भी समझ लेना चाहिए कि कोई भी भारतीय नागरिक जब सेना में भर्ती होने का मन बनाता है तो वह न देश की नागरिकता खो देता है और न ही संभावित विद्रोही या विद्रोह का सूत्रधार बन जाता है।

संशोधन संख्या-15

नया अुनच्छेद 77 इस प्रकार होगा:

नया अनुच्छेद 77: सशस्त्र सेनाओं के प्रतिनिधि संसद में भागीदारी करेंगे।

(1) राष्ट्रपति जल, थल और वायुसेना के मुख्यालयों से और उनके सबसे अधिक संख्यक शाखाओं/उपभागों/काडर से राज्य सभा में एक-एक प्रमुख स्टॉफ ऑफिसर को मनोनीत करेंगे।

(2) प्रत्येक सेना के सर्वोच्च मुख्यालय से एक-एक स्टॉफ ऑफिसर, (अधिसंख्यक शाखाओं/उपभागों/कॉडर से) लोकसभा का पदैन

सदस्य मनोनीत होगा।

(3) तीनों सेनाओं से एक-एक सेवारत अधिकारी एवं एक अन्य रैंकधारी का सेवारत एवं सेवानिवृत सैनिकों का विशेष निर्वाचन मंडल द्वारा लोक सभा में निर्वाचन होगा। इस निर्वाचन मंडल में अर्द्ध सैन्य बल, केन्द्रीय गुप्तचर एवं प्रति गुप्तचर एजेंसियों और सहायक सेवाओं तथा संसद द्वारा नामित अन्य सेवाओं के सदस्य भी होंगे। इस विशेष संयुक्त निर्वाचन मंडल में सम्मिलित मतदाता किसी अन्य निर्वाचन मंडल के सदस्य नहीं होंगे, किन्तु इसके सेवानिवृत्त सदस्य किसी भी अन्य क्षेत्र से एक सामान्य नागरिक के रूप में चुनाव लड़ने को स्वतंत्र हांगे।

(4) निर्वाचन आयोग ही इस चुनाव का भी संचालन करेगा। इसकी सभी प्रक्रियाएँ लोक सभा के अन्य क्षेत्रों की चुनाव प्रक्रिया के समान होगी।

(5) लोक सभाध्यक्ष/राज्य सभा के सभापति मनोनीत सैन्याधिकारियों को यथा समय उपस्थित रह कर राष्ट्रीय सुरक्षा/अखंडता/संप्रभुता को ठेस पहुँचाए बिना उन विषयों में सदस्यों के प्रश्नों के उत्तर देने के निर्देश दे सकते हैं।

(6) मनोनीत प्रमुख स्टॉफ ऑफिसर अपने अधिकारिक कार्यों को पूरा करते हुए यथा संभव सदन में उपस्थित होंगे। उन्हें सदन में बोलने/चर्चाओं में भाग लेने का अधिकार होगा किन्तु वे मतदान में भाग नहीं लेंगे।

संशोधन संख्या-16

नया अनुच्छेद 78 जोड़े और अन्य अनुच्छेदों को नये क्रमांक दें।

नया अनुच्छेद 78: सशस्त्र सेनाओं के विशेष दायित्व होंगे और उन्हें विशेष सुरक्षाएँ भी प्राप्त होंगी:

(1) सशस्त्र सेनाओं के सदस्य कठिन/खतरनाक परिस्थितियों में रहकर काम करेंगे और अपने जीवन सहित किसी भी बलिदान से पीछे नहीं होंगे, साथ ही वे संसद द्वारा निर्धारित किसी भी प्रकार के दंड/आघात शत्रुओं और देश की आन्तरिक/बाह्य सुरक्षा को क्षति पहुँचाने वालों को देने के लिए भी तत्पर रहेंगे।

(2) सशस्त्र सैनिकों को राष्ट्रीय आपातकाल और संसद द्वारा निर्धारित अन्य किन्हीं दशा विशेष में कुछ मूल अधिकारों और विशेषाधिकारों से वंचित किया जा सकता है किन्तु उन्हें सभी प्रकार के अधिकारों से कभी वंचित नहीं रखा जाएगा।

(3) सरकार के राजस्व और राष्ट्र के संसाधनों पर सशस्त्र सेनाओं को प्रथम प्रयोजन का अधिकार प्राप्त होगा। संसद ये सुनिश्चित करेगी कि सशस्त्र सेनाओं के पास उनके दायित्वों के सही निर्वहन के लिए उपयुक्त जन और धन शक्तियाँ विद्यमान रहे।

(4) समतुल्य सेवाकाल वाले नागरिक/सार्वजनिक/निजी अधिकारियों की अपेक्षा सशस्त्र सैनिकों को बेहतर सेवा शर्तें, वेतन, भत्ते, आवश्यक सुविधाएँ और विशेषाधिकार प्राप्त होंगे।

व्याख्या: सशस्त्र सेवाओं के कमीशंड अधिकारियों को वर्ग-1 ग्रुप (क) के नागरिक राजपत्रित/समतुल्य अधिकारियों से सेवाकाल के समतुल्य वर्षों में बेहतर सेवा शर्तें मिलेंगी। इसी प्रकार वारंट रैंक तथा अन्य सैन्य कर्मियों को वर्ग-2 राजपत्रित/अन्य नागरिक अधिकारियों निजी व्यवसाय अधिकारियों से प्रत्येक स्तर पर बेहतर सेवा शर्तें प्राप्त होंगी। अन्य सैन्य कर्मियों को भी समतुल्य असैन्य कर्मियों से बेहतर शर्तें मिलेंगी।

(5) सभी न्यायालय और राज्य के घटक ये सुनिश्चित करेंगे कि सैन्यकर्मियों के विरूद्ध सभी भेदभाव समाप्त हों और किसी नए भेदभाव का सूत्रापात नहीं हो। सभी वर्तमान भेदभावकारी प्रावधानों को तुरंत या त्वरित आधार पर निरस्त किया जाएगा, क्योंकि सैन्य कर्मियों की कार्य

दशाएँ बहुत ही विलक्षण होती हैं।

(6) वरिष्ठतानुक्रम को पुनः 1947 में स्वतंत्रतापूर्व स्तर पर लाया जाएगा। ये कार्य भी तीव्रता से होगा।

व्याख्याः किसी भी असैन्य कार्यरत, पुनः नियुक्त अधिकारी को अपने समतुल्य सैन्याधिकारी की तुलना में वहीं वरष्ठितानुक्रम प्राप्त होगा जो स्वतंत्रता पूर्व होता था।

(7) सशस्त्र सेनाओं, उनके सहायक अर्द्धसैनिक बलों, गुप्तचर/प्रति गुप्तचर कार्यों में लगे अनुभागों, सहायक सेवाओं और सहयोगी नागरिक को भारत के सभी क्षेत्रों (और आवश्यक होने पर विदेशों में भी) निर्बाध आवागमन, कार्य और संप्रेषण का अधिकार होगा। ये अधिकार सभी प्रकार के मीडिया, माध्यमों, जल, थल, आकाश जलगत एवं अंतरिक्ष मार्गों में मान्य रहेगा।

एक बार इन सभी संशोधनों को अधिसूचित किए जाने और इसका प्रभावी क्रियान्वयन किए जाने के बाद किसी भी देश या शक्ति का भारत और भारत सरकार से उलझने का साहस नहीं होगा।

अध्याय-7

शांतिपर्व

सुरक्षा के लिए निहितार्थः मानव धर्म के ह्रास का महत्व

मानव धर्म का तकाजा है कि सभी मानवों (वस्तुतः सभी जीवों) को सभी क्षेत्रों में अपनी सभी क्षमताओं को पूर्णरूप से विकसित करने का अंतर्निहित (नैसर्गिक) अधिकार है। मानव धर्म की आधारभूत धारणा है कि जब ईश्वर (वही सर्वोच्च से सर्वोच्च, वह पुरूष जिसे वेदांत ने कोटि-कोटि सूर्यों से भी अधिक तेजोमय बताया है, जिसकी आत्मा संपूर्ण रूप से प्रकाशमान है, जिसने प्रत्येक वस्तु के आदि और अंत को देखा और जाना है) ने मानव सहित सभी जीवों की रचना की तो सभी को अपरिमित भौतिक, मानसिक, बौद्धिक और आध्यात्मिक शक्तियों से सन्नद्ध कर उन्हें इन शक्तियों के अपनी-अपनी इच्छानुसार विकास और प्रयोग की स्वतंत्रता भी प्रदान की थी। अभिप्राय यही था कि सभी जीव अपने वांछित परिवेश में स्वनिर्मित सीमाओं में रहते हुए व्यवहार करेंगे। सृष्टि की रचना के समय यह भी स्पष्ट था कि व्यक्तियों द्वारा निर्धारित गतिविधियों के समूहों में अनेक प्रकार के प्रतिच्छादन भी होंगे। इसीलिए, विभिन्न प्रजातियों में आन्तरिक एवं अंतर्प्रजातीय टकराव का निवारण करने के लिए ये व्यवस्था भी की गई कि कोई जीव अपनी शक्तियों का निरंकुशतापूर्वक प्रयोग कर अन्य देहधारियों और अदेहधारी रचनाओं

(भौतिक, अभौतिक, अध्यात्मिक/विचाररूप) को निरंतर एवं स्थायी ठेस नहीं पहुँचाएगा। यही सृष्टि की शास्वत आचार संहिता थी। मानव के अतिरिक्त सभी जीवों ने इस स्वनिर्मित आचार संहिता का न्यूनाधिक पालन किया है। मानव में भले और बुरे कर्म करने की शक्ति को अनिश्चित (अनंत) रूप से बढ़ा पाने की क्षमता को स्वीकार करते हुए मानव धर्म ने सृष्टि के प्रारंभ से ही ये भी आग्रह किया है कि सभी मनुष्यों को अपने हित की चिन्ता किए बिना केवल सर्वत्र के हित में काम करना चाहिए। इसीलिए मूल हिन्दू धर्म में निर्देश दिया गया थाः मनुष्य को किसी पूर्व निर्धारित या वांछित परिणाम अथवा फल की इच्छा से परे रहते हुए केवल कर्म करना चाहिए। हिन्दू धर्म ने कर्म (सद् कार्य), अकर्म (बेकार का काम), और विकर्म (नकारात्मक कार्य) के बीच भेद भी किया है। हिन्दू धारणा के अनुसार केवल स्वहित संवर्धक (किसी वांछित फल की इच्छा से) कार्य को 'अकर्म' ही माना गया है। इसी प्रकार निजी लाभ के लिए किया गया प्रत्येक शोषण विकर्म माना गया है और उसे निदंनीय बताया गया है।

इस संदर्भ में मानव धर्म के विकास में बुद्ध का योगदान महत्वपूर्ण एवं स्मरणीय रहा है। बुद्ध वे महानतम नेता थे जिनमें श्रेष्ठता संपूर्ण रूप से परिनिष्ठित थी और जिन्होंने मानव क्षेम के लिए धार्मिक, आध्यात्मिक एवं सांस्कृतिक विषयों को निर्णायक सिद्ध होने वाले नवीन अर्थ एवं आयाम प्रदान किए थे। ये वे महान नेता थे जिनका सभी धार्मिक-सांस्कृतिक मतावलंबियों ने सम्मान किया है। हिन्दू मत के अनुसार बुद्ध विष्णु के नवें अवतार थे। विष्णु तो परम शक्ति त्रिमूर्ति में पालकर्ता माने जाते हैं। किन्तु बुद्ध अवतार की एक विलक्षणता थी। अन्य अवतारों ने अपने ही मतानुयायियों में से गलत राह पर चलने वालों के विरूद्ध युद्ध किए थे। किन्तु बुद्ध ने यह भांप लिया था कि भविष्य के दुष्कर्मकर्ता उसी धर्म के नहीं बल्कि न जाते कितने अन्य मतों के अनुयायी होंगे। संभवतः वे कहीं अधिक क्रूर एवं वीभत्स भी होंगे। उनका निष्कर्ष यही था कि सभी दुष्कर्म मानव के मानस की विकृति का परिणाम होते हैं। मनुष्य के सभी कष्टों

और अभावों का स्रोत मानवीय विफलताएँ ही है। किन्तु विष्णु के अन्य अवतारों की भांति बुद्ध ने किन्हीं विशेष परिस्थितियों में उचित व्यवहार के नियम और सन्नियम नहीं रचे। वे जानते थे कि समय व्यतीत होने पर सांस्कृतिक उद्वेग में पुराने नियमों और सिद्धान्तों की सार्थकता धूमिल पड़ जाती है। यद्यपि उन्होंने स्पष्टतः ऐसा कहा तो नहीं, फिर भी वे जानते थे कि परम ब्रह्म ने मानव मात्र को (अन्य प्राणियों को भी) जितनी शारीरिक, बौद्धिक, मानसिक और आध्यात्मिक क्षमताएँ प्रदान की हैं, उतनी उनके व्यवहार में प्रायः प्रतिबिंवित नहीं होती। बुद्ध के उपदेश मानव को उसकी अप्रयुक्त आध्यात्मिक, मानसिक और बौद्धिक एवं भौतिक शक्तियों और गुणों का स्मरण दिलाते थे और साथ ही ये भी समझाते थे कि किस प्रकार इन क्षमताओं का विकास कर समाज के हित में काम किया जा सकता है। वे एक उपदेशक कम, शिक्षक अधिक थे, क्योंकि वे सदैव मानव को मानवीय अंतरात्मा की अंतर्निहित अच्छाई के प्रति जागरूक बनाने का प्रयास करते थे ताकि मनुष्य ये समझ जाए कि उसके तार उसी परम ब्रह्म से जुड़े हैं। उन्होंने उसी भाषा में अपनी बात समझाई जिसे आम आदमी समझता था। साथ ही अन्य व्यक्तियों से अपने किसी विचार को स्वीकार कराने पर आग्रह को व्यर्थ बताते हुए उन्होंने अन्य व्यक्तियों पर आदेश चलाने की शक्ति की कल्पना को भी निरर्थक माना था। मनुष्य की सही स्पर्धा तो अपने अन्तर्मन से है। ये ध्यान देने योग्य बात है कि बुद्ध ने सैमिटिक स्वास्थ्य वैज्ञानिक मतों के प्रादुर्भाव से अर्द्ध सहस्राब्दी पूर्व ऐसे घटना क्रमों का पूर्वानुमान कर लिया था जिनसे मानव जाति के कष्टों में वृद्धि होने वाली थी। बुद्ध के पथ से दूर होने के परिणाम आज साफ-साफ दिखाई दे रहे हैं।

बुद्ध शिक्षक होने के नाते आम आदमी से दूर नहीं रह पाते थे। उन्हें एक संगठित समाज में रहने के सभी संरोधों और तकाजों की भी अनुभूति थी। अतः उन्होंने समाज से दूर रहते हुए भी उसे अस्वीकार या अनदेखा नहीं किया। वे समाज में रहने वालों के साथ लगातार संपर्क में रहे। उन्होंने सदैव वही सादगी भरा जीवन व्यतीत किया। आंशिक रूप से वह

आवश्यक भी था और साथ ही उनकी जीवन शैली अन्य व्यक्तियों को यह भी स्पष्ट रूप से समझा देती थी कि कामनाएँ (ही सभी व्याधियों और कष्टों का कारण है और) नियंत्रित/सीमित रखी जा सकती है।

एक मुक्त पुरूष होते हुए भी, आम आदमी की ओर उन्मुख बुद्ध एक गलती भी कर गए। मुझे व्यक्तिगत रूप से लगता है कि बुद्ध की सबसे बड़ी गलती परमपुरूष की ब्रह्मवादी संकल्पना की अनदेखी थी। ईश्वर की संकल्पना को नकारना उन विचारों को प्रसारित करने के लिए आवश्यक नहीं था, जिनके प्रसार की अनुमति उन्होंने अपने शिष्यों को प्रदान कर दी थी। बुद्ध अच्छी तरह जानते थे कि प्रत्येक संदेश, परामर्श या तात्कालिक विचार किसी समय–दशा–स्थान से जुड़ा होता है। किन्तु सामान्य व्यक्तियों के बीच आप अस्पष्ट किन्तु सारगर्मित दार्शनिक विचारों को धर्मशास्त्रीय शब्दजाल का प्रयोग किए बिना प्रचारित नहीं कर पाएँगे। अतः उनके आनंद और जाबाल जैसे सदाशयी शिष्यों ने अनेक उद्बोधनों में दूर देश के वासियों के विषय में बताना आरंभ कर दिया और इस प्रकार अनजाने में ही उन्होंने स्वास्थ्य वैज्ञानिक विधियों के प्रयोग का भी आरंभ कर दिया। सभी पाश्चात्य व्यक्ति अपनी कबायली बर्बरता के पाश से मुक्त होने के क्रम में सैमिटिक धार्मिक, सामाजिक मान्यताओं और व्यवहार के चंगुल में फंसते चले गए। परिणाम स्वरूप मध्य–पूर्व वासी, पाश्चात्य और पश्चिमी शिक्षा पाए व्यक्तियों के मानस में हिन्दू जिन्हें अकर्म और विकर्म कहते हैं उन्हीं के प्रति बहुत श्रद्धा पैदा हो गई और इन्हीं (अकर्म एवं विकर्म) के विपरीत विचार करने वालों के प्रति हेयता और शत्रुता भी उनके व्यवहार में घर कर गई। ईश्वर ने अपनी रचनाओं को अनंत शक्तियाँ और स्वातंत्र्य प्रदान किए थे, किन्तु उसने ऐसा करते समय अपनी सृजन और संहार की किसी भी शक्ति का परित्याग नहीं कर दिया था। मुक्त पुरूषों को यह अनुभूति थी कि मानवीय शक्तियाँ और क्षमताएँ चाहे जितनी अनंत हों, वे उस परम ब्रह्म की समता नहीं कर सकते। वह किसी रचना को किसी प्रकार का निर्देश न देता है न देने का सोचता है। उसने तो सभी को कार्य करने की पूर्ण स्वतंत्रता दे रखी है। किन्तु उसने कुछ क्रिया–प्रतिक्रिया

के नियम भी रचे हैं (जिन्हें उसके सृजित प्राणी प्रायः समझ नहीं पाते)। हमारे दृष्य भौतिक विश्व में तो क्रिया-प्रतिक्रिया प्रत्यक्ष दिखाई देते हैं, किन्तु ईश्वरीय क्रिया-प्रतिक्रिया (कर्मफल) की व्यवस्था अप्रत्यक्ष बनी रहती है। सभी हिन्दू मुनि, ऋषि, साधु, विद्वान अपना सारा जीवन इसी ईश्वरीय कर्म-फल योजना को समझ पाने की चेष्टा करते रहे हैं। जिसने इसे जितना समझा वह ईश्वरीय योजना की दुरूहता एवं अबोध गम्यता पर उतना ही अधिक चकित और उससे अभिभूत होकर रह गया। सैमिटिक मत-मतान्तरों ने इस जटिलता का एक समाधान निकाल लिया था: उन्होंने अपने और भगवान के बीच एक निर्देशकर्ता बना लिया जो जब जरूरत होती, मानवीय समस्याओं को हल कर देता था। ऐसा भगवान तो उन धर्मानुयायियों के लिए एक हरकारा या छोटे-छोटे काम करने वाला सदैव सुलभ सेवक होकर रह गया। नव बुद्ध मतावलंबी भी इस मनौदशा में फंसे थे। जरा ईश्वर के विषय में ही विचारों पर गौर कीजिए: क्या ये अन्तर बहुत विराट नहीं है? कहाँ सर्वशक्तिमान और कहाँ हमारे आदेश की प्रतीक्षा करने वाला सेवक। इसीलिए ये धारणा बनती चली गई कि सैमटिक मतों और हिन्दू धर्मों में कुछ भी सांझा तत्व नहीं है। सैद्धांतिक, धर्मशास्त्रिक, तार्किक और दार्शनिक आधार पर लगता है कि तब तक मानव दिग्भ्रम और विनाश की ओर ही उन्मुख रहेगा, जब तक वह पुनः हिन्दू धर्म एवं सांस्कृति में रचे बसे जीवन मूल्यों की ओर अग्रसर नहीं हो जाता। यूरोप वासियों द्वारा पर्या एवं जैव तंत्रों के भीषण विनाश और विघटन ने पहले ही वसुधा की व्यवस्था में गंभीर असंतुलन भर दिए हैं। इनके कारण जीवमंडल पर अतिशय दबाव पड़ रहे हैं और उनके इस विनाशक व्यवहार में किसी कमी के कोई संकेत अभी तो नहीं मिल पा रहे हैं। कभी-कभी ऐसी अंधी दौड़ में लगे मनुष्यों को ये ध्यान दिलाने के लिए उसकी शक्ति असीम और अनंत विकास को प्राप्त हैं, वह ईश्वर इस पृथ्वी और अन्य दिव्य आकाशाचारी पिंडों को तनिक हिला देता है। यही विनाशक भूकंप, अनियंत्रणीय वनाग्नि, भीषण तूफान, दलदलीय बाढ़, सौर-तूफान, सुनामी और विकिरण हैं। मनुष्य इन घटना चक्रों से निसृत

ऊर्जा को देख हत्प्रभ रह जाता है। कदाचित इसके प्रति उसके मन में प्रशंसा का भाव भी जागृत होता है, किन्तु उसे समझ नहीं पाता, उससे सही सबक नहीं सीख पाता। अन्यथा मानव अन्य मानवों, पर्यावरण और संसाधनों का (ये चिंता किए बिना कि अन्ततः इसके क्या परिणाम होंगे) इतनी निर्दयता से विदोहन नहीं करता। मानव धर्म में तो यह अपेक्षा और विधान भी थे कि मानव इस प्रकार कार्य करेगा जिससे ईश्वर के सृजित सभी जीवों को अपने विकास के लिए पूर्ण स्वतंत्रता मिली रहे और किसी अन्य जीव के पर्यावेश एवं विश्वास को भी ठेस नहीं पहुँचे। हम ईसा के देहान्त के बाद (इस विनाशकारी पथ पर) बहुत आगे निकल चुके हैं, किन्तु यदि हमें सद्बुद्धि आ जाए तो संभवतः इस समय जो संभव दिख रहा है उससे कहीं अधिक दीर्घ अवधि तक ये विश्व जीवित रह पाएगा। विष्णु के जिस दसवें अवतार को पृथ्वी से मानव जाति का विनाशक होने की बात कही गई है, संभवतः उसका आगमन कुछ और स्थगित हो जाएगा। एक बात पर ध्यान दें: केवल मानवजाति के ही संपूर्ण विनाश या विलोप की बात कहीं गई है (जैसे दनुसरट (डायनोसोर) और डोडो पक्षी विलुप्त हो गए हैं)।

जिन दस अवतारों की कथा सुनी जाती है उनमें से पहला मत्स्य था, दूसरा कूर्म (कछुआ), तीसरा वराह, चौथा नृसिंह, पांचवा मानव प्रायः (वामन)। केवल छठे, सातवें और आठवें को ही संपूर्ण दृष्टि मनुष्य कहा जा सकता है। वस्तुतः अष्टम अवतार (बलराम) में विष्णु स्वयं तो उसके छोटे भाई के रूप में ही अवतारित हुए थे। नवम् अवतार बुद्ध रहे जिनकी चिंतन और कार्यविधि को अन्य सभी से विलक्षण कहा जा सकता है। नवम अवतार ने संभवतः मानव जाति को अपना मार्ग बदलने और सुधर जाने का अंतिम अवसर दिया था, किन्तु हमने उसे भी गंवा दिया है और यहाँ तक कि बौद्ध मत का ही रूपांतरण कर डाला है। मुझे तो विश्वास हो रहा है कि दशम् अवतार मानव के रूप में नहीं बल्कि किसी विचार या अवधारणा के रूप में होगा। संभवतः ईश्वर सभी प्रकार के विकल्पों का प्रयोग कर देखना चाहते हैं।

आधुनिक अर्थशास्त्र और उसके परिणाम स्वरूप विश्व भर में समाज में निरंतर बढ़ते हुए तनाव-टकराव और शोषित दोनों की तीव्र छटपटाहट और उन द्वारा अधिकाधिक विवाद, मानवता के लिए शुभ लक्षण नहीं है। साथ ही सैमीटिक धार्मिक-सामाजिक विचारों का प्रयोग कर इन्सानों को परस्पर टकरावपूर्ण अलग-अलग समूहों में विभाजित करना, ऐसी प्रशासकीय और आर्थिक संरचनाएँ बनाना जहाँ किसी सर्वोच्च अधिकारी के रूप में (सभी प्रकार की त्रृटियों से भरे) मानव का हुक्म चलता हो, इस सभी से एक ही संकेत मिला है: पिछली सहस्राब्दि की अंतिम सदी में भले ही दो विश्व युद्ध भी हो चुके हैं, किन्तु विश्व में निरंतर वृद्धिशील कष्ट और दु:ख से यही लगता है कि मानव ने अपने अनुभवों से सही और उपर्युक्त सबक नहीं सीखे हैं। यह एक बहुत ही विडंबनापूर्ण स्थिति है।

फिर भी हम पूर्णत: निराश नहीं हुए हैं। हम तो मानते हैं कि कोई मनुष्य सर्वोच्च सत्ता नहीं हो सकता। प्रत्येक प्रशासनिक एवं संवैधानिक अधिकारी को भी सार्वजनिक रूप से उत्तरदायी रहना पड़ता है। अनजाने सिपाही ये दावा नहीं करते कि उनके पास मानवीय कष्टों का अंतिम समाधान है। उन्हें तो ईश्वर और मानव दोनों में अगाध विश्वास है। वे मानते हैं कि अन्तत: आज का मानव निश्चित रूप से सही रास्ते को खोज ही लेगा। वह रास्ता संभवत: हिन्दू ऋषि-मुनियों द्वारा इंगित और शाक्यमुनि गौतम बुद्ध द्वारा स्पष्ट रूप से निर्दिष्ट मार्ग जैसा ही होगा, ये दुर्भाग्य ही था कि "ईश्वर के पुत्र" के वंशज होने का दावा करने वाले आधुनिक मानव ने ईसा मसीह को बहुत कम आयु में ही मार डाला। पश्चिमी मस्तिष्क की विद्रूपता तो देखिए कि हत्यारों ने ही ईसा की विरासत को हस्तगत कर पश्चिमी मानव के जीवन की दिशा का निर्धारण करना भी आरंभ कर दिया। परिणाम रहा है विश्व भर में तनाव, गरीबी और भीषण अभाव ग्रस्तता का वातावरण। जब धर्म की सत्ता के प्रतिबंध ही समाप्त हो गए तो पश्चिम वाले मतवाले होकर असाधरण वीभत्सता से विश्व का शोषण करने में जुट गए। जब उन्हें अपनी इस करतूत (करनी) का परिणाम भुगतना पड़ेगा तो वह भी इतना ही निर्दयतापूर्ण हो सकता है।

हमारी चिंता तो यही है कि यदि पश्चिम ने अपने वर्तमान चिंतन और विश्वास (तथा व्यवहार) को नहीं सुधारा तो उसकी सबसे बड़ी कीमत पश्चिम के ही आम आदमी को चुकानी पड़ेगी।

इस अध्याय के पिछले कुछ अनुच्छेदों से ये भाव मिल सकता है कि लेखक जन्मजात रूप से सैमीटिक विरोधी है। किन्तु मेरी सैमटिक धर्मों के अनुयायियों, विशेषकर मुस्लिम अल्पसंख्यकों के प्रति गहनतम सहानुभूति है, क्योंकि वे भारत में एक कृत्रिम और असंभव प्रायः जीवन बिता रहे हैं। हिन्दू संस्कृति का प्रभाव एक अमीबा की तरह रहता है। ये प्रत्येक अन्य पिंड या जीव पर लिपट जाती है। उसमें से उपयोगी तत्व को सोख कर बेकार अंशों का उत्सर्जन कर देती है। किसी भी सूरत में आज भारतीय कहलाने वाले जीवनदर्शन से मुस्लिम को अलग नहीं किया जा सकता। भारतीय (हिन्दू) संस्कृति के विकास में मुस्लिम योगदान बहुत ही विशाल और अभिभूत कर देने वाला रहा है। भारत की पंच ललित कलाओं पर गौर करें: साहित्य, संगीत (नाटक और चलचित्र सहित), मूर्तिकला, शिल्प और चित्रकला। सिनेमा जगत पर तो कभी से मुस्लिम छाए हुए हैं। आज भी (2007-08) में चार खान (शाहरूख, आमीर, सलमान और सैफ) देश के दिलों की धड़कन है। विश्व सिनेमा में भी आज तक मीना कुमारी जैसी भाव प्रणव अभिनेत्री का उदय नहीं हो पाया है जो व्यथा और प्रेम एवं स्नेह के भावों को इतनी सहजता से अभिव्यक्त कर पाए। पटौदी को अभी भी क्रिकेट में उत्कृष्टता का उदाहरण माना जाता है। उस दुलारे किन्तु कदाचित् झक्की चित्रकार मकबूल फिदा हुसैन की ही बात लें, वह तो हिन्दू देवी-देवताओं से इस कद्र जुड़ चुका है कि उन्हीं के विभिन्न भाव स्वरूपों के चित्रांकन में जुटा रहता है। हिन्दू उग्रवादी वर्गों के लिए तो वह इसी कारण से नफरत का पात्र भी बन गया है। वैसे मुझे लगता है कि वे देवी देवता इस माधुरी फिदा हुसैन की कला पर अवश्य मुग्ध हो रहे होंगे। बी.आर. चोपड़ा के बहुचर्चित टीवी सीरियल महाभारत के सबसे प्रमुख पात्र-तीसरे पांडव अर्जुन का अद्वितीय अभिनय एक मुसलमान कलाकार ने ही किया था। किन्तु एक बात पर ध्यान दें: सभी उत्कृष्ट एवं

सफल मुस्लिम कलापारधी हिन्दू परिवेश और हिन्दू रंग में रंग कर ही अपनी कला को उत्कर्ष पर ले जा पाए हैं। इस परिवेश के बंधन से वे स्वयं को मुक्त नहीं कर पाते। हां कुछ एक विद्रोह का प्रयास अवश्य करते है। यहीं भारतीय समाज में हिन्दू-मुस्लिम तनाव का आरंभ होता है। मुस्लिम इस सिद्ध सत्य को भूल जाते है कि हिन्दू उदारता और बहुलता के प्रति सहिष्णुता के कारण ही हिन्दू हृदयों में उनके लिए स्नेहपूर्ण स्थान बना है। किन्तु अपने सैमटिक प्रशिक्षण और रूझान के कारण कुछ हिन्दू राजनेता विभाजन को बनाए रख मुस्लमानों की कीमत पर अपना स्वार्थ सिद्ध करते रहते है। पांच जाने माने हिन्दू नेताओं को मैं इस मानसिकता के प्रखर उदाहरण के रूप में प्रस्तुत कर रहा हूँ। ये हैं: 'महात्मा' मोहनदास करमचंद गांधी, पंडित जवाहरलाल नेहरू, डॉ मनमोहन सिंह, अटल बिहारी वाजपेई और अन्त में (किन्तु कम नहीं) श्रीमती इन्दिरा नेहरू गांधी। स्वार्थी हिन्दू नेता इन तनावों का लाभ उठा रहे है और हिन्दू जन मानस पर अपने निजी स्वार्थों की पूर्ति के लिए सैमीटिक जीवन दर्शन थौंप रहे हैं। इन नेताओं को रोका जाना चाहिए अन्यथा ये भारत की प्रगति के रथ को थाम देंगे।

केन्द्रभूत/सत्वर सत्य

सभ्यताओं के उत्कर्ष और पराभव, सभ्यताओं की प्रगति को प्रभावित करने वाली आर्थिक प्रक्रियाओं और भविष्य के विषय में पूर्वाकलनों के अध्ययन ने मुझ जैसे अनजान सिपाहियों को मानवीय पारस्परिकता विषय का कुछ सत्वर सत्यों का अभिज्ञान कराया है। मैं अब उन्हीं को प्रस्तुत कर रहा हूँ:

(क) गरीबी पाश्चात्य सभ्यता की संवृद्धि का अनिवार्य अंग है। ईसा पश्चात् काल में ये बात विशेषरूप से मान्य रही है।

(ख) एशिया और अफ्रीका के सभी मुस्लिम या ईसाई बहुल देश छोटे, धर्मतन्त्र आधारित और प्रायः गरीब ही हैं। यदि संयुक्त राज्य अमरीका की ओर देखें तो वह अपवाद ही है। वहाँ

विशाल प्राकृतिक संपदा है, स्थानीय जन समुदाय को लगभग पूरी तरह से समाप्त कर दिया गया है। अतः संपदा पर अधिकार के लिए कोई प्रतिद्वंदी नहीं बचा। साथ ही दूर-दूर तक के अन्य देशों का क्रूरतापूर्ण शोषण करना तो पूंजीवाद और सैमिटक धर्मशास्त्र द्वारा समर्थित है ही। अतः ऐसे अवसरों का भी प्रचुर लाभ उठाया जाता है।

(ग) सभ्यता की बलिवेदी पर सबसे बड़ा बलिदान समता का हुआ है।

(घ) पाश्चात्य विकास प्रतिमान और समता का विचार अंतर्निहित रूप से ही टकरावपूर्ण हैं।

(ङ) आधुनिक प्रशासन की सभी प्रक्रियाएँ निर्विवाद रूप से गरीबी की संवर्धक है। इस कार्य के कर्ता राजनीतिक व्यवस्था और नौकरशाही है।

(च) पाश्चात्य विकास प्रतिमान ने सदैव पर्यावरण को भारी क्षति पहुँचाई है। इसने जैवतंत्र का अनावश्यक रूप से बड़े पैमाने पर व्यापक विरोहन किया है।

(छ) श्वेत नस्ल की भारतीय, अश्वेत (अफ्रीकी) और पीली (चीनी-मंगोलियाई) नस्लों की तुलना में निम्न उत्पादन क्षमता ने ही इस (श्वेत) नस्ल को भारत तथा एशिया, अफ्रीका और अमरीका के अभागे देशों पर अपना उपनिवेशी तंत्र थोंपने को प्रेरित किया था। इन्होंने उत्तरी अमरीका के मूल निवासी रेड इन्डियनों और आस्ट्रेलिया के मूल वासियों का तो प्रायः समूल विनाश ही कर डाला है।

(ज) शान्तिवादी और असैन्यवादी देशों पर विजय और अधिकार बहुत आसान था। भारत जैसे इन देशों ने कभी उपयुक्त स्तर पर राष्ट्रीय सैन्य सन्नद्धता के वास्तविक महत्व को समझा ही नहीं था। सैन्य दृष्टि से दुर्बल देश ही अंधेरे में बैठे बंगाली

इतिहासकारों की तरह एक सत्य को झूठा बताने का अपना राग अलापते रहते हैं कि वह सत्य है: बंगाल पर मुहम्मद गौरी के 17 घुड़सवारों ने कब्जा कर लिया था। आज भारत के सैमीटिक शिक्षण के शिकार सत्ताधीशों के अतिरिक्त सभी ये समझ चुके हैं कि देश का समग्र सैन्य सन्नद्धिकरण एक अनिवार्यता है।

(झ) हिन्दू धर्म में रचा बसा भारतीय विश्वास तंत्र वास्तव में भारत भू के पर्यातंत्र, वातावरण और प्रकृति की प्रचुरता के आधार पर ही विकसित हुआ है।

(ञ) हिन्दू श्रद्धातन्त्र ही वह प्राचीर था जिसने भारत को सैमीटिक विश्वास प्रणाली में ढल जाने से रोके रखा है। भारतीयों को प्रचुरता में उपलब्ध भौतिक संपदा की कोई चिन्ता नहीं होती थी (उनकी विचारधारा के अनुसार वे तो केवल माया थी - सारहीन थी)। विदेशी लुटेरों को उन्हीं संपदाओं में रूचि थी। उन्हें वह संपदा यहाँ खूब मिली। किन्तु वे भारतीय विचारों, सामाजिक रचना और श्रद्धाओं के उच्च परिष्कार से हत्प्रभ भी रह गए। उन्होंने इस तंत्र को पददलित करने के अनेक प्रयास किए, किन्तु मुँह की खाई और अंत में भारतीय संस्कृति को अपनी राह चलने दिया।

(ट) यूरोप, मध्य-पूर्व, अफ्रीका, आस्ट्रेलिया, जापान, कोरिया और यहाँ तक कि विशाल एवं प्रचुर प्राकृतिक संपदा से संपन्न चीन की भी कोई सशक्त उदारमना, सर्वसमाहनकारी और सहिष्णु विचार एवं श्रद्धा प्रणाली नहीं थी। इसी कारण वे विदेशी प्रभावों से अपनी मूल संस्कृति को अक्षुण्ण नहीं रख पाए।

(ठ) श्वेत एवं पीत प्रजातियों ने अपनी परंपरागत संस्कृति (जो पहले से ही शोषणकारी थी) को भी खोकर भौतिक लाभ कमाए हैं। अश्वेत अफ्रीका में जनसंख्या उपयुक्त थी और

प्राकृतिक संपदा भी। किन्तु कोई आन्तरिक जीवन मूल्य और प्रौद्योगिकीय व्यवस्था सुदृढ़ नहीं हो पायी थी। अतः सभी आक्रमणकारी और उपनिवेशकों ने उसे निर्ममतापूर्वक लूटा है।

(ड) यदि मानवजाति को चतुर्थ सहस्राब्दि में ही जीवित रहना है तो सैमीटिक विचार तंत्र को हिन्दू विचार धारा में ही समाहित होना होगा।

(ढ़) भारतीय विचारों पर सैमीटिक चिंतन के प्रभाव ईसा पूर्व, वस्तुतः गौतमबुद्ध के समय में ही पड़ने लगे थे। बुद्ध ने ही भारत में सलीब पर टंगी ईसाइयत तथा अन्य आक्रामक सैमीटिक मतांतरों का भारत में आगमन सुनिश्चित कर दिया था (जिनका विचार जोर जबरदस्ती से अपना मकसद पूरा करने तक ही सीमित रहता था)।

(ण) जो विदेशी आक्रांता और उपनिवेशवादी दो सहस्राब्दियों तक भारत अधिकार के बाद भी नहीं कर पाए थे उसी काम को सैमीटिक विचारधारा में अंतरित स्वतंत्र भारत के महात्मा गांधी, पंडित जवाहर लाल नेहरू, डॉ मनमोहन सिंह, अटल बिहारी वाजपेई और इन्दिरा नेहरू गांधी जैसे नेताओं और अन्य हस्तक बने प्रधान मंत्रियों ने 60 वर्षों में ही कर दिखाया। (हमने इन्हें भारतीय जीवन दर्शन को हानि पहुँचाने में इनकी उत्कोच्यता के ह्रासमान क्रम में ही यहाँ सूचीबद्ध किया है)

(त) यदि भारतीय नेता इसी पथ पर चलते रहे तो भारतीय परंपराओं और धर्म एवं संस्कृति का 2050 से आगे तक बचे रहना कठिन लगता है।

(थ) इस भारतीय/हिन्दू अस्मिता का पतन उस समय अधिक तीव्र हो जाएगा जब भारत में मुस्लिम देश की जनसंख्या के 30 प्रतिशत से अधिक हो जाएंगे। भारत को भी एक शरीयत

शासित मुस्लिम देश बनने में देर नहीं लगेगी। गरीबी अपने सबसे घिनौने रूप में प्रकट होगी और आज जिन्हें हम मौलिक अधिकार कहते हैं, उनका विलोप हो जाएगा।

(द) इस्लामी शासन के आते ही भारतीय धर्मनिरपेक्षता का अन्त हो जाएगा या उसे एक गाली की तरह प्रयोग किया जाएगा।

(ध) फिर तो तीसरा विश्व युद्ध अवश्य होकर रहेगा। एक अरब से बड़ा नव सैमीटिक जन समुदाय पृथ्वी के केवल 2 प्रतिशत में सीमित नहीं रहेगा वह अपने लिए नया आश्रय स्थल बड़े आग्रह के साथ चाहेगा। ये वह सभ्यताओं का द्वन्द्व नहीं है जिसकी ओर हंटिग्टन ने संकेत किया है, किन्तु पश्चिमी देश मुसलमानों के साथ इस द्वन्द्व में सम्मिलित होने के लोभ का संवरण नहीं कर पाएंगे। पहले ईसाईयों के साथ टक्कर में मुस्लमानों ने बहुत कुछ खोया है, किन्तु इस बार वे तैयार होंगे। ये परिदृश्य पश्चिमी देशों के लिए बड़ा अंधकारमय लगता है।

(न) अतः पश्चिमी देश इस तीसरे विश्व य़ुद्ध को 2050 से पूर्व ही करा लेना चाहेंगे (यदि भारत में वाजपेई या कांग्रेसी जाति का समाजवाद चल रहा हुआ)। किन्तु वर्तमान में सब चलता है, के आर्थिक वातावरण में पूंजीवाद की मांगों को अगले दशक के अंत तक जन विरोध की अभेद्य दीवार का सामना करना पड़ सकता है। किन्तु यदि भारत के सत्तासीन वर्ग के दुराग्रह के कारण टकराव होता है, तो ये हंटिग्टन का द्वन्द्व नहीं होगा ये तो हिन्दू भारत का ईसाई सैमीटिक धारा के साथ सांस्कृतिक टकराव हो जाएगा। जागृत हिन्दू इसे हिन्दू विवेकशीलता और उदारवाद के ईसाई तर्कहीनता और ज्ञान विरोध के बीच टकराव का नाम देंगे। ये संग्राम विश्व में व्याप्त शोषण और विषमता के विरूद्ध युद्ध का रूप धरण कर सकता है।

(य) संभवत: दो संघर्ष होंगे: एक हंटिग्टन का दो सैमीटिक धाराओं का नृसंहारपूर्ण युद्ध। ये 2050 से पूर्व ही हो जाने की संभावना है। इसमें ईसाई विजयी तो हो जाएंगे किन्तु उसकी शक्ति बहुत क्षीण हो जाएगी और वे पहले की तरह दुनिया में मनमानी कर पाने की स्थिति में नहीं रहेंगे।

(र) तीसरा महायुद्ध भारत के इस्लामीकरण पर एक नये आग्रह के कारण सिद्ध होगा और (यदि निजी स्वार्थों के कारण ये तीसरा युद्ध हो चुका है तो) चौथा महायुद्ध अपरिहार्य हो जाएगा।

(ल) किन्तु ये परिदृश्य न आवश्यक है और न ही अवश्यंभावी न ही सैमीटिक संस्कृति का प्रसार अपरिहार्य है।

(व) स्वलाभ प्रेरित पूंजीवाद और सैमीटिक धर्म परस्पर प्रतिपूरक हैं। ये केवल एक साथ जीवित रह सकते हैं।

(श) किन्तु लाभ का तर्क और विधिक आधार बहुत ही लचर और अर्ध्य है। बड़ी सुगमता से इसकी अनावश्यकता सिद्ध हो सकती है। लाभ के नहीं रहने से न उत्पादन की प्रक्रिया और न ही सभ्यता की प्रगति में कोई बाधा आने वाली है। ऐसे संवृद्धि प्रतिमान पहले से ही विद्यमान हैं किन्तु भारत के सत्ताधरियों का स्वार्थ उनके क्रियान्वयन में बाधक हो रहा है। यदि उत्पाद फलन से स्वार्थ और लाभ के प्रावधान समाप्त कर दिए जाएँ तो पूंजीवाद स्वयं अपनी विसंगतियों के भार तले दबकर ध्वस्त हो जाएगा और अपने साथ ही सैमीटिक विचार तंत्र को भी ले डूबेगा।

(ष) इस प्रकार पूंजीवाद के अवसान से विषमताओं और गरीबी का उन्मूलन भी स्वमेव हो जाएगा। हमने इन सभी प्रश्नों पर वर्तमान पुस्तक में विस्तार पूर्वक मनन किया है और कुछ सरल समाधान सुझाए हैं।

संवैधानिक बाधाएँ

लोकतंत्र के आंग्ल-सैक्सन प्रतिमान ने जन प्रतिनिधियों के प्रति उत्तरदायित्व विहीन अल्पाधिकारी, मित्रमंडली (चाण्डाल चौकड़ी) के नियंत्रण को बढ़ावा दिया है (आम जनता के प्रति जवाबदेही की बात तो इस व्यवस्था में उठती ही नहीं)। भारत के सर्वोच्च न्यायालय की व्याख्याओं के अनुसार भारतीय संविधान में सभी प्रमुख संवैधानिक पदों पर अप्रत्यक्ष चुनाव होता है या उनका चयन अथवा मनोनयन उसी अल्पाधिकारी संगुट द्वारा किया जाता है।

अतः संविधान में बहुत बड़े परिवर्तन की आवश्यकता है। संविधान समीक्षा आयोग ने एक बहुत बड़ा अवसर गवां दिया। उसे ये अनुभूति ही नहीं थी कि एक आत्माभिमानी स्वतंत्र राष्ट्र में क्या आवश्यक होता है। उच्च स्तर के नौकरशाहों, सर्वोच्च एवं उच्च न्यायालय के न्यायाधीशों, चुनाव आयुक्तों एवं अन्य संवैधानिक पदाधिकारियों के चयन की कसौटियों और योग्यताओं में बड़े परिवर्तन करने की आवश्यकता है।

भारतीय संविधान एक पुराना दस्तावेज है, जिसमें प्रधानमंत्री की मित्र मंडली के दबाव में काम कर रहे मंत्रियों और नौकरशाहों द्वारा मिलकर दूसरे देशों के साथ किए गए समझौतों और संधियों की निर्वाचित जन प्रतिनिधियों (संसद/विधन मंडल) द्वारा किसी चर्चा और समीक्षा का प्रावधान ही नहीं है।

उत्तिष्ठतः जागृतः, प्राप्या वरण निबोधत

क्लैबगमास्भागमा पार्थः न्यायाधीशों, सत्ताधीशों, अर्थशास्त्रियों, प्रशासकों अपनी जनहित के प्रति नितांत अवहेलना और स्वलाभ प्रेरणापूर्ण क्लीववृत्ति का त्याग करो। जागो। धर्म पथ पर चलो।

हमने भारतीय जनतंत्र की सभी व्याधियों का विस्तार से वर्णन और विश्लेषण किया है और अधिक विस्तार केवल देश के नेतृत्व द्वारा राष्ट्र

के साथ विश्वासघात की वीभत्सता की गाथा मात्र होगा। यदि हम "उन्नत गुजराती संलक्षण" अथवा "उन्नत गोर्बाचोव-येत्सिनयायी संलक्षण" के विरूद्ध भीषण जनाक्रोश या फिर तीसरे और चौथे विश्व युद्धों की प्रतीक्षा नहीं करना चाहते तो हमें अविलंब इस अवस्था को सुधारना होगा। हमारे संदेह और आशंकाएँ निर्मूल नहीं है। यद्यपि हमारे सुझाए कदम अनाक्रमक और भारत केन्द्रित ही हैं फिर भी भारत के भीतरी अर्थतंत्र में किसी प्रकार की पुनःरचना से आन्तरिक गुलामों के व्यापारी और उनके बाह्य नियंत्रणकर्ता (एवं लाभान्वितों के समुदाय) अवश्य प्रभावित होंगे। उनकी संरक्षक विदेशी शक्तियाँ भारत की आन्तरिक पुनः रचना को रोकने में अपनी पूरी चतुराई और क्षमताओं को झोंक देगी। वे अपने लक्ष्य बेधकों (मीडिया, बुद्धिजीवी, सत्ताधीश (अभिजात्य) और दास व्यापारियों) को भीतर घात करने को प्रेरित करेगी और स्वयं बाहर से अपनी सैन्य शक्ति का प्रदर्शन करेंगी। किन्तु भारत न ईरान है और न ही ईराक। ये हिन्दू बहुल देश है, अभी भी मनोवृत्तियाँ प्रबल है। अतः यहाँ बाह्य सैन्य हस्तक्षेप का मार्ग इतना सहज नहीं होगा। इस प्रकार की घुड़कियाँ देने वाली पश्चिमी शक्तियाँ अनचाहे में भी तीसरे विश्व युद्ध की भवंर के केन्द्र में फंस सकती हैं। आम भारतीय निश्चित रहें। वे इस घटनाक्रम में कुछ नहीं गवायेंगे। हाँ गरीबी और अभाव की जंजीरों से उन्हें स्वतंत्रता अवश्य मिल जाएगी।

समुथन संस्था,
ज्ञान बुक्स पब्लिकेशन एवं लेखक
समिति

(पता: जी–1307, चितरंजन पार्क,
नई दिल्ली, 110019, इंडिया,
टेलीफोन न. –01126271895, 26272751
मोबाइल न. –(0)9818231642, 9818245963

एयर मार्शल अमल कुमार मुखोपाध्याय की दो पुस्तक

1. SUPERPOWERING INDIA
   (2009, Manas Publications, Daryagunj, New Delh-2), in English
2. 'महाशक्तिधर भारत' (हिन्दी)
   2018 में ज्ञान पब्लिशिंग हाऊस, 5, अंसारी रोड, दरियागंज, नई दिल्ली–2

पाठकों के लिए
'मत सर्वेक्षण'

सभी पाठकों से निवेदन है कि वह उपर्युक्त पुस्तकों में से एक पुस्तक को पढ़ने के उपरांत, पुस्तक के अंत में दिया गया संलग्न मत सर्वेक्षण–पत्र भरकर भेजें। यदि पुस्तक के साथ कोई सर्वेक्षण पत्र संलग्नित नहीं है, तो आप समिति से पत्र समेत वाउचर/नकद–पर्ची का अनुरोध कर सकते हैं। किताब के अंत में पुस्तक विक्रेता का पता, उसका ट्रेड लाइसेंस, और टिन/पिन न. छपा है। आपको अपने सर्वेक्षण–पत्र के समेत वाउचर/नकद–पर्ची (मूलपत्र) भी भेजनी होगी। कृपया वाउचर की एक नकल अपने पास रखना न भूलें, समिति के पास असली पत्र को प्रतिधारित रखने का अधिकार है।

मत सर्वेक्षण प्रश्नावली

पहले निर्णय करें कि पुस्तक के दोनों संस्करण में से आप किस पुस्तक की समीक्षा करना चाहेंगे। पाठक दोनों संस्करणों की समीक्षा कर सकते हैं, लेकिन दोनों संस्करणों के लिए अलग-अलग पत्र उपयोग किए गए हों। ऐसी स्थिति में आपसे अनुरोध है कि आप दोनों संस्करण खरीदें, क्यूंकि दोनों सस्करणों में पृष्ठ संख्या और पंक्ति संख्या अलग-अलग होगी। निश्चित रूप से, फिर, सफलता की संभावना भी बढ़ेगी। दूसरी या अनुवर्ती पुस्तक खरीदने पर आपसे पुस्तक विक्रेता द्वारा दस प्रतिशत राशि कम ली जाएगी।

1. समीक्षा-पत्र में किए गए अनुग्रह

   'अनुग्रह' पत्र के प्रारंभ में सभी अनुग्रहों की पृष्ठ संख्या एवं पंक्ति संख्या की एक विषय-सूची और संक्षिप्त वर्णन (दस शब्दों से अधिक नहीं) लिखें। यह सभी 'अनुग्रह' ही होने चाहिए, 'टिप्पणी/वर्णन' नहीं। सभी अनुग्रहों को एक अलग पत्र में ही लिखें, और प्रश्नावली/मतपत्र के साथ संलग्न कर दें।

2. समीक्षा-पत्र में की गई वर्णन/टिप्पणी

   'वर्णन/टिप्पणी' पत्र के प्रारम्भ में सभी वर्णन/टिप्पणियों की पृष्ठ संख्या एवं पंक्ति संख्या की एक विषय-सूची और संक्षिप्त वर्णन (दस शब्दों से अधिक नहीं) लिखें। यह सभी 'वर्णन/टिप्पणी' ही होने चाहिए, 'अनुग्रह' नहीं। सभी 'वर्णन/टिप्पणी' को एक अलग पत्र में ही लिखें, और प्रश्नावली/मतपत्र के साथ संलग्न कर दें।

3. कौन सा संस्करण बेहतर है? (दोनों संस्करणों को पढ़ने के बाद अलग-अलग सर्वेक्षण-पत्र भेजने वाले पाठकों के लिए ही मान्य है)

4. पुस्तकों के लिए सर्वश्रेष्ठ 'अनुग्रह' चुने और पहली, दूसरी, या तीसरी श्रेणी में रखें।

   चुने हुए 'अनुग्रहों' को उनकी पृष्ठ संख्या एवं पंक्ति संख्या के साथ और उनका वर्णन (दस शब्दों से ज्यादा नहीं) भी लिखें। यह सभी 'अनुग्रह' होने चाहिए, 'टिप्पणी/वर्णन' नहीं।

   1.

   2.

   3.

5. पुस्तक का निम्नलिखित तीन उत्कृष्ट पुस्तकों की तुलना में स्थान/स्थिति बताएं।

कार्ल मार्क्स की दास कैपिटल	कौटिल्य की अर्थशास्त्र	एरिस्टोटल की पॉलिटिक्स

इनसे
बेहतर
इनके समान
या इनसे बुरी

सर्वेक्षण परिणाम

प्रश्न संख्या 1. से 3. तक के उत्तर बिल्कुल स्पष्ट हैं परन्तु तीन अनुग्रहों और उनके पदकर्म को चुनना कठिन हो सकता है और प्रश्न 5. के उत्तर के लिए अधिक बौद्धिक-बल की आवश्यकता पड़ेगी।

अन्य सर्वेक्षणों की तरह, ज्यादातर मत विजेता (विजेताएं) निर्धारित करेंगे। समिति ने पुस्तकों की बिक्री का कुछ प्रतिशत विजेताओं को इनामी राशि के तौर में देने का निर्णय किया है। पुस्तकें जितनी प्रसिद्ध होंगी, उतनी ही कुल इनामी राशि बढ़ेगी। जिन पाठकों को इनामी राशि नहीं मिल पाएगी, उन्हें 'प्रशंसा' और 'धन्यवाद' पत्र भेजा जाएगा। सर्वेक्षण के आरंभ और समाप्ति की तिथि पुस्तक-विक्रेता द्वारा दिए गए मतपत्र में अंकित की गई होगी। यह तिथियाँ मीडिया में भी प्रचारित की जाएंगी।

COMMITTEE OF SAMUTTHAN FOUNDATION, GYAN BOOKS PUBLISHERS & AUTHOR

Address:
G – 1307, Chittaranjan Park,
New Delhi 110019, India.
Tel 01126271895, 26272751,
Cell (0) 9818231642, (0) 9818245963

TO CONDUCT
READERS' OPINION POLL
ON
AIR MARSHAL AMAL KUMAR MUKHOPADHYAYA'S BOOKS:
SUPERPOWERING INDIA

(2009, Manas Publications, Daryagunj, New Delhi-2), in English

महाशक्तिधर भारत

(2017, Gyan Books, Daryagunj, New Delhi -2), in Hindi

Readers are requested to kindly complete the Opinion Poll form attached as the last page of this book, after they have completed the reading of one of the above books. In case the Poll Paper is not attached with the book, please demand it from this Committee along with a voucher/cash memo where-in the Book-sellers full address, his trade License and Tin/Pin No. is printed. You will be required to send this voucher/Cash Memo (in original) along with your Poll Paper. Do not forget to keep a photo copy of the voucher as the original will be retained by the Committee.

OPINION POLL QUESTIONAIRE

First decide which of the two versions of the book you want to review. Readers are free to review both the versions, but that has to be done in separate forms. You will be required to buy both versions of the book then, as the page no. and line no. will be different in each version. Of course, then, probability of success will increase. Book- sellers will charge 10% less for second or subsequent copies.

1. How many Recommendations have been made in the book under review:
   Identify the 'Recommendation' by page No. and Line No. of start of the recommendation and a brief description (not more than 10 words). These should be 'Recommendation' only and not 'Comments/Observations'. List out all the recommendations in separate sheets of paper and enclose with questionnaire/Poll Paper.

2. How many comments/observations have been made in the book under review:
   Identify the 'Comments/Observations' by page No. and Line No. of start of the Comments/Observations' and a brief description (not more than 10 words). These should be 'Comments/Observations' only and not 'Recommendation'. List out all the comments/observations in separate sheets of paper and attach and send with the Poll Paper

3. Which version is better? (Applicable to those who have read both versions and submitted two Poll Papers, one for each version of the book):

4. Select the best three recommendations of the book and grade these as 1st, 2nd & 3rd
   Identify the selected 'Recommendation' by page No. and Line No. of start of the recommendation and a brief description

(not more than 10 words). These should be 'Recommendation' only and not Comments/Observations.

1.
2.
3.

5. Assess the status/ standing of the book vis-à-vis three classics mentioned hereunder: (Put Tick Mark for the selection)
Karl Marx's Kautilya's Aristatole's
Das Capital Arthasastra Politics

Better than
Comparable to
Worse than

Poll Result

Answering Question no.(s) 1 to 3 are rather straightforward but selecting the three recommendations out of many and their gradations is relatively complex and answering -question no. 5 will involve some intellectual exertion also.

Like in other Polls, majority of votes will determine the winner(s). The committee proposes to earmark a certain percentage of the Sale proceeds to provide handsome amount as prize money to winners. The more the popularity of the book, more will be the total Prize money. Those who do not get money prizes will get 'Appreciation' and 'Thank You' letters. Start and Completion of Poll Dates will be Stamped on the Poll Paper by the Book Seller. These dates will also be advertised in the Media.